E. Kaier

MBASIC-Wegweiser für Mikrocomputer unter CP/M und MS-DOS

W0263185

MBASIC-Wegweiser für
Mikrocomputer unter
CP/M und MS-DOS

Mikrocomputer sind Vielzweck-Computer (General Purpose Computer) mit vielfältigen Anwendungsmöglichkeiten wie Textverarbeitung, Datei/Datenbank, Tabellenverarbeitung und Grafik.

Gerade für den Anfänger ist diese Vielfalt oft verwirrend. Hier bietet die Wegweiser-Reihe eine klare und leicht verständliche Orientierungshilfe.

Jeder Band der Wegweiser-Reihe wendet sich an Benutzer eines bestimmten Mikrocomputers bzw. Programmiersystems mit dem Ziel, Wege zu den grundlegenden Anwendungsmöglichkeiten und damit zum erfolgreichen Einsatz des jeweiligen Computers zu weisen.

Bereits erschienen:

Band 1   BASIC-Wegweiser für den Apple II

Band 2   MBASIC-Wegweiser für Mikrocomputer
         unter CP/M und MS-DOS

Band 3   BASIC-Wegweiser für den Commodore 64

In Vorbereitung:

Band 4   BASIC-Wegweiser für den IBM PCjr.

Band 5   BASIC-Wegweiser für MSX-Mikrocomputer

Band 6   Pascal-Wegweiser für Mikrocomputer

Ekkehard Kaier

MBASIC-Wegweiser
für Mikrocomputer
unter CP/M und MS-DOS

Mit 86 vollständigen Programmen und
zahlreichen Bildern

Friedr. Vieweg & Sohn   Braunschweig / Wiesbaden

1984

Umschlaggestaltung: Peter Lenz, Wiesbaden

ISBN-13: 978-3-528-04294-3   e-ISBN-13: 978-3-322-84027-1
DOI: 10.1007/978-3-322-84027-1

Vorwort

Das Wegweiser-Buch weist Wege zum erfolgreichen Einsatz von Mikrocomputern, die in der Sprache MBASIC (Microsoft-BASIC) programmiert werden können.

Das Wegweiser-Buch vermittelt aktuelles Grundlagenwissen zur Datenverarbeitung:

— Was ist Hardware, Software und Firmware?
— Was sind Großcomputer und Mikrocomputer?
— Was sind Datenstrukturen und Programmstrukturen?
— Was sind Betriebssysteme und Anwenderprogramme?
— Was heißt ‚fertige Programm-Pakete einsetzen'?
— Was bedeutet „eigenes" Programmieren?

Das Wegweiser-Buch gibt eine erste Anleitung:

— Welche Datentypen und Anweisungen enthält MBASIC?
— Wie erstellt man ein erstes Programm in MBASIC?
— Wie lädt man den MBASIC-Interpreter?

Das Wegweiser-Buch enthält einen kompletten Programmierkurs in MBASIC mit grundlegenden Anwendungen wie:

— Programmen mit Schleifen und Unterprogrammen.
— Text-, Tabellen- und Grafikverarbeitung.
— Formen der Tastatureingabe und Druckausgabe.
— Maschinennahe Programmierung.
— Suchen, Sortieren, Mischen und Gruppieren von Daten
— Sequentielle, direkte/random, index-sequentielle und verkettete Organisation einer Datei.
— Datei mit zeigerverketteter Liste und binärem Baum.

Das Wegweiser-Buch soll die vom Hersteller gelieferten System-Handbücher keinesfalls ersetzen, sondern ergänzen:
In den Handbüchern werden *Programmiersprachen* (z. B. Reference Manual für BASIC-86), *Betriebssysteme* (z. B. Users Guide for MS-DOS), *technische Eigenschaften* (hardwareorientiertes Handbuch), *spezielle Geräte* (z. B. Grafik Tablett Handbuch) und *Software* (z. B. Wordstar) beschrieben. Das Wegweiser-Buch hingegen beschreibt die Grundlagen der Datenverarbeitung, um sie an zahlreichen Anwendungsmöglichkeiten für Mikrocomputer zu demonstrieren und veranschaulichen.

Im Wegweiser-Buch sind 86 Programm-Beispiele als Codierung in MBASIC (List) und als Ausführung (Run) wiedergegeben und vollständig beschrieben.

Da auf Programmiertricks verzichtet wurde, können die Programme leicht an MBASIC-ähnliche Sprachdialekte angepaßt werden.

Die Abschnitte 2 und 3 des Wegweiser-Buches bauen aufeinander auf und sollten in dieser Abfolge gelesen werden. Abschnitt 1 hingegen kann parallel dazu bearbeitet werden.

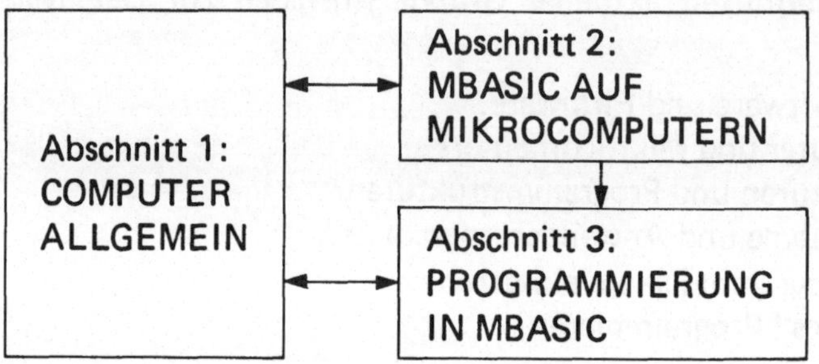

Das Wegweiser-Buch läßt sich auch als Nachschlagwerk benutzen. Aus diesem Grunde wurden das Inhaltsverzeichnis und das Sachwortverzeichnis sehr detailliert aufgegliedert.

Heidelberg, Februar 1984   Ekkehard Kaier

Inhaltsverzeichnis

1
Computer allgemein

1.1 Computer = Hardware + Software + Firmware

1.1.1 Überblick

Jeder Computer besteht aus Hardware (harter Ware), aus Software (weicher Ware) und aus Firmware (fester Ware). Dies gilt für Mikro- und Personalcomputer ebenso wie für Großcomputer.

Die H a r d w a r e umfaßt alles das, was man anfassen kann: Geräte einerseits und Datenträger andererseits. Das wichtigste Gerät ist die Zentraleinheit bzw. CPU (für Central Processing Unit), mit der periphere Einheiten als Randeinheiten verbunden sind; so z.B. eine Tastatur zur Eingabe der Daten von Hand, ein Drucker zur Ausgabe der Resultate schwarz auf weiß und eine Disketteneinheit zur langfristigen Speicherung von Daten auf einer Diskette als Datenträger außerhalb der CPU.

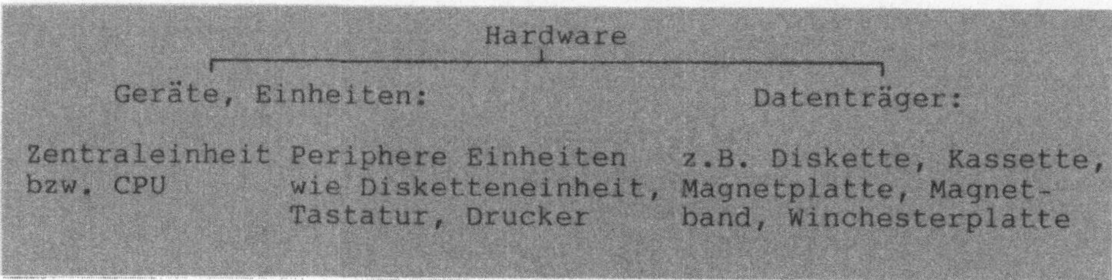

Die Hardware als harte Ware kann man anfassen

Die S o f t w a r e als zweite Komponente des Computers kann man im Gegensatz zur Hardware nicht anfassen. Software bedeutet soviel wie Information; sie umfaßt die Daten und auch die Programme als Vorschriften zur Verarbeitung dieser Daten. Ist die Hardware als festverdrahtete Elektronik des Computers fest und vom Benutzer nicht (ohne weiteres) änderbar, dann gilt für die Software genau das Gegenteil: Jeder Benutzer kann Programm wie Daten verändern, austauschen, ergänzen und auch zerstören.

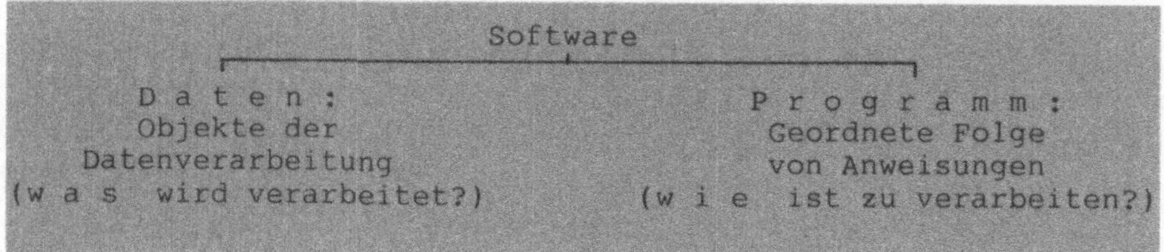

Die Software als weiche Ware kann man nicht anfassen

Die F i r m w a r e als dritte Komponente des Computers kann man der Hardware oder der Software zuordnen. Sie ist deshalb wie ein 'Zwitter' halb Hardware und halb Software. So ist z.B. das Rechenprogramm jedes Taschenrechners in einem speziellen Speicher ROM (Read Only Memory als Nur-Lese-Speicher) enthalten. Der Benutzer kann dieses Programm zwar laufen lassen und Information entnehmen und lesen (read), nicht jedoch abändern.

Für den Benutzer ist es wie Hardware fest. Für den Hersteller des ROMs hingegen stellt es sich wie Software veränderbar dar, da er den Speicher ROM ja programmieren kann und muß.
Ein anderes Beispiel: Für viele Mikrocomputer werden Module mit fest im ROM gespeicherten Programmen bis zu 30.000 Zeichen angeboten; der Anwender steckt ein Modul in den Eingabeschacht seines Computers und befindet sich sogleich im Programm. Er kann dieses Programm als Firmware zwar laufen lassen bzw. ausführen, nicht aber umprogrammieren und verändern.
Mit der Mikrotechnologie, mit dem Chip und dem IC (Integrated Circuit für Integrierter Schaltkreis) hat die Firmware immer mehr an Bedeutung gewonnen.

Die Hardware (fest verdrahtete Elektronik), die Software (frei änderbare Daten und Programme) und die Firmware (hart für den Benutzer und weich für den Hersteller) stellen die d r e i g r u n d l e g e n d e n Komponenten jedes Computers dar. Darüberhinaus gibt es weitere ....ware: so die Orgware (Organisation von Aufbau und Ablauf), die Menware (Personen), die Brainware (geistige Leistungen) und die Teachware (Lehren und Lernen).

1.1.2 Kosten für die Computerleistung

Leistung bedeutet Arbeit pro Zeiteinheit. Bestand die Arbeit des Computers früher im Rechnen, also im Umgang mit Zahlen (Computer heißt wörtlich Rechner), so wird sie heute ergänzt durch das Verarbeiten von Text allgemein. Die Zeiten werden immer kürzer: so arbeiten Computer heute 200mal schneller als vor 25 Jahren (Nanosekundenbereich, 1-milliardstel Sekunde).

Betrachtet man die Entwicklung der Computerkosten, so ist ein zunehmendes Absinken der Kosten für die Hardware gegenüber den Kosten für die Software festzustellen. Zwei Gründe dafür: Einerseits verbilligt sich die Hardware immer mehr, sei es durch die Massenproduktion, sei es durch Fortschritte in der Mikrotechnologie. Bei entsprechender Entwicklung anderer Industriezweige dürfte ein VW-Käfer nicht mehr als 50 DM kosten und eine Boeing 767 nicht mehr als 1500 DM.
Andererseits verteuert sich die Software mehr und mehr,sei es durch die Personalkostenintensität (Gehälter für Programmentwicklung, -pflege u. -wartung), sei es durch das immer höhere Anspruchsniveau (Erfolgsrechnung heute bereits allwöchentlich und früher nur einmal im Jahr zum Jahresabschluß).
Man spricht schon von einer Kostenrelation von '20% für Hardware' gegenüber '80% für Software'.

1.1.3 Geschichtliche Entwicklung des Computers

Erst 1941 stellte der deutsche Ingenieur Konrad Zuse erstmals einen richtigen Computer vor und 1952 wurde erstmals ein Computer an ein pivates Wirtschaftsunternehmen in der BRD ausgeliefert. In den 60er Jahren begann die Zeit der Großcomputer und damit der System-Familien wie IBM/360 oder Siemens 4004. Die 70er Jahre wurden geprägt von der Mikrotechnologie und

damit vom Mikrocomputer: die Hardware wurde immer kompakter,
schneller und preiswerter.
Zu Beginn der 80er Jahre hat man sich an den Preisverfall der
Hardware gewöhnt. Wen wundert es noch, daß Hardware-Preise im
Jahr um 25% - 40% sinken? Das Interesse verlagert sich mehr
und mehr auf die Software: Die Qualität der Programme wird
zum entscheidenden Problem der heutigen Datenverarbeitung.
Und in den 90er Jahren ....? Längst wird nicht mehr gelächelt
über "intelligente" Computer,die ähnlich dem menschlichen Gehirn selbständig Probleme lösen. Die "künstliche Intelligenz"
(abgekürzt KI) ist vor allem in Japan und den USA auf dem Vor-
marsch. Ein japanischer Anbieter hat bereits angekündigt, bis
1992 das erste marktreife Produkt herauszubringen.

1.2 Hardware = Geräte + Datenträger

1.2.1 Hardware im Überblick

1.2.1.1 Fünf Arten peripherer Geräte bzw. Einheiten

Um die Zentraleinheit bzw. CPU herum können bis zu fünf ver-
verschiedene periphere Einheiten gruppiert sein:

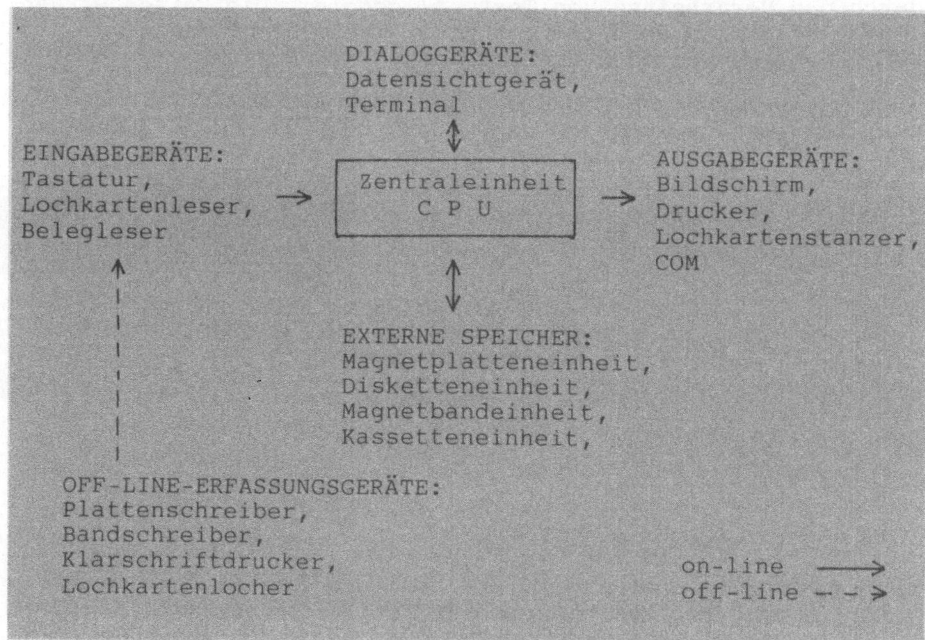

Eine Einheit im Zentrum (= CPU) und mehrere periphere
       Einheiten um diese CPU herum (= Peripherie)

Die reinen   E i n g a b e g e r ä t e   dienen ausschließlich
der Eingabe von Information (Daten wie Programme) in die CPU.
Zu unterscheiden ist dabei die Direkteingabe von Hand (Tastatur) oder die Eingabe über einen Datenträger (z.B. über Scheck
mittels Klarschriftbelegleser).
Die reinen   A u s g a b e g e r ä t e   geben Information von
der CPU aus z.B. auf den Bildschirm, auf das Endlospapier vom
Drucker, auf Mikrofilm (COM für Computer Output on Microfilm).
film) oder auf Lochkarte.
Die D i a l o g g e r ä t e   übernehmen zwei Aufgaben: die
Eingabe (in die CPU hinein) wie auch die Ausgabe (aus der CPU
heraus). Das Bildschirmgerät bzw. Datensichtgerät besteht nur
aus Tastatur und Bildschirm, es ist das einfachste Terminal.
Terminal heißt soviel wie Datenendstation, Endpunkt des Benutzers zum Computer oder "Benutzerschnittstelle" und bezeichnet
das Zugangsmedium des Benutzers zur CPU. Der Zugang kann dabei
die Eingabe, die Ausgabe oder beides umfassen; er kann mecha-
nisch, visuell, manuell und akustisch erfolgen. Ein Terminal
umfaßt danach eine oder mehrere periphere Einheiten mit unterschiedlichen Datenträgern.
Die E x t e r n e n   S p e i c h e r   übernehmen zusätzlich
zur Ein- und Ausgabe von Information auch deren Speicherung.
Während der Hauptspeicher als interner Speicher der CPU Information nur kurzfristig zur Verarbeitungszeit aufnimmt, so dienen die externen Speicher der langfristigen Aufbewahrung von
Daten und Programmen sowie der Datensicherung (Back-Up).

Eingabegeräte, Ausgabegeräte, Dialoggeräte u. Externe Speicher
zählen zur   O n - l i n e - P e r i p h e r i e , weil die
Verbindung zur CPU on-line ist, d.h. eine direkte Kabelverbin-
dung die Übertragung von Information ermöglicht. Im Gegensatz
dazu tritt bei der Off-line-Peripherie an die Stelle der Übertragung der Transport von Daten (samt Datenträgern), da keine
direkte Verbindung zwischen dem peripheren Gerät und der CPU
besteht.

D a t e n e r f a s s u n g   heißt, Information computerlesbar
machen. Bei Off-line-Erfassungsgeräten besteht zum Zeitpunkt
der Datenerfassung keine direkte Verbindung zur CPU: die Daten
werden auf einem im Erfassungsgerät mitlaufenden Datenträger
gespeichert. Geschieht die Erfassung hingegen on-line, dann
ist die Erfassung gleichbedeutend mit der Eingabe.

1.2.1.2 Drei Gruppen von Datenträgern

Nach den Geräten der Hardware (CPU, Peripherie) kommen wir nun
zu den D a t e n t r ä g e r n ; diese müßten eigentlich In-
formationsträger heißen, da sie nicht nur Daten speichern bzw.
tragen, sondern auch Programme.
Man unterscheidet gelochte, magnetische und optische Datenträger - je nachdem, ob die Information durch Lochungen, magnetisierte Punkte oder Lichtmarkierungen (hell/dunkel, Laser) dargestellt wird.

```
                         D a t e n t r ä g e r
        ┌────────────────────────┬────────────────────────┐
        gelochte                 magnetische              optische
        Datenträger:             Datenträger:             Datenträger:

        Lochkarte,               Magnetplatte,            Markierungsbeleg,
        Lochstreifen             Plattenstapel,           Klarschriftbeleg,
                                 Diskette,                Magnetschriftbeleg,
                                 Magnetband,              Balkencode-Beleg,
                                 Kassette,
                                 Magnetblasen-            Optische Platte
                                 speicher
```

Datenträger zur Aufbewahrung von Daten und Programmen

Die Lochkarte und der vom Fernschreiber übernommene Lochstrei-
fen werden zunehmend durch magnetische Datenträger ersetzt.

Die Magnetplatte als W e c h s e l p l a t t e (in Platten-
einheit auswechselbar) hat meistens 37 cm Durchmesser. Beim
Magnetplattenstapel sind z.B. 6 solcher Einzelplatten zu einem
Stapel fest übereinander montiert mit einer Speicherkapazität
bis 300.000.000 Zeichen (=150.000 DIN A4-Seiten). Die Diskette
bzw. Floppy Disk als verkleinerte Form der Magnetplatte wird
als Wechselplatte zur einseitigen oder auch zweiseitigen Speicherung bei einfacher oder doppelter (2D) Aufzeichnungsdichte
abgeboten. Derzeit sind drei Disketten-Größen verbreitet: Die
Maxi-Diskette mit 8" = ca. 20 cm, die Mini-Diskette mit 5.25"
= ca. 13 cm und die Mikro-Diskette mit 3.5" = ca. 9 cm Durchmesser. Disketten erreichen Kapazitäten von 1.000.000 Zeichen
(=500 DIN A4-Seiten) und mehr.

Die Winchester-Platte ist als F e s t p l a t t e fest mit
dem Gerät verbunden und somit nicht auswechselbar. Als Kunst-
stoffplatte ist sie in den Größen 14", 8" und 5.25" im Handel.
Aufgrund der hohen Umdrehungszahl (mehrere 1000 mal/min gegenüber 360 mal/min bei der Diskette) wird eine große Zugriffsge-
schwindigkeit wie auch Kapazität erreicht: über 50.000.000
Zeichen/Platte sind möglich (=25.000 DIN A4-Seiten).

Das Magnetband als d e r typische Massendatenspeicher (1,27 cm
breit und 730 m lang) kann bis ca. 35.000.000 Zeichen (=17.500
DIN A4-Seiten) aufnehmen. In seiner verkleinerten Form als Da-
tenkassette werden ca. 300.000 Zeichen (=150 DIN A4-Seiten)
erreicht; erhältlich ist die Normalkassette, die 1/4-Zoll-Kas-
sette und die 1/8-Zoll-Kassette.

Der Magnetblasenspeicher (Bubble Memory) arbeitet ohne mechanische Teile und wird den herkömmlichen Medien (Band, Platte)
demnächst Konkurrenz machen.

Zu den optischen Datenträgern, die der direkten Beleglesung
dienen: Beim Markierungsbeleg (Erhebungen, TÜV, Bestellungen)
werden Ja/Nein-Markierungen mit Bleistift ausgefüllt und vom
Belegleser optisch eingelesen.

Beim Klarschriftbeleg (Scheck, Zahlkarte) wird optisches Zei-
chen-Erkennen (OCR für Optical Character Recognition) dadurch
erreicht, daß speziell für die DV genormte OCR-Schriften verwendet werden wie OCR-A, OCR-B und IBM-407.
Beim Magnetschriftbeleg (Post-Briefverteilung) werden einzelne
Zeichen mit senkrechten Balken aus magnetisierter Farbe dargestellt: jeweils 7 Balken bei der CMC-7-Schrift, Dick-Dünn-Ab-
weichungen bei der E-13-B-Schrift des US-Banksystems.
Seit der Vereinbarung des Europa-Artikel-Nummern-Codes (EAN-
Code) im Jahre 1977 findet sich dieser Balkencode -auch Bar-
oder Strichcode genannt- zunehmend auf Warenpackungen. Durch
Abtasten mit einem Lesegerät bzw. Scanner (to scan = abtasten)
wird die Artikelnummer entschlüsselt.

Bei der optischen Platte tritt an die Stelle des Schreib-/Le-
sekopfs der herkömmlichen Magnetplatteneinheiten der Laser-
lichtstrahl. Dabei sind die gespeicherten Daten nicht mehr änderbar; aufgrund des niedrigen Preises wird einfach auf eine
zweite optische Platte kopiert. Die Kapazität liegt bei über
100.000.000 Zeichen (=50.000 DIN A4-Seiten), ist also äußerst
hoch.

1.2.2 Verarbeitung von Information in der CPU

1.2.2.1 Analogie der Datenverarbeitung bei Mensch und Computer

Die Datenverarbeitung beim Computer vollzieht sich analog zur
Datenverarbeitung beim Menschen: die CPU als 'Gehirn des Computers' ist analog zum menschlichen Gehirn aufgebaut.

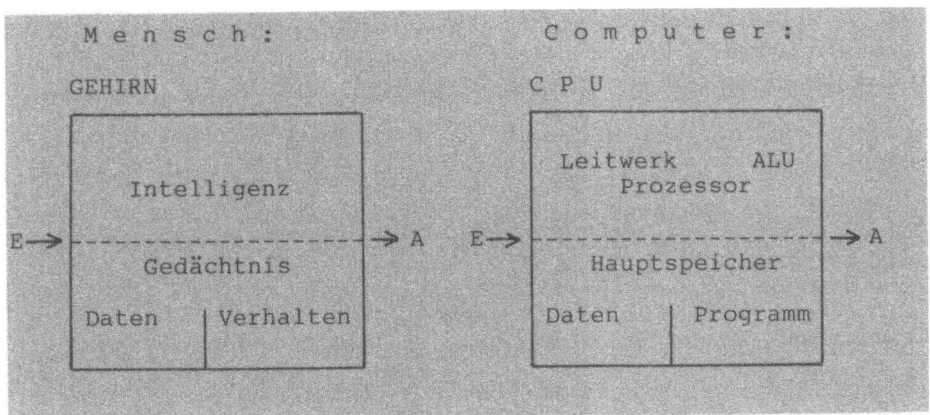

Grundmodelle der Datenverarbeitung bei Mensch und Computer

Der Eingabe (E) beim Menschen (Datenaufnahme über Auge, Ohr,
Nase) entspricht die computerlesbare Eingabe von der Tastatur.
Die Intelligenz des Computers wird durch einen Prozessor ver-
körpert, der die arithmetischen und logischen Grundoperationen
durchführt (ALU für Arithmetic Logical Unit) sowie das Gesamt-
system steuert (Steuer- bzw. Leitwerk).

Neben der Intelligenz (Prozessor) als steuerndem bzw. aktivem
Teil des Gehirns nun zum Gedächtnis (Hauptspeicher) als auf-
nehmendem bzw. passivem Teil: den menschlichen Verhaltensab-
läufen - sicher äußerst vage - vergleichbar sind die Computer-
programme als Anweisungsfolgen " w i e zu verarbeiten ist" ,
während die gespeicherten Daten angeben " w a s verarbeitet
wird".
Die Ausgabe (A) bzw. Datenwiedergabe (z.B. durch Sprechen und
handschriftlich) erfolgt beim Computer in computerlesbarer
Form (z.B. Ausgabe der Lohndaten auf Diskette) und/oder men-
schenlesbarer Form (z.B. am Bildschirm oder Drucker).

Mensch wie Computer sind datenverarbeitende Systeme, die durch
die 3-Schritt-Folge "Eingabe -> Verarbeitung -> Ausgabe" (kurz
EVA-Prinzip genannt) gekennzeichnet werden können.

Als CPU dient beim Personalcomputer bzw. Mikrocomputer ein IC
auf einem ca. 0.5 cm langen Silicium-Chip. Ein weiterer IC ist
für den Hauptspeicher (auch Arbeitsspeicher genannt) vorgesehen. Öffnet man den Computer, dann wird man diese und weitere
Chips sehen, die auf Kunststoffplatinen angeordnet und über
aufgedruckte Leiterbahnen miteinander verbunden sind.

Für Skeptiker: Die hier dargestellte Analogie der Datenverarbeitung bei Mensch und Computer bedeutet nicht, daß Computer
künstliche Menschen sind, sondern daß sie ihm im Grundaufbau
nachgebaut sind. Das einzig Menschliche an Computern ist, daß
sie vom Menschen konstruiert sind. Sonst sind Computer dumm;
sie können nur so arbeiten, wie ihnen durch die Programme vor-
geschrieben wurde. Diese Programme haben zudem etwas äußerst
unmenschliches an sich: sie beinhalten vornehmlich sich oft
wiederholende, routinemäßig ablaufende und stupid geistestö-
tende Tätigkeiten, die von Computern aber sehr schnell, exakt
und beliebig oft ausgeführt werden können.

1.2.2.2 Computer als speicherprogrammierte Anlage

Früher -und das ist erst etwa 30 Jahre her- war das jeweilige
Programm als Hardware festverdrahtet: so konnte der Buchungs-
automat nur die Buchhaltung besorgen, der Fakturiertautomat
nur Rechungen schreiben und der Sortierautomat nichts als nur
sortieren. Für jede neue Aufgabe mußte ein neuer Automat ange-
schafft werden.
Diesem sicher unwirtschaftlichen Hardware-Prinzip machte John
von Neumann (1903-1957) mit der folgenden ohne Zweifel revolu-
tionärsten Idee in der Geschichte der EDV ein Ende:danach ent-
hielt der Hauptspeicher nicht nur die zu verarbeitenden Daten,
sondern auch das Programm. Da neben den Daten (w a s wird
verarbeitet) auch das Programm (w i e ist zu verarbeiten)
geändert und ausgetauscht werden konnte, wurde ein und derselbe Computer (Hardware bzw. Gerät unverändert) zum universellen
Problemlösungsinstrument (Software bzw. Programm änderbar).
Die oben angeführten Aufgaben der Buchhaltung, Fakturierung
wie Sortierung ließen sich von e i n e m Computer mit den
entsprechenden Programmen lösen.
Das Prinzip der S p e i c h e r p r o g r a m m i e r u n g
hatte das Hardware-Prinzip abgelöst: e i n Computer mit vielen
austauschbaren Programmen dient heute v i e l e n Aufgaben.

1.2.2.3 Computerrechnen im Dual-System Bit für Bit

Das Rechnen vollzieht sich in der ALU als Bestandteil der CPU.
Wie ist dies möglich, wo der Computer doch nur Binärzeichen
(binär bedeutet zweiwertig) mit den zwei möglichen Zuständen
0 (kein Strom) und 1 (Strom) unterscheiden kann? Er rechnet
im 2er-System bzw. Dual-System und nicht wie wir Menschen im
10er-System bzw. Dezimal-System.
Addieren wir 5+9 = 14, so erfolgt das berühmte "1 im Köpfchen"
bei 10, da wir im 10-er System denken. Der Computer führt den
Übertrag nicht bei 10 durch, sondern bei 2, da er gelernt hat,
im 2er-System zu funktionieren. Woher aber weiß er, wie groß
Stellenergebnis und -übertrag sind? Er weiß es durch folgenden
Trick: Die Addition ist auf die logischen Grundoperationen
"logisch UND" und "logisch ODER" zurückführbar, und diese Operationen lassen sich als Schalter in der ALU darstellen. Damit
benötigt ein Computer im Grunde nur so wenige Schalter, wie
logische Operationen darzustellen sind.

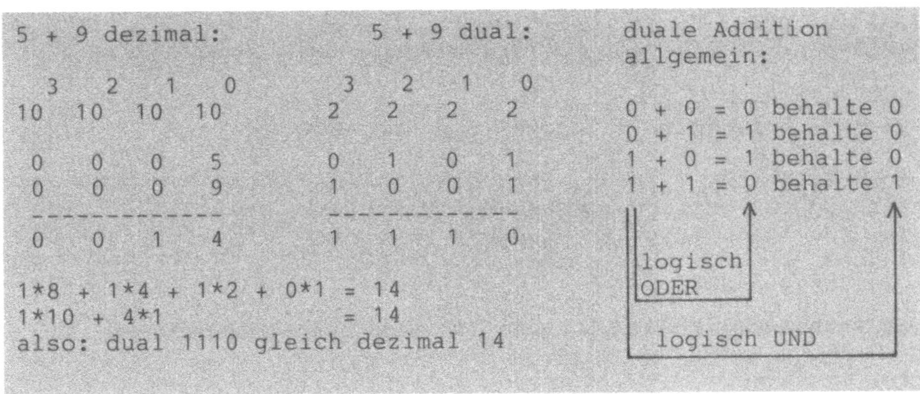

Dezimale Addition 5+9 (links), duale Addition 5+9 (rechts)

Das Binärzeichen wird als Bit (Binary Digit) abgekürzt. Die
4-Bit-Folge 1110 als Bitmuster bezeichnet die Dezimalzahl 14.

1.2.3 Speicherung von Information intern im Hauptspeicher

Information (Daten, Programme) setzt sich zusammen aus Zeichen
wie Buchstaben, Ziffern und Sonderzeichen. Da der Computer nur
ein Bit mit den beiden Werten 0 und 1 unterscheiden kann, muß
jedes Zeichen als Bitmuster gespeichert werden, z.B. der Buchstabe K durch das Bitmuster 01001011 als 8-Bit-Folge. Auf den
Datenträgern werden Bits meist durch magnetisierte Punkte dargestellt. Im Hauptspeicher dagegen werden Bits durch Schalter
dargestellt, die auf 'aus' für 0 oder auf 'ein' für 1 stehen
können; der Hauptspeicher als elektronischer Speicher besteht
aus ICs, deren Schalterstellungen den Bitwerten entsprechen.
Auf die externe Speicherung auf Datenträgern geht Abschnitt
1.2.4 ein; dieser Abschnitt wendet sich der internen Speicherung im Hauptspeicher (auch Arbeitsspeicher genannt) zu.

1.2.3.1 Informationsdarstellung im ASCII und EBCDI-Code

Im Hauptspeicher wird Information vorherrschend im ASCII (für
American Standard Code for Information Interchange) zu jeweils
sieben Bits/Zeichen gespeichert. Jedes ASCII-Zeichen wird somit als Siebenbitmuster dargestellt. Im ASCII werden dadurch
128 (2 hoch 7) Möglichkeiten computerlesbar erfaßt.
Unabhängig vom Code faßt man jeweils 8 Bits zu einer Einheit
zusammen, die man   B y t e   nennt. Beim ASCII als 7-Bit-Code
ist das 8. Bit eines Byte prinzipiell frei; je nach Anwwendung
wird es verschieden behandelt (z.B. stets 0 oder zur Aufnahme
eines Prüfbits).
Beispiel: 7.25 DM soll im ASCII dargestellt werden, also zwei
Buchstaben (DM), drei Ziffern (725) und zwei Sonderzeichen (.
und Blanc). Man erhält demnach die folgenden sieben Bytes
00110111 00101110 00110010 00110101 00100000 01000100 01001101
mit dem Achtbitmuster 00100000 als 5. Byte für das Leerzeichen
bzw. Blanc.

IBM-Großcomputer verwenden nicht den ASCII, sondern den EBCDI-
Code (Extended Binary Coded Decimal Interchange Code), der als
8-Bit-Code 256 (2 hoch 8) verschiedene Möglichkeiten erfaßt.

1.2.3.2 Hexadezimale Darstellung von Zeichen

Die 7 Bytes für 7.25 DM sind nicht gerade leicht zu entschlüs-
seln. Um der besseren Lesbarkeit willen wird man sich Zeichen
auf dem Bildschirm oder Drucker nicht als Bitmuster ausgeben
lassen, sondern h e x a d e z i m a l (auch sedezimal oder
kurz hex genannt).

Die hexadezimale Darstellung ist umseitig wiedergegeben.

1.2.3.3 Hauptspeicher als RAM und ROM

Der Speicher RAM ist ein Schreib-Lese-Speicher (Random Access
Memory für Direkt-Zugriff-Speicher); der Benutzer kann in den
RAM Information schreiben bzw. eingeben wie auch aus dem RAM
Information lesen bzw. ausgeben. Insbesondere bei Personalcomputern ist der Hauptspeicher als RAM ausgebildet, um das Anwenderprogramm und die zu verarbeitenden Daten aufzunehmen.
Häufig ist ein zusätzlicher Teil des Hauptspeichers als Speicher ROM vorgesehen (vgl. Abschnitt 1.1.1). Auf diesen Nur-
Lese-Speicher (Read Only Memory) kann der Anwender nur lesend
zugreifen. Im ROM als Festspeicher werden z.B. Steuerungspro-
gramme - vom Hersteller fest eingeschmolzen - bereitgestellt,
die wir zwar anwenden, aber nicht verändern können.

Die Informationsdarstellung durch die Codes ASCII sowie EBCDI
gilt für den Hauptspeicher allgemein - unabhängig, ob er nun
als Speicher RAM oder als Speicher ROM ausgebildet ist.

Hex:	Dezimal:	Binär:
0	0	0000
1	1	0001
2	2	0010
3	3	0011
4	4	0100
5	5	0101
6	6	0110
7	7	0111
8	8	1000
9	9	1001
A	10	1010
B	11	1011
C	12	1100
D	13	1101
E	14	1110
F	15	1111

Hexadezimale Dar-
stellung von
genau 16 Zeichen

Darstellung von 7.25 DM im
ASCII hexadezimal:
37 2E 32 35 20 44 4D

Darstellung von 7.25 DM im
EBCDI-Code hexadezimal:
F7 4B F2 F5 21 C4 D4

Die hexadezimale Darstellung
von 7.25 DM im ASCII sowie
im EBCDI-Code ist wesentlich
besser lesbar als die zugehörige Bitmusterdarstellung.

Die Übersetzung binär - hex
besorgt der Computer selbst.

Die hexadezimale Darstellung
stellt nur eine Lesehilfe
dar. Im Hauptspeicher werden
die Daten nach wie vor binär
gespeichert und aufgerufen.

Hexadezimale Darstellung	ASCII (7 bit)	EBCDIC (8 bit)
·		
21	blank	
22	!	
23	#	
24	$	
25	%	
26	&	
27	'	
28	(	
29	)	
2A	*	
2B	+	
2C	,	
2D	-	
2E	.	
2F	/	
30	0	
31	1	
32	2	
33	3	
34	4	
35	5	
36	6	
37	7	
38	8	
39	9	
3A	:	
3B	;	
3C	<	
3D	=	
3E	>	
3F	?	
40	@	blank
41	A	
42	B	
43	C	
44	D	
45	E	
46	F	
47	G	
48	H	
49	I	
4A	J	¢
4B	K	.
4C	L	<
4D	M	(
4E	N	+
4F	O		
50	P	&
51	Q	
52	R	
53	S	
54	T	
55	U	
56	V	
57	W	
58	X	
59	Y	
5A	Z	!
5B	[	$
5C	\	*
5D	]	)
5E	^	;
5F	_	¬
60	`	-
61	a	/
62	b	

Hexadezimale Darstellung	ASCII (7 bit)	EBCDIC (8 bit)
63	c	
64	d	
65	e	
66	f	
67	g	
68	h	
69	i	
6A	j	
6B	k	,
6C	l	%
6D	m	_
6E	n	>
6F	o	?
70	p	
71	q	
72	r	
73	s	
74	t	
75	u	
76	v	
77	w	
78	x	
79	y	
7A	z	:
7B		#
7C		@
7D		'
7E		=
7F		"
80		
81		a
82		b
83		c
84		d
85		e
86		f
87		g
88		h
89		i
·		
91		j
92		k
93		l
94		m
95		n
96		o
97		p
98		q
99		r
·		
A3		s
A4		t
A5		u
A6		v
A7		w

Hexadezimale Darstellung	ASCII (7 bit)	EBCDIC (8 bit)
A8		x
A9		y
AA		z
·		
C0		
C1		A
C2		B
C3		C
C4		D
C5		E
C6		F
C7		G
C8		H
C9		I
CA		
CB		
CC		
CD		
CE		
CF		
D0		
D1		J
D2		K
D3		L
D4		M
D5		N
D6		O
D7		P
D8		Q
D9		R
DA		
DB		
DC		
DD		
DE		
DF		
E0		
E1		
E2		S
E3		T
E4		U
E5		V
E6		W
E7		X
E8		Y
E9		Z
EA		
EB		
EC		
ED		
EE		
EF		
F0		0
F1		1
F2		2
F3		3
F4		4
F5		5
F6		6
F7		7
F8		8
F9		9

Die Codes ASCII und EBCDI

Bei Mikrocomputern bzw. Personalcomputern findet man meistens
den ASCII.
Der EBCDI hingegen wird bei größeren DV-Systemen verwendet.

1.2.3.4 Byte als Maßeinheit für die Speicherkapazität

Das Byte dient einerseits zur Darstellung von Zeichen und andererseits zur Angabe der Speicherkapazität

  1 KB = 1 Kilo-Byte = 2^{10} Bytes = 1024 Bytes = ca. eintausend
         Zeichen Speicherkapazität

  1 MB = 1 Mega-Byte = 1000 KB = 1.024.000 Bytes = ca. eine
         Million Zeichen Speicherkapazität

Die Angabe '64 KB RAM' oder auch einfach '64 K RAM' bedeutet,
daß dem Benutzer ein Hauptspeicherplatz von ca. 64.000 Zeichen
Größe für Programm und Daten zur Verfügung steht.

1.2.4 Speicherung von Information extern auf Datenträgern

1.2.4.1 Kassette und Magnetband

Auf K a s s e t t e werden Daten Bit für Bit hintereinander,
d.h. b i t s e r i e l l , aufgezeichnet. Dies ist bei Audio-
kassettenlaufwerken der Fall wie bei den eigens für den Com-
putereinsatz entwickelten Recordern. Die 8 Bits 01001101 für
den Buchstaben M stehen auf Kassette also hintereinander. Auf
das wesentlich breiteren M a g n e t b a n d hingegen passen
die Bits nebeneinander: demnach liegt beim Magnetband eine
b i t p a r a l l e l e Aufzeichnung vor.

Zu unterscheiden sind Start-/Stop-Geräte und Streaming-Geräte:
Bei den Start-/Stop-Geräten wird b l o c k w e i s e gespeichert, wobei jeder Block durch Klüfte (Gaps) als Leerräume vom
nächsten Block getrennt ist. Commodore-Kassetten 2/3000 haben
z.B. folgendes Aufzeichnungsformat:
  - 10 Sek. Vorspann (leader)
  - 192 Zeichen Fileüberschrift (header)
  - 2 Sek. Kluft (Gap bzw. Vorspann)
  - 192 Zeichen Daten (=1. Datenblock)   Datenfile (Daten-
  - 2 Sek. Kluft   datei) mit 192
  - 192 Zeichen Daten (=2. Datenblock)   Zeichen je Block.
  - ...
  - ...
  - 192 Zeichen Daten (=n. Datenblock)
  - EOF-Zeichen als Marke für End Of File

  - 10 Sek. Vorspann (leader)
  - 192 Zeichen Fileüberschrift (header)   Programmfile mit
  - Programmblock mit 10 KB   max 32.000 Zei-
    bis 32 KB Zeichen   chen je Block.
  - EOF-Zeichen
Leerräume bzw. Klüfte kosten Speicherplatz. Sie sind erforderlich, da nur bei gleichmäßiger Bandgeschwindigkeit gelesen und
geschrieben werden kann. Die Übertragungsraten liegen zwischen
250 und 1500 Baud bzw. bps (Bits pro Sekunde bei serieller und
Bytes (Zeichen) pro Sekunde bei paralleler Aufzeichnung).

Bei den S t r e a m i n g - Geräten entfallen die Klüfte und
Start-/Stop-Marken. Die Daten 'strömen' (to stream) ohne Stops
in der kompletten Bandlänge in den Hauptspeicher. Streaming-
Laufwerke werden hauptsächlich zur Datensicherung (Back-Up)
von Plattendaten (Diskette,Winchesterplatte) verwendet. Streamer sind billiger, schneller und speicherplatzsparender als
Start-/Stop-Cartridges; die kleinste Zugriffseinheit aber ist
das gesamte Band (vgl. Abschnitt 1.2.4.5).

Wichtige Einsatzgebiete des Bandes sind die Langzeitarchivie-
rung, die Datensicherung (Back-Up), der Daten- und Programm-
austausch sowie -vertrieb (Postversand), die Ersterfassung von
Daten, die Speicherung von Datenbeständen mit Reihenfolgever-
arbeitung (z.B. Inventar) und die Programmspeicherung. Im Hinblick auf die Kosten je abgespeichertem Byte schneidet kein
Datenträger besser ab als das Magnetband als d e r typische
M a s s e n s p e i c h e r .
Muß häufig auf Einzeldaten direkt zugegriffen werden, dann
scheidet das Band (großes Magnetband wie kleine Kassette) aus.

1.2.4.2 Diskette, Winchesterplatte und Magnetplatte

Die Speicheroberfläche der Platte als Direktzugriff-Speicher
ist stets ähnlich organisiert - ob sie als Diskette im Maxi-,
Mini- oder Mikroformat eingesetzt wird, als Festplatte in Win-
chster-Technologie, als große Magneteinzelplatte oder als Magnetplattenstapel. Am Beispiel des Softsektor-Formats IBM 3740,
das bei Mini-Disketten fast zum Standard geworden ist, wollen
wir die Speicherorganisation der Platte genauer erklären.

Eine neu gekaufte Diskette ist leer, sie ist weder beschrieben
noch irgendwie unterteilt. Beim Softsektor-Format IBM 3740 ist
die Formatierung (Form der Speicheroberfläche festlegen) bzw.
Sektorierung (Oberfläche in Sektoren als Abschnitte eintei-
len) s o f t w a r e m ä ß i g durch ein spezielles Programm
wie folgt vorzunehmen:
- 77 kreisrunde Spuren vorsehen; bei 2seitiger Diskette bilden
  gegenüberliegende Spuren je einen Zylinder.
- Jede Spur in gleichlange Sektoren (Abschnitte) gliedern: 26,
  15 oder 8 Sektoren/Spur, je nach der Sektorlänge von 128,
  256 oder 512 Bytes.
- Spuren numerieren von Spur 00 (außen) bis Spur 76 (innen).
- Verwendung festlegen: Spur 00 für Inhaltsverzeichnis, Spuren
  01-74 für Benutzerinformation, Spuren 75-76 Fehlerreserve.
- Die Sektoren durch Klüfte bzw. Gaps trennen, um auf den Sek-
  tor als kleinste Z u g r i f f s e i n h e i t bei 360 Um-
  drehungen/Minute fehlerfrei zugreifen zu können.
- Die Sektoren unterteilen in ID-Feld (=Identifikationsfeld
  als Adreßfeld) und Daten-Feld (=Benutzerinformation 128, 256
  oder 512 Bytes lang).

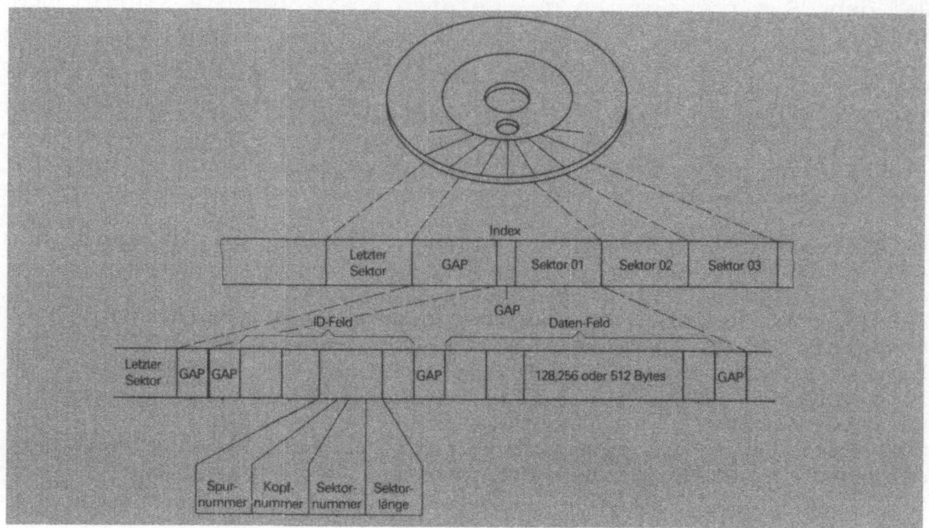

Speicherorganisation der Platte am Beispiel des
Softsektor-Formates IBM 3740 für Disketten

Eine Spur hat weder Anfang noch Ende. Wenn eine Lichtschranke
das I n d e x l o c h überfährt, wird durch einen Impuls der
'Spurbeginn' angezeigt.
Im Gegensatz zur hier erklärten Softsektorierung wird bei der
h a r d s e k t o r i e r t e n Diskette die Einteilung hardwaremäßig bereits vom Hersteller vorgenommen.

Bei Einzelplatten wird b i t s e r i e l l auf Spuren aufgezeichnet. Die 8 Bits 01001101 für M im ASCII stehen also der
Reihe nach hintereinander (z.B. auf Spur 34).
Beim Magnetplattenstapel kann zylinderweise auf den jeweils
unmittelbar übereinanderliegenden Spuren aufgezeichnet werden.

1.2.4.3 Klarschriftbeleg als Druckerausgabe

Auf einem Klarschriftbeleg wird Information in einer für den
Menschen s o w i e den Computer lesbaren Form extern gespeichert (vgl. Abschnitt 1.2.1.2). Hier die Zeichendarstellung
bei der heute besonders weit verbreiteten Klarschrift OCR-A:

ABCDEFGHIJKLMNOPQRSTU
VWXYZ   0123456789

Klarschriftbelege werden durch Klarschriftdrucker erstellt,
bei denen es sich vornehmlich um Typenraddrucker handelt. Hier
eine kleine Übersicht der Druckertypen a l l g e m e i n :

- Zu unterscheiden sind mechanische Drucker (impact) und nicht
  mechanische Drucker (non-impact), serielle Drucker (Zeichen
  für Zeichen drucken) und Zeilendrucker (zeilenweise drucken)
  sowie in einer Richtung und vor/rückwärtsschreibende Geräte.
- Bei den mechanischen Drucker überwiegen Typenraddrucker und
  Matrixdrucker.

- Der T y p e n r a d d r u c k e r hat Typen an Armen (Spei-
  chen) des Typenrades befestigt. Die Räder lassen sich aus-
  wechseln - und damit auch die Schrifttype sowie die Zeichen-
  dichte (z.B. 1/10" = 132 Zeichen/Zeile, 1/12" = 158 Zeichen/
  Zeile, 1/15" = 198 Zeichen/Zeile).
  Typenraddrucker werden dort eingesetzt, wo es auf die Druck-
  qualität ankommt: z.B. in der Textverarbeitung und der Klar-
  schrifterfassung. Man nennt die auch 'Schönschreibdrucker'.
- Der M a t r i x d r u c k e r erzeugt Zeichen in Form einer matrixförmigen Anordnung von Einzelpunkten. Je mehr Roh-
  re bzw. Nadeln pro Matrix (z.B. 7*9- und 7*5-Matrix), desto
  besser ist das Druckbild. Kann man Matrixpunkte einzeln ansteuern, läßt sich der Matrixdrucker zur Ausgabe von Grafik
  (wie Kurven und Bildern) verwenden.
- Nicht-mechanische anschlagsfreie Drucker arbeiten leiser
  und schneller als Impact-Drucker: dabei handelt es sich um
  T i n t e n s t r a h l d r u c k e r (Ink-Jet) oder um
  elektrofotografische Verfahren kombiniert mit Laserstrahlen;
  beide Druckertypen arbeiten mit Normalpapier.
  Spezialpapier benötigen die T h e r m o d r u c k e r (wär-
  meempfindliches Papier), die elektrostatischen Drucker (Die-
  lektrikum auf dem Papier) und die Elektroerosionsdrucker
  (Kondensatorpapier).

1.2.4.4 Schnittstellen als Bindeglieder CPU - Peripherie

Soll der Informationsaustausch zwischen der CPU und den ange-
schlossenen Peripheriegeräten bzw. Datenträgern klappen, dann
müssen die Einheiten zueinander passen, d.h. kompatibel (oder
besser: steckerkompatibel) sein. Genau als solche Steckverbin-
dungen kann man sich die S c h n i t t s t e l l e n (engl.
Interfaces) vorstellen. Damit Geräte verschiedener Hersteller miteinander verbunden werden können, müssen die Schnittstellen der Geräte genormt sein. Die vier bei Personalcomputern zumeist anzutreffenden Schnittstellen sind die V.24-,
die TTY-, die Centronics- und die IEC-Bus-Schnittstelle.

- Die V.24-Schnittstelle ist eine asynchrone, serielle Schnittstelle: asynchron bedeutet, daß 2 Geräte trotz verschiedenen Arbeitsgeschwindigkeiten einander angepaßt werden können; seriell heißt, daß Bit für Bit nacheinander übertragen
  werden. Die US-Schnittstelle RS-232-C entspricht der V.24.
  Beide Interfaces findet man in der Datenfernverarbeitung.

- Als weitere serielle Schnittstelle wurde die TTY-Schnitt-
  stelle vom Fernschreiber (Teletype) übernommen zum Anschluß
  von Bildschirm und Drucker.

- Nach dem Druckerhersteller Centronics benannt ist eine weitere Schnittstelle, mit der Drucker anderer Fabrikate ausgerüstet sind. Als p a r a l l e l e Schnittstelle werden
  alle Bits eines Zeichens (Byte) über 8 parallele Leitungen
  übertragen (gleichwohl: bitparallel, aber zeichenseriell).
  Die Centronics-Schnittstelle ist heute zum Quasi-Standard
  bei Druckern geworden; dabei wird zumeist ein 36-poliger
  AMP-Stecker verwendet mit nur teilweise genormter Pinbele-
  gung (exakte Belegung der Pins dem Handbuch zu entnehmen).

- Die IEC-Bus-Schnittstelle umfaßt 8 Daten-, 3 Quittungs- und
  5 Steuerleitungen, um bis zu 15 Peripheriegeräte an einen
  Computer anzuschließen.

Exakt beschriebene Schnittstellen gehen einher mit dem Trend
zur 'Mixed Hardware' als dem Zusammenschluß von Peripheriegeräten unterschiedlicher Herstellermarken. Dies wiederum führte
zur steten Ausweitung des OEM-Marktes (Original Equipment Ma-
nufacturer). Ein OEM ist ein Gerätehersteller, der seine Pro-
dukte nicht (nur) an Endabnehmer verkauft, sondern ebenso an
andere Hersteller; auf dem OEM-Markt besorgen sich Computer-
hersteller Peripherie-Geräte, die sie in ihr System integrieren. So kann sich z.B. hinter dem IBM-Typenschild eines Druckers, den IBM für seinen Personalcomputer anbietet, durchaus
ein EPSON-Drucker verbergen.

1.2.4.5 Back-Up-Systeme zur Datensicherung

Für Personalcomputer -autonom als Stand-alone-Systeme genutzt-
bietet sich folgender Mix für die externen Speichergeräte an:

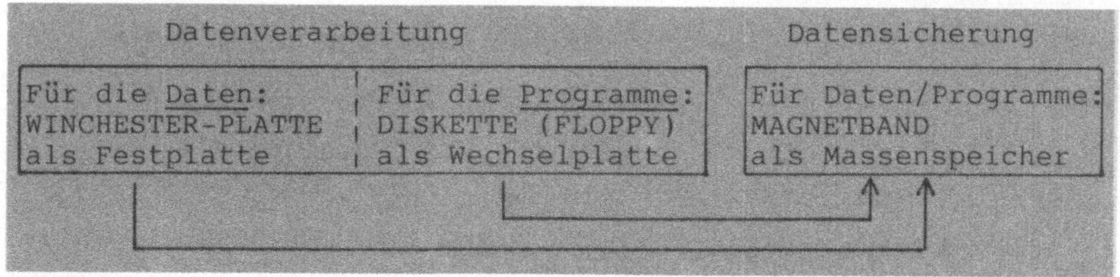

Externspeicher zur Datenverarbeitung und zur Datensicherung

Festplatten-Laufwerke bringen dem Anwender von Personalcomputern die gewünschten hohen Speicherkapazitäten, zugleich aber
auch das Problem der Datensicherung bzw. des Back-Up (1 DIN-
A4-Seite = ca. 2 KBytes; 20 MBytes auf einer Festplatte = ca.
10 Karl-May-Bücher; 1 MBytes eintippen = ca. 10 Manntage). Bei
Programm- oder Bedienungsfehler, Defekt des Externen Speichers
oder des Computers selbst könnten die Daten zerstört werden;
deshalb müssen Sicherungskopien der Daten erstellt werden. Bei
Back-Up-Systemen als Reserve- bzw. Sicherungssysteme (Back-Up
heißt: Zeichen für Zeichen z.B. auf Band kopieren) gibt es
Disketten, Wechselplatten und Bänder als Sicherungsdatenträger
(letztere im Start-Stop- sowie im Streaming-Betrieb (Abschnitt
1.2.4.1)). Mit dem zunehmenden Umfang der zu sichernden Datenbestände wird sich das Magnetband als Streamer durchsetzen: so
kann ein Cartridge-Tape-Streamer den Inhalt einer 20-MB-Fest-
platte in wenigen Minuten kopieren und damit sichern.

Bei dieser Art der Datensicherung werden die Sicherungskopien
in einem gesonderten Arbeitsgang z.B. allabendlich oder zweimal je Woche durchgeführt. Anders geht das L o g g i n g vor,
bei dem sämtliche über Tastatur eingegebenen Daten von einem

Datensicherungsprogramm automatisch auf einer Zusatzdatei mit-
geschrieben werden; diese Datei wird auch 'Log-Datei' genannt.
Die Datensicherung wird also bereits im Rahmen der Datenerfassung vorgenommen - dieser Erfassung wenden wir uns jetzt zu.

1.2.5 Verfahren der Datenerfassung

D a t e n e r f a s s u n g   heißt, Daten in computerlesbare
Form bringen (vgl. Abschnitt 1.2.1.1) und umfaßt den Weg von
der Entstehung der Daten bis zu deren Eingabe in die CPU. Da
im kaufmännischen Bereich ca. 90% des Zeitaufwandes auf diesen
Weg entfallen, ist der Kostenanteil der Datenerfassung relativ
hoch anzusetzen.
Die unterschiedlichen   V e r f a h r e n   der Datenerfassung
werden festgelegt durch vier Faktoren:
1) Anzahl der   S t u f e n , die die Daten von der
   Entstehung bis zur Eingabe durchlaufen.
2) Verbindung zwischen Erfassungsgerät und CPU zum Zeitpunkt
   der Erfassung: o f f - l i n e oder   o n - l i n e .
3) Z e n t r a l e   oder   d e z e n t r a l e   Durchführung
   der Erfassung.
4) Erfassungsgerät mit eigener   I n t e l l i g e n z   ausgestattet oder nicht.
Auf diese Faktoren wollen wir nun im Überblick näher eingehen.

Zunächst ist eine einstufige, zweistufige und dreistufige Datenerfassung zu unterscheiden.

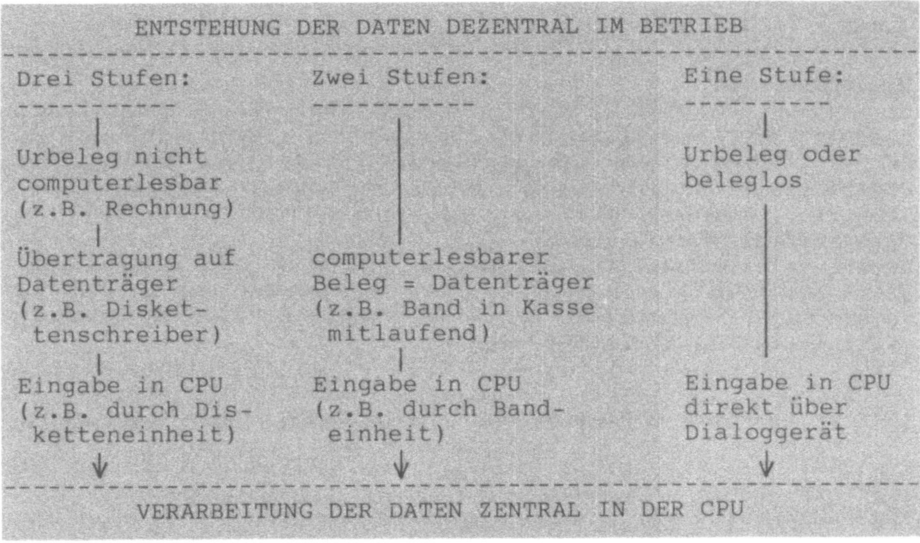

Die 'klassische Datenerfassung' durchläuft drei Stufen: Erstellen des Urbelegs, Übernehmen auf Datenträger und Eingeben

in die CPU. Werden Urbeleg und Datenträger gleichzeitig erstellt, dann verkürzt sich das Vorgehen auf zwei Stufen. Mit
der Bildschirmerfassung sowie der Erfassung über Scanner bzw.
Lesestift kommt man zur einstufigen Direkterfassung. Beispiel:
POS - System (Point-of-Sales-System, Verkaufspunkte-System).

Bei der Off-line-Erfassung erfolgen Erfassung und Verarbeitung vollständig getrennt voneinander. Beim Datensammelsystem
z.B. wird zunächst von mehreren Erfassungsplätzen ein gemeinsamer Datenträger erstellt, der dann später zur Verarbeitung
weitergegeben wird.
Bei der On-line-Erfassung gelangen die Daten direkt in die CPU
(an die Stelle des Datenträgertransports tritt also die Datenübertragung). Der große Vorteil der on-line gegenüber der off-
line durchgeführten Erfassung liegt in der Zeitersparnis. Als
nachteilig kann sich der Umstand auswirken, daß während der
Erfassung die CPU für andere Arbeiten blockiert ist.

Dezentrale Erfassung heißt, Daten am Ort ihrer Entstehung zu
erfassen - z.B. im Lager und beim Verkauf. Die mobile Datenerfassung über tragbare Personal- u. Mikrocomputer zählt hierzu.
Bei der zentralen Erfassung hingegen bringt man alle Urbelege
an eine bestimmte Stelle (Beispiel: Datensammelsystem).

Datenerfassungsgeräte werden zunehmend mit eigener Intelligenz
ausgerüstet. Oder anders ausgedrückt: Zur Erfassung greift man
immer häufiger auf Mikrocomputer zurück, die z.B. wahlweise
on-line an einen Großcomputer angeschlossen sind und off-line
als selbständige Computereinheit (Stand-alone-System) genutzt
werden.

1.2.6 Computertypen

Zunächst: Wenn vom 'Computer' die Rede ist, dann ist damit immer der frei programmierbare Allzweckrechner bzw. General-Pur-
pose-Computer gemeint, nicht jedoch der Spezial-"Computer" wie
z.B. eine Datenbank-Maschine (vgl. Abschnitt 1.3.5.6) oder ein
Textverarbeitungs-Automat.
Zu den zahlreichen Typologien für Computer soll hier keinesfalls eine weitere hinzugefügt werden. Anhand der beiden Extreme 'Personalcomputer' und 'Großcomputer' soll allein eine
Orientierungshilfe gegeben werden.

1.2.6.1 System-Konfigurationen für Personal- und Großcomputer

Eine System-Konfiguration gibt an, wie periphere Einheiten um
eine CPU zu einem funktionsfähigen DV-System zusammengestellt
sind. Zunächst eine Gerätezusammenstellung, wie sie für Personalcomputer typisch ist. Die Geräte werden dabei zeichnerisch

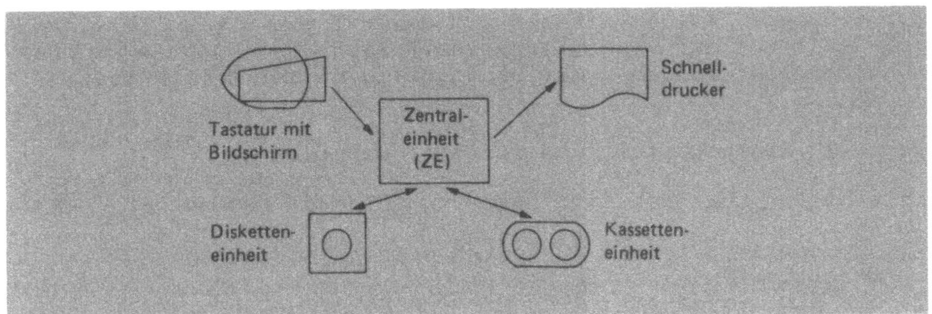

Für Personalcomputer typische System-Konfiguration

durch Sinnbilder dargestellt, die nach DIN 66001 genormt sind.
Der Personalcomputer -für den persönlichen Gebrauch und durch-
aus auch zur beruflichen Nutzung gekauft- soll hier nicht von
Bezeichungen wie Privat-Computer, Tischcomputer, Heimrechner,
Spielcomputer und Kleinrechner abgegrenzt werden; dazu schrei-
tet die Entwicklung viel zu schnell voran. Vielmehr soll der
P e r s o n a l c o m p u t e r als extremes Gegenstück zur
Kategorie der G r o ß c o m p u t e r aufgefaßt werden , die
z.B. mit je fünf Band- und Platteneinheiten als Externspeicher
ausgerüstet sein können. Großcomputer werden in Rechenzentren

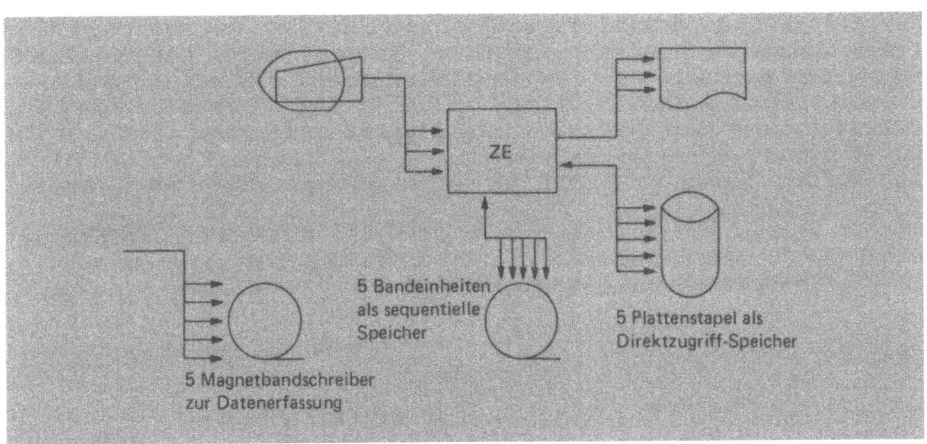

Für Großcomputer typische System-Konfiguration

betrieben - sei es im unternehmenseigenen Rechenzentrum oder
im Sevice-Rechenzentrum von einem freien, herstellereigenen
bzw. kooperativen DV-Dienstleistungsunternehmen. Die Sinnbilder für Band und Platte werden oft auch für Kassette und Diskette verwendet.
Zwischen dem Personalcomputer als unterem und dem Großcomputer
als oberem Extrem gibt es zahlreiche Abstufungen wie z.B. An-
lagen der Mittleren Datentechnik (MDT), Minicomputer, Büro-
Computer oder auch Small-Business-Computer. Ebenso können mehrere Computer zu einem Rechnerverbund vernetzt sein (Netzwerk)
mit Satelliten-Computern, die selbständig als Stand-alone-
System und/oder on-line mit einem Haupt-Computer arbeiten. Dabei sind Personalcomputer häufig Teil eines Großcomputers.

Großcomputer werden oft als **M a i n f r a m e s** bezeichnet und damit von der anschließbaren Peripherie abgegrenzt. Personalcomputer zählen immer häufiger zu dieser Peripherie.

1.2.6.2 Eigenschaften von Personalcomputern

Personalcomputer weisen allgemein folgende Eigenschaften auf:

1) Autonom arbeitendes DV-System mit zumindest einem
   Externspeicher.
2) CPU mit mindestens 64 KB RAM für Benutzerdaten und
   Benutzerprogramme.
3) Verfügbarkeit mindestens einer höheren Programmiersprache (Basic, Pascal, Forth, ...).
4) Möglichkeit, in Maschinensprache (Assembler) zu
   programmieren.
5) Betriebssystem ermöglicht Dialog zwischen
   Benutzer und Computer.
6) Exakt beschriebene Schnittstellen.

Wünschenswert ist, daß Personalcomputer hardwaremäßig wie auch softwaremäßig kompatibel sind. So sollten Programmiersprachen wie Basic und Pascal genormt sein, für die Externspeicher einheitliche Aufzeichnungsformen übernommen werden (z.B. für Disketten das Softsektor-Format IBM 3740) und übereinstimmende Schnittstellen definiert sowie steckermäßig vorgesehen sein (z.B. gesamten Systembus an eine Steckerleiste herausführen, damit der Anwender das System später erweitern kann). Doch warum auch soll eine CBM-Floppy zu einem Apple passen, wenn ein Opel-Vergaser nicht zu einem Ford paßt; und warum soll das BASIC-Programm eines Alphatronic auf einem IBM-PC laufen, wenn das Motoröl eines VW nicht für einen Mercedes geeignet ist?

Häufig werden für Mikrocomputer die vier Kategorien Handcomputer (HC), Videocomputer (VC), Personalcomputer im engeren Sinne (PC) und Tragbare Computer (Portables) gebildet.

```
H a n d c o m p u t e r  (HC) :
Hand-Held-Computer, Pocket-Computer, Briefcase-Computer.
Tastatur mit Zeilendisplay, Module. Taschenrechnerformat.

V i d e o c o m p u t e r  (VC):
Tastatur mit Videoanschluß; zunehmend Diskettenlaufwerke
anschließbar. Ausbaumöglichkeit in Richtung PC.

P e r s o n a l c o m p u t e r  (PC):
Tastatur, Diskette und/oder Hard-Disk, Monitor. Zunehmend
16-Bit-Mikroprozesor. Monitor. Mehrere Betriebssysteme.

P o r t a b l e   C o m p u t e r :
Tastatur, CPU, Diskette und Monitor als eine Einheit, als
Koffer tragbar.
```

Vier Kategorien von Mikrocomputern

Daneben unterscheidet man nach der Nutzungsart Homecomputer (privat) und professionelle Computer (beruflich).

Die VCs müssen an einen Bildschirm angeschlossen werden. Dies
kann ein normales Fernsehgerät sein, das jedoch aufgrund der
geringen Auflösung (960 Zeichen pro Bild) für Grafik wie auch
längere Benutzung nur bedingt geeignet ist. Auch VCs benötigen
einen Monitor (ca. 2000 Zeichen pro Bild), der eine wesentlich
ruhigere Bildwiedergabe bietet.
Die Portables -Neuentwicklungen oder aber Abkömmlinge von bereits bewährten PCs- werden häufig zur mobilen Datenerfassung
eingesetzt.
Vergleicht man den Markt der Mikros mit dem der PKWs, so stellen die PCs die 'normalen' Limousinen dar, während HCs, VCs
und Protables dann die Minis, Cabrios usw. ausmachen.

1.2.6.3 Personalcomputer im Computer-Netzwerk

Sinkende Hardware-Kosten und eine ständig zunehmende Zahl von
Informationsquellen führen immer häufiger zur Vernetzung mehrerer Personalcomputer zu einem l o k a l e n   N e t z . Das
Attribut 'lokal' verweist auf einen begrenzten Wirkungsbereich
wie eine Abteilung oder ein Gebäude (sog. Inhouse-Netz); auch
hierzulande spricht man dabei von LANs (Local Area Network).

Es gibt Netze mit Stern-, Ring- oder Bus-Struktur. Bei stern-
förmiger Anordnung ist jeder Computer mit einer zentralen Einheit verbunden, die verwaltet und die Netz-Leistung begrenzt;
fällt sie aus, so bricht das gesamte Netz zusammen. Die Ring-
Anordnung ist billiger, doch auch hier führt der Ausfall einer
Station zum Ausfall des gesamten Netzes. Dies ist nicht so bei
der Bus-Anordnung als weitverbreitetem Konzept: über eine Sam-
melschiene kann jede Station mit jeder Station in Kontakt treten. Das von Xerox, Intel und DEC entwickelte Netz 'Ethernet'
weist eine Bus-Struktur auf und stellt durch seine große Verbreitung einen Quasi-Standard dar.
Es gibt Netze mit und ohne Master-Controller. Der Masterbild-
schirm weist die höchste Priorität auf und ist zumeist softwaremäßig ansteuerbar; gegenüber der hardwaremäßigen Verdrahtung
ist dies bei Ausfall des Masterbildschirms (andere Station als
Master ansteuern) von Vorteil.
EIn Netz verfügt oft nur über einen oder zwei Drucker, die mit
Drucker - S p o o l i n g angesteuert werden. Anstatt Daten
direkt auf den Drucker auszugeben, 'drucken' die Stationen
auf eine Platte (Zwischenspeicher), deren Information automatisch durch ein Spooler(-programm) ausgedruckt wird.
Spool steht für 'simultaneous peripheral operations on-line'.

Personalcomputer finden nicht nur intern im lokalen Netz Verwendung, sondern ebenso im ö f f e n t l i c h e n   N e t z
extern. So im BTX-Netz als BTX-Editierplatz des Informations-
anbieters, als BTX-Terminal des Konsumenten oder als Kommuni-
kationssystem für kleinere Firmen.
Nach Datex, Datex-L, Telex, Teletex und BTX werden Personalcomputer sicher auch in dem von der Post geplanten Netz ISDN
(Integrated Services Digital Network) eingesetzt werden, das
Daten, Text, Standbilder wie auch Sprache übermitteln wird.

Personalcomputer werden von Beginn an primär als S t a n d - A l o n e - S y s t e m autonom für sich alleine verwendet. Man spricht auch vom Single-User-Betrieb.
Vernetzt man mehrere Personalcomputer, so gelangt man zu einem M u l t i - U s e r - B e t r i e b , bei dem mehrere User (Benutzer) über ihre PCs als Terminals verbunden sind.
Single-User-Betrieb wie auch Multi-User-Betrieb können unter M u l t i t a s k i n g laufen; dabei werden mehrere Aufgaben als Tasks quasi gleichzeitig durch e i n e CPU abgearbeitet. Multiusing und Multitasking stellen hohe Anforderungen an das Betriebssystem (z.B. MP/M und Concurrent CP/M; siehe Abschnitt 1.3.6.6).

1.3 Software = Daten + Programme

1.3.1 Software im Überblick

Software ist I n f o r m a t i o n und wird unterteilt in D a t e n und P r o g r a m m e (vgl. Abschnitt 1.1.1). Auf diese beiden Komponenten der Software wollen wir nun eingehen.

1.3.1.1 Begriffsbildungen für Daten

Sieben wichtige Begriffspaare für D a t e n wollen wir näher betrachten.

S t a m m d a t e n bleiben normalerweise über einen längeren Zeitraum hinweg konstant (z.B. Artikelstammdaten, Kundenstammdaten, Personalstammdaten), Ä n d e r u n g s d a t e n dienen der Anpassung von Stammdaten.
Im Gegensatz zu Stammdaten erfahren B e s t a n d s d a t e n oftmalige Änderungen, die durch B e w e g u n g s d a t e n vorgenommen werden (Zugang für + und Abgang für -); letztere werden kurz auch als Bewegungen bezeichnet. Die Lagerbestandsfortschreibung nach der Formel 'Anfangsbestand + Zugänge - Abgänge ergibt Endbestand' gehört in diese Kategorie von Daten. O r d n u n g s d a t e n legen eine Speicherungs-, Sortierbzw. Verarbeitungsfolge fest, M e n g e n d a t e n hingegen eine Anzahl (Stück, Größe, Gewicht, Preis).
Mit n u m e r i s c h e n D a t e n bzw. Zahldaten rechnet jeder Computer, nicht jedoch mit T e x t d a t e n . Letztere umfassen beliebige Zeichen, die stets zwischen Gänsefüßchen oder Hochkommata stehen, und werden auch als alphanumerische Daten, als Zeichenkettendaten oder als Strings bezeichnet. U n f o r m a t i e r t e D a t e n weisen keine einheitliche Form auf. In der kommerziellen Datenverarbeitung überwiegen f o r m a t i e r t e D a t e n : auf einem Rechnungsformular stehen z.B. die Dezimalpunkte der DM-Beträge untereinander, jeweils auf 2 Nachkommastellen gerundet.

```
Begriffspaar:                Beispiel:
-------------                ---------
1) Stammdaten                1019 als Kundennummer
   oder
   Änderungsdaten            1019007 als neue Kundennummer im
                                     Postleitzahlgebiet 7
2) Bestandsdaten             256 als Lagermenge
   oder
   Bewegungsdaten            70 Stück als Lagerbestandszugang

3) Ordnungsdaten             6 für Artikelfarbe 'gelb'
   oder
   Mengendaten               8 kg als Bestellmenge

4) Numerische Daten          Zahl 10950.25 als Rechnungspreis
   oder
   Textdaten                 "Gulden" als Währungsbezeichnung

5) Unformatierte Daten Zwei ungeordnete Positionen 265.65 DM
   oder                                                  9 DM
   Formatierte Daten    Zwei geordnete Positionen    265.65 DM
                                                       9.00 DM
6) Einfache Datentypen 50 als  e i n e  Menge
   oder
   Strukturierte Datentypen bzw. Datenstrukturen
                   50 24 98 33 102 als  f ü n f  Mengen
7) Im Programm gespeicherte Daten   6% als Rabattsatz
   oder
   Getrennt vom Programm gespeicherte Daten bzw. Dateien
                   Kunden d a t e i  mit 2680 Kunden
```

Sieben Begriffspaare für Daten

Mit die wichtigste Unterscheidung ist die von einfachen Datentypen und Datenstrukturen:
E i n f a c h e   D a t e n t y p e n   bestehen aus jeweils
nur einem einzigen Datum, so aus einer Ganzzahl (INTEGER), aus
einer Dezimalzahl (REAL) oder aus einem Textwort (STRING). Die
D a t e n s t r u k t u r e n   als strukturierte Datentypen
hingegen umfassen jeweils mehrere Daten, die unterschiedlich
z.B. als Feld (ARRAY), Verbund (RECORD) oder Datei (FILE) angeordnet sein können. In Abschnitt 1.3.5 werden die Datentypen
im Zusammenhang mit der Datei genauer erklärt.

Einzeldaten und kleinere Datenbestände lassen sich innerhalb
eines Programmes speichern, so z.B. der Rabattsatz in einem
Rechnungsschreibungsprogramm. Die umfangreichen in der kommerziellen Datenverarbeitung zu verarbeitenden Datenbestände werden g e t r e n n t vom Programm als D a t e i auf Platte
oder Band als externem Speicher untergebracht.

1.3.1.2 Begriffsbildungen für Programme

Man unterscheidet Anwenderprogramme sowie Systemprogramme.

	Programme		
Anwenderprogramme		**Systemprogramme**	
vom Anwender selbst erstellt	von Softwarehaus fremd bezogen	Steuerprogramm	Dienstprogramm	Übersetzerprogramm
z.B. eigene Rechnungsschreibung	z.B. Tabellenkalkulation	z.B. Dialog Mensch-Computer	z.B. Sortierprogramm	z.B. BASIC, PASCAL, Cobol, FORTH, C

Anwenderprogramme (Problem) und Systemprogramme (Computer)

A n w e n d e r p r o g r a m m e lösen die konkreten Probleme des jeweiligen Anwenders und werden auch Benutzer- bzw.
Arbeitsprogramme genannt oder unter der Bezeichnung Anwender-
Software zusammengefaßt. Anwenderprogramme können vom Anwender
selbst erstellt und programmiert oder fremd von einer Softwarefirma bezogen sein. Zwischen diesen beiden Extremen gibt
es zahlreiche Abstufungen: so z.B. im Falle der individuellen
Anpassung standardisierter Anwender-Software. Auf das Anpassen
wie auch Erstellen von Anwenderprogrammen gehen die Abschnitte
1.3.7 und 1.3.8 näher ein.

Gegenstück sowie Ergänzung zu den Anwenderprogrammen sind die
S y s t e m p r o g r a m m e , deren Gesamtheit als Betriebssystem bezeichnet wird, da sie den geordneten   B e t r i e b
des jeweiligen DV - S y s t e m s gewährleisten. Ganz allgemein wird das Betriebssystem oft als OS (Operating System) und
als DOS (Disk Operating System, da plattenorientiert) bezeichnet. Jedes Betriebssystem umfaßt drei Arten von Systemprogrammen:
Die S t e u e r p r o g r a m m e steuern das Zusammenwirken
der Peripherie mit der CPU und die Ausführung eines Programms.
Die D i e n s t p r o g r a m m e bzw. Utilities sind zwar
nicht unbedingt notwendig, werden aber als unerläßlicher Kom-
fort zum einfachen und benutzerfreundlichen Betrieb des Computers angesehen (ein Programm zur Herstellung einer Disketten-
kopie gehört eben einfach 'dazu'). Steuer- und Dienstprogramme
bilden oft eine Einheit: ein E d i t o r z.B. dient zumeist
nicht nur dem Eintippen und Bearbeiten von Programmtext über
einen Bildschirm, dem sog. Editieren also, sondern ebenso dem
Abspeichern dieser Texteingabe auf Diskette oder Band, und damit der Ein-/Ausgabesteuerung.
Ein   Ü b e r s e t z e r p r o g r a m m   übersetzt ein in
einer Programmiersprache wie z.B. BASIC codiertes Anwenderprogramm in die Muttersprache des Computers, bzw. in die 0/1-Form.
Das ist vergleichbar mit der Tätigkeit eines Dolmetschers,
der Sätze aus einer Fremdsprache (z.B. Englisch) in die eigene Muttersprache (z.B. Deutsch) übersetzt. Ein Computer versteht so viele Fremdsprachen bzw. Programmiersprachen, wie
Übersetzerprogramme vorhanden sind. Die meisten Personalcomputer verstehen die Programmiersprachen BASIC und z.T. PASCAL,
da die zugehörigen Übersetzerprogramme beim Kauf automatisch
mitgeliefert werden.

Was für das Auto das Benzin bedeutet, um von Astadt nach Bdorf
fahren zu können, das bedeutet für die Computer-Hardware das
B e t r i e b s s y s t e m , um ein Anwenderprogramm ausführen zu können. In Abschnitt 1.3.6 wenden wir uns dem Betriebssystem genauer zu.

Wie für Daten allgemein Datenstrukturen unterschieden wurden,
so werden für Programme (Anwender- wie Systemprogramme) übli-
cherweise vier P r o g r a m m s t r u k t u r e n definiert.

```
(1) Folgestrukturen:              Lineare Prgramme
(2) Auswahlstrukturen:            Verzweigende Programme
(3) Wiederholungsstrukturen:      Programme mit Schleifen
(4) Unterprogrammstrukturen:      Programme mit Unterabläufen
```

Vier grundlegende Programmstrukturen

Diese Programmstrukturen werden als 'Bausteine der Software'
bezeichnet, da die Analyse noch so komplexer Programmabläufe
stets zu diesen Strukturen als Grundmuster führt. Abschnitt
1.3.3 erklärt diese Programmstrukturen an kleinen Beispielen
und Abschnitt 1.3.4 im Zusammenhang mit den Datenstrukturen.

1.3.2 Datentypen und Datenstrukturen

Im vorangehenden Abschnitt wurden sieben Daten-Begriffe angeführt, darunter der Begriff des D a t e n t y p s . Dieser
Begriff ist grundlegend für die Programmierung. Wir wollen ihn
erklären: es gibt einfache und strukturierte, statische und
dynamische sowie standardmäßig vorhandene und benutzerseitig
definierbare Datentypen.

1.3.2.1 Einfache Datentypen als 'Moleküle'

Einfache Datentypen lassen sich nicht weiter zerlegen und werden deshalb auch als elementare, skalare sowie unstrukturierte
Datentypen bezeichnet. Diese Typen enthalten deswegen stes nur
ein einziges Datum und stellen sozusagen die 'Moleküle' der

Bezeichnung:		Beispiel:	Wertebereich:
CHAR	Einzelzeichen	D	Zeichen (numerisch, al-pha, Sonderzeichen)
INTEGER	Ganzzahl	126	Ganze Zahlen
REAL	Dezimalzahl	126.75	Zahlen mit Dezimalpunkt
STRING	Text, Zeichen-kette	"DM-Wert"	Gesamter Zeichen-vorrat des Computers
BOOLEAN	Logisch	1	Wahrheitswerte TRUE (1, wahr), FALSE (0,unwahr)

Fünf einfache bzw. elementare Datentypen

Daten dar, da sie vom Programmierer nicht - so ohne weiteres -
unterteilt werden können.
Der Datentyp CHAR umfaßt nur e i n Zeichen. Als STRING (Text)
gilt alles, was zwischen Gänsefüßen steht, also auch der Text
"99.50 DM Endsumme". Numerische Typen sind INTEGER oder REAL.
Der Datentyp BOOLEAN kennt nur die 2 Werte TRUE (z.B. Stammkunde) oder FALSE (kein Stammkunde).

1.3.2.2 Datenstrukturen als strukturierte Datentypen

Strukturierte Datentypen sind neben anderen der ARRAY (Liste)
und der RECORD sowie das FILE. Dabei werden mehrere Daten unter einem Namen zusammengefaßt abgelegt. Der ARRAY wird auch
als Feld, Tabelle und Bereich bezeichnet und enthält Komponen-

Bezeichnung:	Beispiel:	Kennzeichen:
ARRAY (eindimensional) Vektor	12 3 44 56 21	Komponenten alle mit denselben Datentypen (hier 5 Mengen)
ARRAY (zweidimensional) Matrix	33.5 36.7 11.2 24.0 9.1 74.5 10.5 10.0 3.0 99.5 3.6 9.0	Komponenten alle mit denselben Datentypen (hier 4*3=12 Preise in 4 Zeilen u. 3 Spalten)
RECORD Verbund, auch Satz	101 (=Nr.) FREI (=NAME) 65000 (=UMSATZ)	Komponenten mit unter- schiedl. Datentypen (hier: INTEGER, STRING u. REAL (Kundensatz))
SET Menge	() (1) (2) (12) für SET OF 1..2	Komponenten sind Teil- mengen der Grundmenge
FILE Datei	über 1000 Sätze der KUNDENDATEI	Datei als Sammlung von Datensätzen auf einem Externspeicher

Vier wichtige Datenstrukturen

ten bzw. Elemente gleichen Typs. Beim eindimensionalen ARRAY
sind die Elemente in Reihe angeordnet wie im Beispiel die 5 Wo-
chentagabsatzmengen 12, 3, 44, 56 und 21 , während sich der
zweidimensionale ARRAY in zwei Richtungen ausdehnt: waagerecht
in Zeilen (hier 4 Zeilen) und senkrecht in Spalten (hier 3
Spalten). Es gibt nicht nur Integer-Arrays (alle Elemente sind
ganzzahlig) und Real-Arrays (alle Elemente sind Kommazahlen),
sondern z.B. auch String-Arrays wie 'MO, DI, MI, DO, FR, SA'
oder 'HAMMER, MEISEL, SAEGE' (alle Elemente sind Textworte).

Im Gegensatz zum ARRAY können im RECORD auch Daten verschiedener Datentypen abgelegt sein. Der oben wiedergegebene RECORD
verbindet drei Komponenten vom Typ INTEGER (Kundennummer ganzzahlig), STRING (Kundenname stets Text) und REAL (Kundenumsatz
als Dezimalzahl) - deshalb auch die Bezeichnung 'Verbund'. In

der kommerziellen DV entspricht diese Datenstruktur häufig den
Datensätzen bzw. Komponenten von Dateien wie hier der Kundendatei.

Unter einer Datei versteht man allgemein eine Sammlung von Datensätzen, die getrennt vom Programm auf einem Externspeicher
(Diskette, Platte, Kassette, Band) als selbständige Einheit
gespeichert sind. Die Datensätze stellen die Datei-Komponenten
dar und weisen alle denselben Datentyp auf, d.h. sie sind alle
z.B. vom Typ RECORD oder alle vom Typ ARRAY. Eine Datei bzw.
ein FILE kann viel größer sein als der im Hauptspeicher verfügbare Speicherplatz.

1.3.2.3 Statische und dynamische Datentypen

Datenstrukturen können statisch oder aber dynamisch vereinbart
sein.
S t a t i s c h e Datentypen behalten während der Programmausführung ihren Umfang unverändert bei. Beispiel: Beim Beginn
eines Programms wird vereinbart, daß ein eindimensionales Feld
bzw. Array mit 5 Elementen zur späteren Aufnahme und Verarbeitung der Absatzmengen für die 5 Wochentage Mo - Fr eingerich-
tet wird. Statisch heißt, daß die Anzahl der Feldelemente während der Programmausführung gleich bleibt, während sich ihre
jeweiligen Inhalte ändern können.

Bei d y n a m i s c h e n Datentypen muß die Anzahl der Komponenten nicht bereits beim Schreiben des Programms festgelegt
werden, sondern erst im Zuge der Programmausführung. Die Datei
bzw. das FILE ist stets als dynamischer Datentyp vereinbart.
Warum? Beim Anlegen einer Kundendatei werden z.B. 455 Kunden
in 455 Datensätzen auf Diskette erfaßt. Diese Zahl von 455 Da-
teikomponenten muß veränderbar sein, um neue Kunden aufnehmen
und Ex-Kunden löschen zu können. Da die Änderungen aber 'tri-

```
                    Datenstrukturen
           ┌──────────────┴──────────────┐
        STATISCH                      DYNAMISCH
Werte ändern sich, niemals    Werte sowie Struktur (Anzahl,
aber die Anzahl.              Aufbau) ändern sich.

Anzahl der Komponenten       Anzahl und Aufbau der Kompo-
ist konstant.                nenten ist variabel.
Belegter Speicherplatz       Belegter Speicherplatz
ist konstant.                ist variabel.

unstrukturiert:              unstrukturiert:
Char, Integer, Real,         Zeiger als Hilfsmittel.
String, Boolean              strukturiert:
strukturiert:                Datei (File),
Feld (Array),                Stapel (Stack), Schlange,
Menge (Set),                 Gekettete Liste (Linked List),
Verbund (Record).            Binäre und andere Bäume,
                             Rekursive Datenstrukturen.
```

Einige dynamische Datentypen

vialer Natur" sind (so Niklaus Wirth, der Erfinder von PASCAL),
zählt man eine Datei zu den statischen Datenstrukturen. Die
dynamischen Datenstrukturen können vom Programmierer selbst
durch Verknüpfung der standardmäßig angebotenen Datentypen
konstruiert werden. Das heißt, daß alle dynamischen Strukturen
auf einer tieferen Komponenten-Ebene irgendwo wieder statisch
sind; Listen- (z.B. verkettete Liste) und Baumstrukturen gehören dazu. Zeiger (auch Pointer, Verweis, Referenz genannt)
werden dabei als Hilfsmittel zur Strukturierung verwendet. Auf
Zeiger bzw. Listen gehen wir in Abschnitt 3.13 ein. Die Rekur-
sion als Ablauf, der sich selbst aufruft bzw. zur Ausführung
bringt, bildet (generiert) dynamisch lokale Variable und wird
deshalb häufig im Zusammenhang mit dynamischen Datenstrukturen
genannt.

1.3.2.4 Vordefinierte und benutzerdefinierte Datentypen

Die bislang dargestellten einfachen und strukturierten Datentypen sind v o r d e f i n i e r t in dem Sinne, daß sie als
Standardtypen vom DV-System bereitgestellt werden. Daneben gestatten einige Programmiersprachen wie z.B. PASCAL dem Programmierer, selbst eigene Datentypen zu definieren, die dann
eben als b e n u t z e r d e f i n i e r t bezeichnet werden.

Eine einfache Möglichkeit dafür besteht darin, alle Werte auf-
zuzählen, die der Datentyp umfassen soll - deshalb der Begriff
A u f z ä h l u n g s t y p . (Mo,Di,Mi,Do,Fr,Sa,So) ist ein
solcher Aufzählungstyp für die Wochentage wie auch (6800,6830,
6900,6907) für einige Postleitzahlbezirke.

Eine weitere Möglichkeit bietet sich dem Benutzer dadurch, daß
er einen Datentyp als Unterbereich z.B. eines vordefinierten
Datentyps definiert - einen U n t e r b e r e i c h s t y p .
Drei Beispiele: 0..7 umfaßt als Unterbereichstyp des Datentyps
INTEGER die 8 Ganzzahlen 0,1,2,...,7.
"A".."Z" umfaßt als Unterbereich des Datentyps CHAR alle Groß-
buchstaben.
Di..Fr umfaßt als Unterbereichstyp des obigen Aufzählungstyps
vier Werktage. Angegeben wird also stets das kleinste und das
größte Element des gewünschten Unterbereiches.

Neben den Aufzählungs- und Unterbereichstypen zählen auch die
Zeigertypen zur Kategorie der benutzerdefinierten Datentypen.

1.3.2.5 Datentypen bei den verschiedenen Programmiersprachen

Es hängt vom jeweiligen Programmier-System ab, mit welchen Datentypen Sie arbeiten können.
Unstrukturierte Programmiersprachen wie BASIC lassen den Programmierer weitgehend allein bei der Bildung von Datenstrukturen, oder anders: sie unterstützen ihn kaum. Bei BASIC fehlen
der Verbund bzw. Record (was gerade bei der Dateiverarbeitung
von Nachteil ist) wie auch die benutzerdefinierten Typen.
Strukturierte Programmiersprachen stellen die oben angeführten
Datentypen bereit. Aber auch hier gibt es Unterschiede. So ist

PASCAL -was die standardmäßige Vorgabe von Datentypen angeht-
eher sparsam, aber die wenigen Datentypen können sehr flexibel
zum Entwurf komplexer Datenstrukturen genutzt werden. Sprachen
wie ADA und auch MODULA 2 sind weniger sparsam ausgestattet.

1.3.3 Programmstrukturen

Die vier Programmstrukturen Folge, Auswahl, Wiederholung und
Unterprogramm sind die grundlegenden Ablaufarten der Informatik überhaupt. Grundlegend in zweifacher Hinsicht:
Zum einen gelangt man beim Auseinandernehmen noch so umfangreicher Programmabläufe immer auf die vier Programmstrukturen
als Grundmuster (A n a l y s e von Programmen).
Zum anderen kann umgekehrt jeder zur Problemlösung erforderli-
che Programmablauf durch geeignetes Anordnen dieser vier Programmstrukturen konstruiert werden (S y n t h e s e von Programmen).

1.3.3.1 Folgestrukturen

Jedes Programm besteht aus einer Aneinanderreihung von Anweisungen an den Computer (vgl. Abschnitt 1.1.1). Besteht ein be-
stimmtes Programm nur aus einer F o l g e s t r u k t u r ,
dann wird Anweisung für Anweisung wie eine Linie abgearbeitet.
Man spricht deshalb auch vom linearen Ablauf bzw. unverzweig-
ten Ablauf, vom Geradeaus-Ablauf oder von einer Sequenz. Das
Beispiel zeigt ein Programm, bei dem 5 Anweisungen in Folge
ausgeführt werden: Über Tastatur wird ein Rechnungsbetrag eingegeben, um nach der Berechnung den Skonto- und Überweisungs-
trag als Ergebnis am Bildschirm auszugeben. Das Ablaufbeispiel
wird als Entwurf, als Dialogprotokoll sowie als Struktogramm
dargestellt.

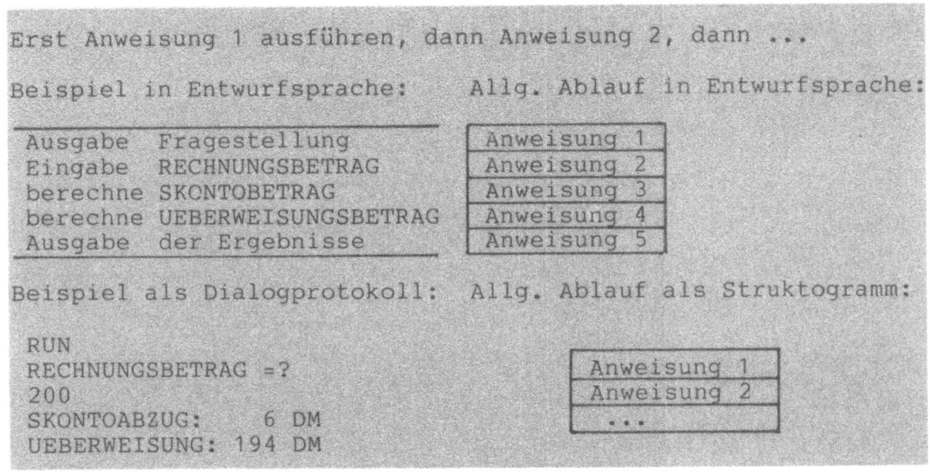

Ablauf mit einer Folgestruktur

Um unabhängig von den Formalitäten der vielen Programmiersprachen Programmabläufe beschreiben zu können, verwenden wir eine
einfache   E n t w u r f s p r a c h e   (auch algorithmischer
Entwurf oder Pseudocode genannt), die umgangssprachlich formuliert wird. Im Beispiel werden die umgangssprachlichen Anweisungsworte 'Ausgabe', 'Eingabe' und 'berechne' verwendet. Die
Beschreibung von Abläufen mittels einer Entwurfsprache ist in
der Informatik weit verbreitet.
Das D i a l o g p r o t o k o l l   zum Ablaufbeispiel gibt
den 'Dialog' zwischen Benutzer (der Werte eintippt) und Computer (der Information ausgibt) wieder, wie er bei der Programmausführung am Bildschirm erscheint bzw. protokolliert wird. Im
Beispiel gibt der Benutzer den Befehl RUN ein, worauf der Computer mit der Ausgabe RECHNUNGSBETRAG =? antwortet; nach der
Benutzereingabe von 200 rechnet der Computer (im Dialogprotokoll nicht sichtbar) mit 3%, um dann Skonto- und Überweisungs-
betrag in zwei Ausgabezeilen am Bildschirm anzuzeigen.
Neben dem Entwurf und dem Dialogprotokoll ist das Programmbeispiel zeichnerisch als S t r u k t o g r a m m dargestellt.

1.3.3.2 Auswahlstrukturen

Die A u s w a h l s t r u k t u r e n dienen dazu, aus einer
Vielzahl von Möglichkeiten bestimmte Fälle auszuwählen: hier
sind es die beiden Fälle 'Skontoabzug bei Bezahlung in weniger
als 8 Tagen nach Rechnungserhalt (Bedingung TAGE<8 erfüllt)
sowie 'Zahlung rein netto bei späterer Überweisung (Begingung
TAGE<8 nicht erfüllt)'. Dieses Beispiel bezeichnet man deshalb
auch als Z w e i s e i t i g e   A u s w a h l .

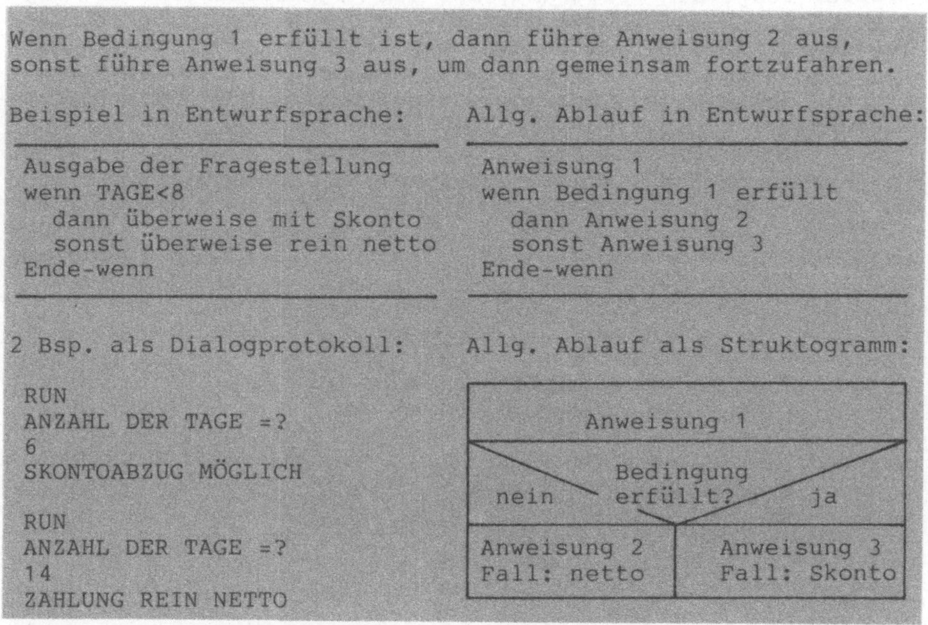

Ablauf mit einer Auswahlstruktur

Daneben gibt es die E i n s e i t i g e A u s w a h l mit
nur einem Fall und die M e h r s e i t i g e A u s w a h l
bzw. Fallabfrage mit mehr als zwei Fällen.
Auswahlstrukturen werden auch als Alternativstrukturen, Abläufe mit (Vorwärts-)Verzweigungen bzw. als Selektion bezeichnet.

1.3.3.3 Wiederholungsstrukturen

W i e d e r h o l u n g s s t r u k t u r e n führen zu Pro-
grammschleifen, die mehrmals durchlaufen werden. Im Beispiel
wird die Anweisungsfolge 'Eingabe', 'berechne', 'berechne' und
'Ausgabe' wiederholt durchlaufen, bis die Bedingung RECHNUNGS-
BETRAG = 0 erfüllt ist, die über Tastatur als Signal zum Been-

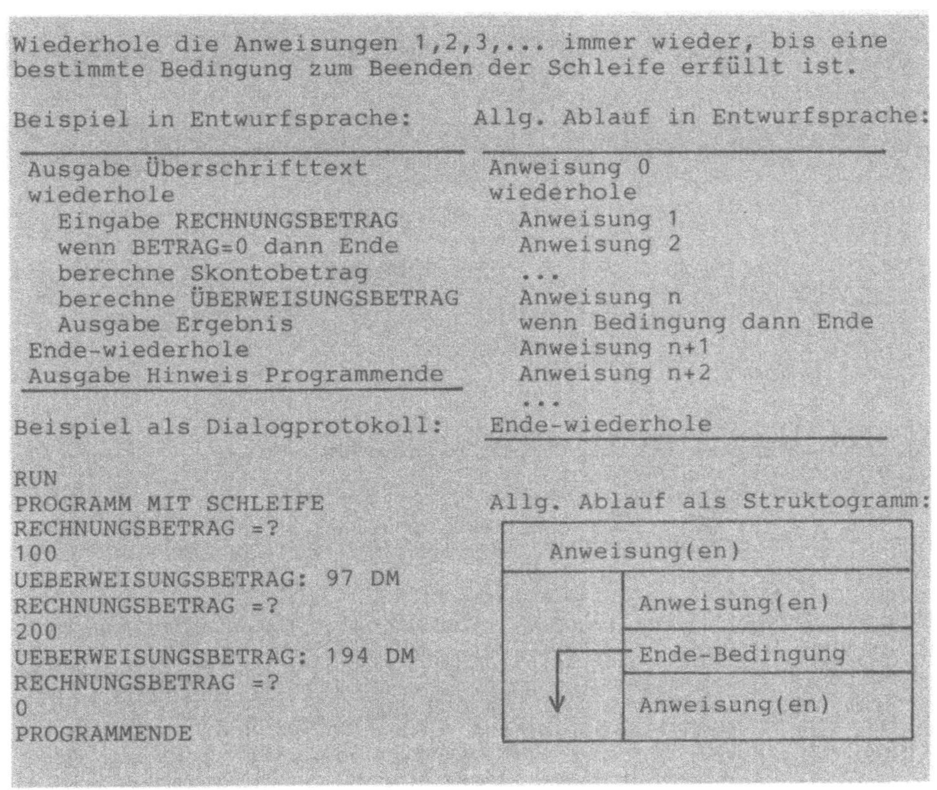

Ablauf mit einer Wiederholungsstruktur

den der Schleife eingetippt wird. Wiederholungsstrukturen werden auch als Repetitionen und Iterationen bezeichnet. Auf die
verschiedenen Schleifentypen wie
   - abweisende und nicht-abweisende Schleife
   - Zählerschleife
   - offene und geschlossene Schleife
gehen wir in Abschnitt 3.1.3 an Beispielen ausführlicher ein

1.3.3.4 Unterprogrammstrukturen

U n t e r p r o g r a m m s t r u k t u r e n bieten sich immer dann an, wenn eine Aufgabe während eines Programmablaufes
mehrmals benötigt wird, so z.B. die im Beispiel wiedergegebene
Aufgabe 'Runde kaufmännisch auf zwei Dezimalstellen'. Auch zur

Führe Anweisungen A1 aus, unterbreche Tätigkeit A, um Anweisungen B auszuführen, kehre zurück und fahre mit der Ausführung der Anweisungen A2 fort (A im Haupt-, B im Unterprogramm).

Beispiel in Entwurfsprache:

    Eingabe   RECHNUNGSBETRAG
    berechne SKONTOBETRAG
    Aufruf   Unterprogramm RUNDEN ──────→ runde   BETRAG auf 2stellig
  ┌ berechne UEBERWEISUNGSBETRAG   ersetze BETRAG durch den
  └ Ausgabe   Ergebnis   gerundeten BETRAG ┐
                          ←───┘

    rufendes (Haupt-)Programm   aufgerufenes Unterprogramm

Ablauf mit Unterprogrammstruktur

übersichtlichen Gliederung eines komplexen Programmes und zur
Programmentwicklung im Team (jeder Mitarbeiter entwickelt einen Teil des Programmes) werden Unterprogramme verwendet.
Auf die möglichen Unterprogrammarten wie Prozeduren und Funktionen gehen wir in Abschnitt 3.1.4 konkret an Beispielen ein.

1.3.3.5 Mehrere Strukturen in einem Programm

Die meisten Programme umfassen natürlich mehrere dieser Strukturen. Dabei sind zwei Anordnungsprinzipien zu unterscheiden.
Programmstrukturen können entweder hintereinander oder aber
geschachtelt angeordnet sein.
- Anordnung h i n t e r e i n a n d e r :
  Mit der jeweils folgenden Struktur wird erst dann begonnen,
  nachdem die gerade in Ausfühung befindliche Struktur beendet
  wurde.
- Anordnung g e s c h a c h t e l t :
  Mit der äußeren Struktur kann erst fortgefahren werden,nach-
  dem die innere Struktur vollständig ausgeführt wurde. Teil-
  weises Einschachteln bzw. Überlappen von Programmstrukturen
  ist folglich nicht erlaubt.

1.3.4 Datenstrukturen und Programmstrukturen als Software-Bausteine

In den beiden vorangegangenen Abschnitten haben wir die wesentlichen Datenstrukturen (w a s wird verarbeitet?) sowie Programmstrukturen (w i e ist zu verarbeiten?) allgemein darge-

stellt. Diese Strukturen mit ihren unterschiedlichen Ausprä-
gungen können als S o f t w a r e - B a u s t e i n e aufgefaßt werde, da aus ihnen bausteinartig die zur Lösung eines
Problems erforderlichen Abläufe gebildet werden.

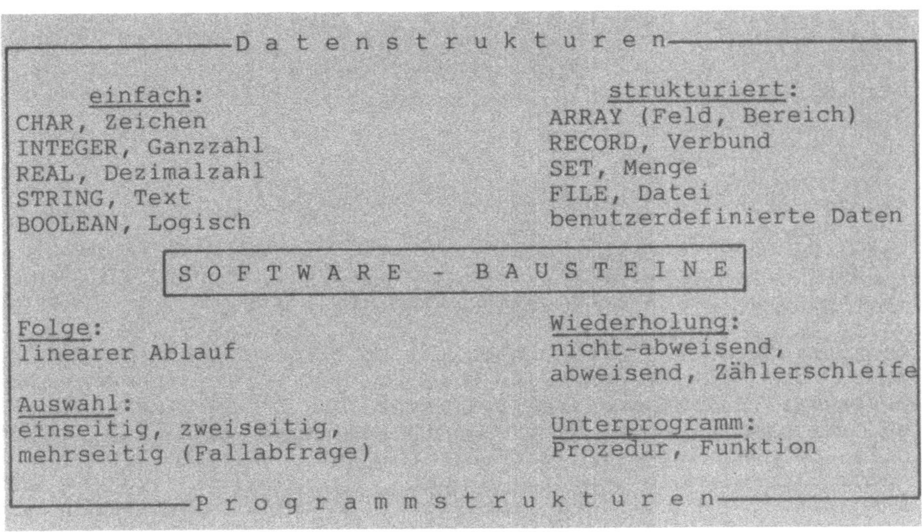

Daten- und Programmstrukturen als Software-Bausteine

Wie werden Daten(-strukturen) im Hauptspeicher abgelegt und
verarbeitet? Wie werden Programm(-strukturen) abgespeichert?
Wie sind Programme aufgebaut? Zu diesen Fragen kommen wir nun.

1.3.4.1 Modell des Hauptspeichers RAM als Regalschrank

In dem als Speicher RAM ausgebildeten Hauptspeicher befinden
sich die zur Verarbeitung benötigten Daten und Programme. Den
RAM können wir uns als Regalschrank mit sehr vielen Speicherstellen vorstellen, in die je ein Zeichen abgelegt werden kann.
Ein RAM mit 64 KB (vgl. Abschnitt 1.2.3.4) umfaßt genau 65536
solcher Speicherstellen (64 * 1024), die von 0 an fortlaufend
durchnumeriert sind, wobei die Nummern 0,1,2, ... ,65535 die
tatsächlichen A d r e s s e n der Speicherstellen darstellen.

Soll ein Rechnungsbetrag über 200.50 DM von Adresse 2210 oder
von Adresse 58934 an gespeichert werden? Um diese tatsächlichen Adressen müssen wir uns zumeist nicht kümmern. Wie allen
Daten geben wir dem Rechnungsbetrag einen Namen, z.B. BETRAG,
der dann als s y m b o l i s c h e A d r e s s e zur Speicherung dient. Der Computer sucht sich selbständig einen für
BETRAG freien Speicherplatz und legt die 200.50 dorthin ab.
Wo soll das zugehörige Programm abgespeichert werden? Auch da-
rum brauchen wir uns nicht zu kümmern. Wir geben dem Programm
einen Namen wie z.B. RECHNUNG1 , und der Computer reserviert
selbständig die notwendige Anzahl von Speicherstellen und bestimmt dann einen geeigneten Speicherort.
Daten wie Programme werden also über ihre Namen angesprochen.

Wieder zum Modell des RAM als Regalschrank:
Einige Regale sind leer. In ihnen ist nichts gespeichert. Auf
anderen Regalen aber befinden sich Schachteln, und zwar Daten-
Schachteln mit Daten als Inhalt sowie Programm-Schachteln mit
Anweisungen als Inhalt. Jede Schachtel ist mit dem von uns jeweils gewählten Namen beschriftet.Durch Angabe dieser Namen ist
es uns möglich, Inhalte von Schachteln zu lesen und zu ändern.
Für die ausreichende Größe einer Schachtel (=Anzahl von Speicherstellen) sowie das passende Regal (=tatsächliche Adresse)
sorgt der Computer selbst.

1.3.4.2 Daten als Variablen und Konstanten

Daten sprechen wir mit N a m e n an. Dies gilt für veränder-
liche bzw. variable Daten, für V a r i a b l e n , wie auch
für feste bzw. konstante Daten, also für K o n s t a n t e n .

Das Einrichten von Daten-Schachteln bezeichnet man als Dekla-
ration oder als V e r e i n b a r u n g . Für eine Variable
müssen wir vereinbaren, welchen Namen (z.B. den Namen BETRAG)
und welchen Datentyp (z.B. Dezimalzahl bzw. REAL) sie haben
soll. Mit dem Datentyp wird der W e r t e b e r e i c h angegeben. Den Inhalt als den W e r t   der Variablen können wir
dann später im Rahmen des jeweiligen Wertebereichs (z.B. der

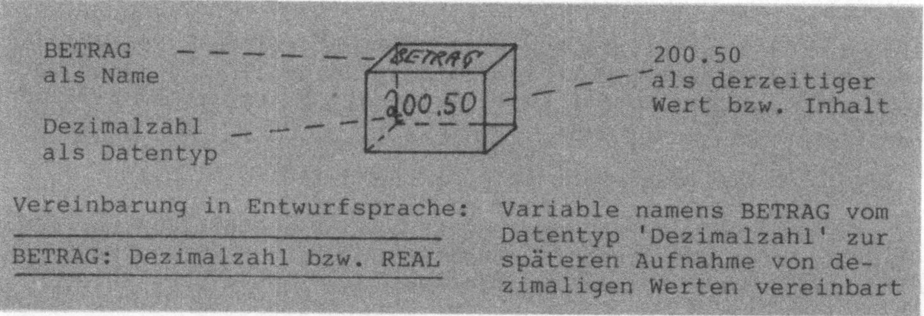

Name, Datentyp und Wert kennzeichnen eine Variable

Dezimalzahlen) beliebig verändern. Jede Variable weist somit
die drei Komponenten Name, Datentyp (=Wertebereich) und Inhalt
bzw. Wert (= augenblicklicher Schachtelinhalt) auf. Schachteln
können sehr klein (wie die für den BETRAG) oder auch sehr umfangreich (wie z.B. ein String-Array mit 100 Zeilen und mit 5
Spalten für 100*5=500 Artikelmengen) sein.

Für eine K o n s t a n t e müssen wir einen Namen vereinbaren (z.B. den Namen S1 für den Skontosatz) und einen konstanten Wert (z.B. 3 %).

Die Vereinbarungen von Variablen und von Konstanten werden vom
Programmierer im Rahmen der Programmerstellung getroffen; sie
stehen am Anfang: der Computer muß eine Daten-Schachtel zuerst einrichten, um dann mit ihr gemäß den im Programm weiter
angegebenen Anweisungen arbeiten zu können.

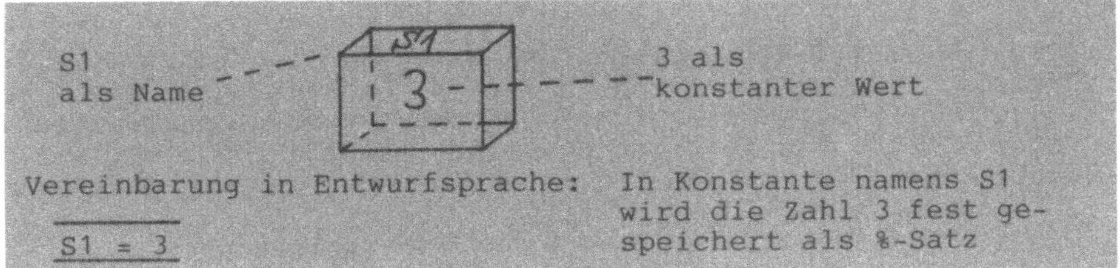

Name und fester Wert kennzeichnen eine Konstante

1.3.4.3 Programm mit Vereinbarungsteil und Anweisungsteil

Jedes Programm weist neben dem Programmnamen zwei weitere Bestandteile auf: den Vereinbarungsteil und den Anweisungsteil.

Der Programmname dient zum Aufrufen des Programms im RAM als
dem Internen Speicher wie auch auf Diskette bzw. Kassette als
Externen Speichereinheiten.
Im V e r e i n b a r u n g s t e i l legt der Programmierer
fest, welche Variablen und Konstanten einzurichten sind. In
Abschnitt 3 werden wir sehen, daß ggf. auch selbstdefinierte
Datentypen sowie Unterprogramme (Prozeduren und Funktionen)
vereinbart werden können.
In den Programmiersprachen wird unterschiedlich vereinbart. So
muß in PASCAL der Vereinbarungsteil in jedem Fall programmiert
werden. In BASIC können Vereinbarungen auch durch die Wahl der
Variablen getroffen werden.


```
Programm ......                1. Programmname
                               ------------
Vereinbarungsteil              2. Vereinbarungsteil:
  - von Konstanten             ------------------
  - von selbstdefinierten Typen
  - von Variablen              Bedeutung aller Namen
  - von Funktionen             festlegen
  - von Prozeduren             ( w a s  wird später
                               verarbeitet?)
Anweisungsteil
  - zur Eingabe                3. Anweisungsteil:
  - zur Ausgabe (z.B. Drucker) --------------
  - zur Wertzuweisung          Anweisungen festlegen
  - zur Ablaufsteuerung (z.B. IF)  ( w i e  ist zu
                               verarbeiten?)
End.
```

Name, Vereinbarungsteil und Anweisungsteil als Bestandteile
eines jeden Programms

Der A n w e i s u n g s t e i l als Folge von Anweisungen
an der Computer enthält das eigentliche Programm. Auf die einzelnen Anweisungsarten zur Eingabe, Ausgabe, Wertzuweisung und
Ablaufsteuerung gehen wir in Abschnitt 3.1 an Beispielen ein.

1.3.5 Datei und Datenbank

Eine Datei stellt die typische Datenstruktur zur langfristigen
Speicherung von Massendaten in der kommerziellen DV dar. Am
Beispiel der in Abschnitt 1.3.2.2 bereits angesprochenen Kun-
dendatei wollen wir auf die D a t e i v e r a r b e i t u n g
eingehen (man spricht dabei auch von Dateiverwaltung oder von
File Handling (File für Datei)).
Diese Kundendatei ist bewußt sehr einfach aufgebaut:
Zu jedem der derzeit 1580 Kunden einer Handelsfirma werden die
drei Angaben NUMMER, NAME und UMSATZ als Kundendatei auf einem
Externspeicher abgelegt. Man sagt auch: Die Kundendatei umfaßt
derzeit 1580 Datensätze (Kundensätze bzw. Sätze), wobei jeder
Satz aus drei Datenfeldern als Komponenten besteht. Für diese
Felder wiederum sind Variablen mit unterschiedlichen Datenty-
pen vereinbart: eine Variable namens NUMMER für die Kundennum-
mer ganzzahlig, eine Variable NAME als Text und eine Variable
UMSATZ für den getätigten DM-Umsatz vom Datentyp Dezimalzahl.
Die Datensätze stellen jeweils Verbunde (Records) dar. Der Da-

```
4 Datensätze ausgedruckt:        Datensatz als Verbund vereinbart:

(1) 101 FREI          6500.00    KUNDSATZ: Verbund bzw. Record
(2) 104 MAUCHER        295.60       NUMMER: Ganzzahl
(3) 109 HILDEBRANDT   4590.05       NAME:   Text
(4) 110 AMANN         1018.75       UMSATZ: Dezimalzahl
... ... ...              ...        Ende-Verbund

Vereinbarung der Datei:

KUNDDATEI: Datei (File) mit Datensätzen vom Typ KUNDSATZ
```

Vereinbarung und Inhalt der KUNDDATEI

tensatz hat den Namen KUNDSATZ und die Datei heißt KUNDDATEI.
Wie die obigen 4 Sätze zeigen, sollen die Kunden nach Kundennummern aufsteigend sortiert gespeichert sein. Mit (1),(2),...
werden die Datensatznummern innerhalb der Datei angegeben.

```
Eine Datei umfaßt mehrere Datensätze. Jeder Satz hat mehrere
Datenfelder. Jedes Feld besteht aus mehreren Zeichen und jedes
Zeichen wird als Byte als Kombination von 8 Bits gespeichert.

    Datei (File)                 ... namens KUNDDATEI mit
                                 derzeit 1580 Datensätzen.
    Datensatz (Record)           ... mit drei Datenfeldern
                                 NUMMER, NAME und UMSATZ.
    Datenfeld (Field)            ... NAME mit 11 Zeichen
                                 maximal.
    Zeichen, Byte (Character)    ... "R" als zweites Zeichen
                                 von "FREI".
    Bit (0 oder 1)               ... 0 als 1. Bit im Byte
                                 01010010 für "R".
```

Aufbau einer Datei: Datei-Satz-Feld-Zeichen-Bit

1.3.5.1 Zugriffsart, Speicherungsform und Verarbeitungsweise

Auf eine Datei wird stets datensatzweise zugegriffen, sei es
in den RAM hin e i n (Lesen = E i n gabe) oder aus dem RAM
hin a u s (Schreiben = A u s gabe). Entsprechend spricht man
vom lesenden Zugriff (vom Externspeicher in den RAM) oder vom
schreibenden Zugriff (vom RAM auf den Externspeicher). Ist ohne weiteren Zusatz vom Z u g r i f f die Rede, so meint man
damit das Lesen von Sätzen. Zwei Z u g r i f f s a r t e n
sind zu unterscheiden: der direkte und der indirekte Zugriff.

Der d i r e k t e Z u g r i f f läßt sich mit der Schall-
platte vergleichen: Will man z.B. das 7. Musikstück hören, kann
der Tonarm direkt bei diesem gewünschten Stück aufgesetzt werden. Entsprechend kann bei der Platte (Magnetplatte, Diskette)
in der DV ein bestimmter Datensatz direkt durch Angabe seiner
Datensatznummer als Adresse bzw. 'Hausnummer' in den RAM gelesen werden.
Der i n d i r e k t e Z u g r i f f ist -wie beim Tonband-
umständlicher: das Tonband muß z.B. zum 7. Musikstück gespult
werden; wir können nur in der Reihenfolge zugreifen, in der
früher einmal aufgenommen wurde. Dementsprechend muß in der DV
Datensatz für Datensatz gelesen werden, bis z.B. der 7. Kunde
gefunden ist.
Wir halten fest: Beim Band (Magnetband, Kassette) kann nur indirekt auf den Datensatz einer Datei zugegriffen werden, während bei der Platte (Magnetplatte, Winchesterplatte, Diskette)
auch direkt zugegriffen werden kann. Die Platte wird deshalb
auch D i r e k t z u g r i f f - S p e i c h e r genannt,
im Gegensatz zum Band als s e q u e n t i e l l e m Speicher
(Sequenz = Reihenfolge).

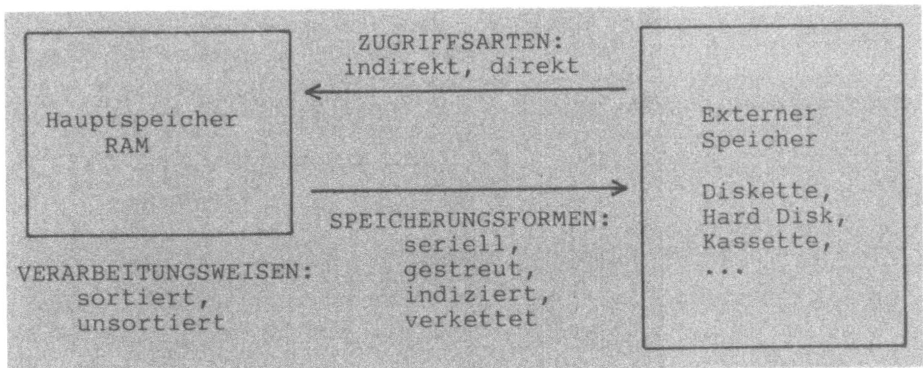

Zugriff, Speicherung und Verarbeitung der Datei

Der Begriff der S p e i c h e r u n g s f o r m bezieht sich
auf das Abspeichern bzw. Schreiben von Sätzen aus dem RAM auf
die Datei.
S e r i e l l speichern heißt starr fortlaufend speichern:
der nächste Neu-Kunde wird als nächster Kunde hinter den zuvor
gerade geschriebenen Datensatz gespeichert.
G e s t r e u t speichern heißt, daß die Sätze zufällig über
die Plattenoberfläche hinweg streuend abgelegt werden. Zur Erklärung folgendes Beispiel: In einem Betrieb seien die Kunden-

nummern 101,104,109,110,...,50000 vergeben. Würde man nach dem
Verfahren "Kundennummer ergibt Datensatznummer" vorgehen, so
würde man auf der Platte 50000 Speicherorte für die nur 1580
Kundensätze zu reservieren haben - wahrlich verschwenderisch.
Was tun? Man versucht, die Anzahl der Speicherorte durch die
Wahl eines geeigneten Adreßrechungsverfahrens zu verdichten wie
z.B. mit dem Divisions-Rest-Verfahren. Das führt dann dazu,daß
Kunde 48236 als 237. Satz und Kunde 3973 als 1831. Satz abgelegt ist, daß also gestreut gespeichert ist. Der Nachteil solcher Verfahren: Für mehrere Kundennummern kann sich ein und
dieselbe Datensatznummer ergeben.

Nach der seriellen Speicherung und der gestreuten Speicherung
nun zur i n d i z i e r t e n Speicherung als dritter Form.
Zur Erklärung folgendes Beispiel: Zusätzlich zu unserer Kundendatei wird in einer I n d e x d a t e i zu jedem Namen
die Datensatznummer gespeichert, unter der dieser Name in der
Kundendatei zu finden ist: Kunde MAUCHER so z.B. als 2. Satz.
Wie die Kundendatei (zur Unterscheidung Haupt- oder Datendatei
genannt) 4 Kundensätze hat, so hat auch die Indexdatei 4 In-
dexsätze. Dann wird diese Indexdatei nach Namen sortiert abgespeichert. Möchte man sich nun später alle Kunden nach Namen
sortiert ausdrucken lassen,geht man wie folgt vor:
    1. Indirekter Zugriff auf den jeweils nächsten Indexsatz der
       sortierten Indexdatei.
    2. Direkter Zugriff auf den Kundensatz, dessen Datensatznum-
       mer gerade zuvor aus der Indexdatei gelesen wurde.
    3. Mit 1. fortfahren, bis Ende der Indexdatei erreicht ist.
Eine Indexdatei kann als Inhaltsverzeichnis aufgefaßt werden,
das - ähnlich den Seitenangaben in einem Buchinhaltsverzeich-
nis - die Satznummern der zugehörigen Datendatei anzeigt (in-
dizieren bedeutet anzeigen). Zu unserer Kundendatei sind zumindest drei Indexdateien möglich: je eine für die NUMMER, für
den NAMEn und für den UMSATZ.

```
Kundendatei mit den        Indexdatei für          Indexdatei für
ersten 4 Datensätzen:      NAME unsortiert:        NAME sortiert:

101 FREI         6500.00    FREI         1          AMANN         4
104 MAUCHER       295.60    MAUCHER      2          FREI          1
109 HILDEBRANDT 4590.05     HILDEBRANDT  3          HILDEBRANDT   3
110 AMANN        1018.75    AMANN        4          MAUCHER       2

Hauptdatei mit hier 3      Indexdateien mit stets 2 Datenfeldern:
Datenfeldern NUMMER,       NAME als Schlüsselfeld und SATZNUMMER
NAME und UMSATZ.           (der Hauptdatei) als Adreßfeld.
```

Kundendatei als Datendatei mit zwei Indexdateien

Das Anlegen einer Indexdatei gestattet einen schnellen Zugriff
sowie vielseitige Verarbeitungsarten.
Zunächst zur Geschwindigkeit: In der kaufmännischen Praxis ist
ein Kundensatz mit z.B. 300 Zeichen viel länger als unser Bei-
spielsatz, der Indexsatz hingegen unverändert kurz, da er ja
nur die beiden Komponenten NAME als Schlüsselfeld und SATZNR
als Adreßfeld umfaßt. Das Durchsuchen oder Sortieren einer Indexdatei geht somit schneller vonstatten als das der zugehöri-

den Datendatei. Zumal die Indexdatei aufgrund ihres geringen
Umfanges dabei komplett im Hauptspeicher gehalten werden kann,
während die Datendatei aufgrund ihrer Größe zum Sortieren wiederholt ein- und ausgelagert werden muß.
Ein zweiter Vorteil besteht in der Vielseitigkeit: Hat man zu
den Schlüsseln NAME, UMSATZ, PLZ, WOHNORT, VERTRETER, RABATT,
KUNDESEIT, OFFENERPOSTEN je eine Indexdatei sortiert angelegt,
so können die Kunden jederzeit nach diesen 8 Ordnungsbegriffen
sortiert in einer Übersicht ausgedruckt werden. Ebenso kann
e i n bestimmter Kunde über schnelle Suchverfahren wie etwa
über das 'binäre Suchen' am Bildschirm angezeigt werden.

Als vierte Speicherungsform wurde oben die v e r k e t t e t e
Speicherung genannt. Dazu folgendes Beispiel: Der Kundensatz
wird um 2 Datenfelder erweitert, in denen Zeiger bzw. Pointer
gespeichert sind, die auf den jeweils nächsten Kundensatz zei-

	Kunden- nummer:	Kunden- name:	Kunden- umsatz:	Zeiger für Name:	Zeiger für Umsatz:
(1)	101	FREI	6500.00	3	0
(2)	104	MAUCHER	295.60 A	0	4
(3)	109	HILDEBRANDT	4590.05	2	1
(4)	110	AMANN A	1018.75	1	3

Kundendatei mit Verkettung über zwei Zeigerfelder

gen. Das erste Zeigerfeld verkettet die Sätze nach Namen aufsteigend sortiert: Nach dem Lesen von AMANN (A für Ankeradres-
se) verweist Zeigerfeldinhalt 1 auf FREI, der dann eingelesen
wird; dann zeigt Zeiger 3 auf HILDEBRANDT als 3. Satz, worauf
mit Zeiger 2 auf MAUCHER zugegriffen wird, dessen Zeiger 0 das
Ende der Kette signalisiert. Über diese Kette 3-0-2-1 können
die Kunden rasch alphabetisch geordnet aufgelistet werden. Die
zweite Kette 0-4-1-3 verkettet Kunden nach deren Umsatz geordnet.
Das Beispiel zeigt, daß über die verkettete Speicherung beliebig viele l o g i s c h e Ordnungen gebildet werden können,
ohne die Datensätze dazu p h y s i s c h auf dem Externspeicher umspeichern zu müssen.

Nach den zwei Zugriffsarten und den vier Speicherungsformen
nun zu den zwei V e r a r b e i t u n g s w e i s e n , zur
sortierten und zur unsortierten Verarbeitung:
Eine Datei s o r t i e r t verarbeiten heißt, daß eine physisch oder logisch zusammenhängende Folge von Datensätzen verarbeitet wird wie z.B. beim Auflisten des gesamten Dateiinhal-
tes oder bei der Gehaltsabrechnung für alle Angestellten eines
Betriebs. Wenn die Bewegungsdatei (Lagerzugänge und -abgänge)
genauso sortiert vorliegt wie die Bestandsdatei (Artikel insgesamt),wird von einer sortierten Verarbeitung gesprochen.
Bei der u n s o r t i e r t e n Verarbeitung werden einzelne
Sätze einer Datei ggf. mehrmals direkt angesprochen wie z.B.
beim Verarbeiten einzelner Kundenaufträge oder beim Auskunfts-
erteilen über den derzeitigen Kontostand.

1.3.5.2 Vier Organisationsformen von Dateien

Je nach Kombination von Zugriffsart (Eingabe eines Datensatzes
vom Externspeicher in den Hauptspeicher RAM), Speicherungsform
(Ausgabe vom RAM auf den Externspeicher) und Verarbeitungsweise (Verarbeitung intern im Hauptspeicher) kann eine Vielzahl
von Datei - Organisationsformen unterschieden werden. Folgende
vier O r g a n i s a t i o n s f o r m e n   werden heute am
häufigsten genannt - wenn auch kaum einheitlich ausgelegt.

S e q u e n t i e l l e   D a t e i :
Indirekter Zugriff, serielle Speicherung und sortierte
Verarbeitung bei (zumeist) sortierter Speicherungsfolge.
Typische Band-Datei (Magnetband, Kassette).

D i r e k t z u g r i f f - D a t e i :
Direkter Zugriff, oft gestreute Speicherung und unsortierte
wie ggf. sortierte Verarbeitung.
Typische Platten-Datei (Magnetplatte, Diskette).
Bezeichnungen: Random-Datei, Relative Datei.

I n d e x - s e q u e n t i e l l e D a t e i :
Kombination von sequentieller und Direktzugriff-Datei.
Alle Zugriffsarten, Speicherungsformen und Verarbeitungs-
weisen; kennzeichnend ist die indizierte Speicherung.

V e r k e t t e t e D a t e i :
Indirekter Zugriff, verkettete Speicherung und sortierte
Verarbeitung.

Vier Organisationsformen von Dateien

Die rein sequentiell organisierte Datei wird mit der zunehmenden Verbreitung von Wechselplatte, Festplatte und Diskette immer mehr durch die Direktzugriff-Datei und die index-sequentielle Datei verdrängt.

1.3.5.3 Grundlegende Abläufe auf Dateien

Die Dateiverarbeitung umfaßt viele Abläufe: So müssen Daten
zunächst einmal erfaßt bzw. computerlesbar gemacht werden, um
sie dann auf einem Externspeicher abzulegen, später wieder zu
suchen, abzuändern, auszudrucken, zu löschen usw. Zusammenfas-
send können wir hierzu 11 grundlegende Abläufe zum Einrichten,
Verwalten und Auswerten von Dateien unterscheiden. Jedes kommerzielle Datei-System mit dem Anspruch auf eine universelle
Verwendbarkeit wird diese Abläufe bereitstellen.

In Abschnitt 1.3.1.1 wurden Bestands- und Bewegungsdaten sowie
Stamm- und Änderungsdaten unterschieden. Entsprechend gibt es
dem Inhalt nach vier Dateiarten: die Bestandsdatei (z.B. Arti-
kelbestandsdatei), die Bewegungsdatei (z.B. Zu-/Abgänge von
Artikellagerbeständen), die Stammdatei (z.B. Kundenstammdatei)
und die Änderungsdatei (z.B. Änschriftsänderung von Kunden).

```
  1.  A n l e g e n :
      Datei auf einem Externspeicher leer einrichten.

  2.  N e u   s c h r e i b e n :
      Datensätze erfassen und neu in die Datei hinzufügen.

  3.  L e s e n :
      Einen oder mehrere Datensätze in den Hauptspeicher
      lesen und am Bildschirm anzeigen oder am Drucker
      auflisten.

  4.  B e w e g e n :
      Zu- und Abgänge mengenmäßig (Lagerbestandsfortschrei-
      bung) oder wertmäßig (Kontoführung) aktualisieren.

  5.  Ä n d e r n :
      Sätze löschen (entfernen) oder inhaltlich abändern.

  6.  S o r t i e r e n :
      Sätze in auf- oder absteigende Sortierfolge bringen.

  7.  M i s c h e n :
      Dateien zu einer Datei sortiert zusammenfügen.

  8.  K o p i e r e n :
      Datei abbildgetreu (Back-Up) oder verändert kopieren.

  9.  A u s w ä h l e n :
      Sätze, die bestimmten Bedingungen genügen, heraussuchen
      bzw. selektieren.

 10.  K l a s s i f i z i e r e n :
      Datei nach bestimmten Größenklassen auswerten.

 11.  V e r d i c h t e n :
      Sätze nach Merkmalen gruppieren und Gruppensummen
      bilden (Gruppenwechsel).
```

Grundlegende Abläufe (Algorithmen) auf Dateien

Die elf grundlegenden Abläufe beziehen sich auf diese vier Da-
teiarten gleichermaßen. Man spricht auch von den grundlegenden
D a t e i - A l g o r i t h m e n (ein Algorithmus ist eine
Folge von Anweisungen, die in einer endlichen Schritt-Anzahl
zur Lösung eines Problems führt).
Zum Ablauf 'Bewegen': Bewegungen werden in der Regel gesammelt
(gestapelt), als Bewegungsdatei gespeichert und dann z.B. zum
Wochenende in einem Arbeitsgang verarbeitet.
Zum Ablauf 'Ändern': Sätze können tatsächlich (=physisch) oder
nur durch eine bestimmte Markierung wie BESTAND=-99 (=logisch)
gelöscht werden; die Inhaltsänderung kann ein oder mehrere
Datenfelder betreffen.
Zum Ablauf 'Sortieren': Es kann intern im RAM und/oder extern
auf Band bzw. Platte sortiert werden. Dabei werden die Datensätze selbst oder aber nur deren Adressen (Speicherplätze) in
eine neue Reihenfolge gebracht.

Zum Ablauf 'Kopieren': Beim Back-Up duplizieren wir eine Datei
unverändert. Ebenso läßt sich eine Datei als Kopie von einer
anderen Datei bei gleichzeitigem Ändern (Verkürzen, Erweitern
Modifizieren) erstellen.
Zum Ablauf 'Auswählen': Hat die Datei n Sätze, so kann man genau einen Kunden (110), mehrere vorgegebene Sätze (Kunden 101,
104 und 110) oder eine unbestimmte Satzanzahl (alle Kunden unter 10.000 DM Umsatz) auswählen.
Zum Ablauf 'Klassifizieren': Hier wird z.B. eine Artikeldatei
nach Lagerorten und Umschlagshäufigkeit tabellarisch ausgewer-
tet.
Zum Ablauf 'Verdichten': Gruppenwechsel kann einstufig (Absatz
je Vertreter) oder zweistufig (Absatz je Vertreter u. Artikel)
vorgenommen werden.

1.3.5.4 Datei öffnen, verarbeiten und schließen

Beim Lesen, Schreiben oder Ändern einer Datei geht man immer
in drei Schritten vor:

   1. Datei ö f f n e n :
      Verbindung zwischen Datei und Programm herstellen
      (Dateiname, Zugriffsart, Verbindungskanal usw.).
   2. Datei v e r a r b e i t e n :
      Lesen (eingeben), schreiben (ausgeben) und/oder
      ändern (ein-/ausgeben bzw. überschreiben).
   3. Datei s c h l i e ß e n :
      Verbindung ordnungsgemäß beenden
      (Dateiende EOF (End of File) kennzeichnen, Directory
      (Inhaltsverzeichnis) auf Datei rückübertragen).

Bei komplexen Datei-Algorithmen sind für diese drei Schritte
jeweils gesonderte Unterprogramme vorgesehen, die Programm-
vorlauf, Programmtreiber und Programmabschluß genannt werden.

Zum Schritt 2 eine Anmerkung: Ist eine Datei auf Kassette abgespeichert, liest man nach dem Eröffnen häufig die Datei in
einem Arbeitsgang k o m p l e t t in den Hauptspeicher, um
sie dort z.B. als Array (Feld, Bereich, Tabelle) verarbeiten
zu können. Erst unmittelbar vor dem Schließen wird die aktua-
lisierte Datei dann - wiederum komplett - auf die Kassette zu-
rückgeschrieben. Man bezeichnet dies als dateiweisen Datenverkehr.
Ist die Datei größer als der im RAM intern verfügbare Speicherplatz, dann ist dieses Vorgehen nicht möglich. Als Gegenstück kann man mit Schritt 2 je einen Datensatz e i n z e l n
in den RAM übertragen und umgekehrt (datensatzweiser Datenverkehr).
Zwischen diesen beiden Extremen - Datenverkehr dateiweise oder
datensatzweise - gibt es natürlich zahlreiche Abstufungen.

1.3.5.5 Eine oder mehrere Dateien verarbeiten

In der kaufmännischen Praxis wird man nur selten e i n e Datei einzeln verarbeiten. Vielmehr sind zumeist m e h r e r e
Dateien in ein System eingebunden; man spricht dann häufig von

einer D a t e i v e r k e t t u n g . Dazu ein Beispiel: In
einer Lagerverwaltung sind die 'Artikelstammdatei', 'Bestandsdatei', 'Bestelldatei (Einkauf)' und 'Auftragsdatei (Verkauf)'
verkettet, um von einem Programm(-paket) verwaltet zu werden;
D a t e n v e r w a l t u n g s - S y s t e m ist die oft
verwendete Bezeichnung hierfür.
Wird nicht nur die Aufgabe der Lagerverwaltung gelöst, sondern
werden sämtliche betrieblichen Aufgaben in einem Datei-System
eingebunden, dann spricht man oft von i n t e g r i e r t e r
Datenverarbeitung.

1.3.5.6 Datenbank

Bei isolierter Verarbeitung einzelner Dateien wie auch bei der
Dateiverkettung ist nicht zu vermeiden, daß ein Datum mehrfach
in verschiedenen Dateien gespeichert ist; man spricht von der
D a t e n r e d u n d a n z . So kann z.B. ein Kunde samt Kun-
denanschrift in der Kundenstammdatei, der Offene-Posten-Datei
und der Weihnachtsgeschenkedatei dreifach gespeichert sein. Um
dies zu vermeiden, faßt man sämtliche Daten in e i n e r ge-
meinsamen Datenbasis zusammen, die D a t e n b a n k genannt
wird. Eine solche Datenbank kann - für sich alleine genommen -
ebenfalls als Verkettung von Dateien angesehen werden. Daß wesentlich neue dabei ist, daß auf alle Elemente der Datenbank
über ein D a t e n b a n k m a n a g e m e n t s y s t e m
(DBMS) zentral zugegriffen wird. Das DBMS besteht aus mehreren Systemprogrammen zur Durchführung von Aufgaben wie dem
Ändern von Daten der Datenbank, dem gleichzeitigen Zugriff
mehrerer Benutzer, dem Abfragen von Daten, dem Überprüfen der
Zugriffsberechtigung usw..

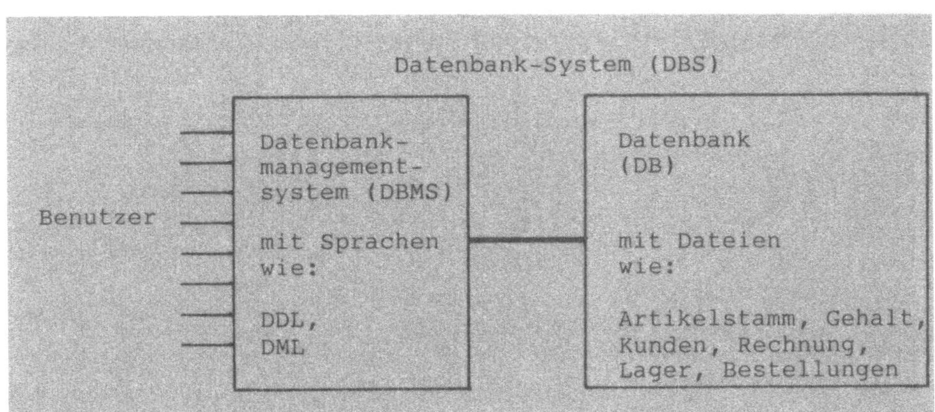

    Das Datenbank-System besteht aus Datenbank und DBMS

Mit dem DBMS werden dem Benutzer unter anderem zwei sprachli-
che Hilfsmittel zur Verfügung gestellt:
Zum einen die Daten-Definitions-Sprache DDL (Data Definition
Language) zum Aufbau und zur Pflege der Datenbank. Mit der DDL

werden z.B. die Datensätze definiert (Name, Anzahl, Datentyp,
Länge der Satzkomponenten). Sie richtet sich mehr an den Programmierer bzw. an den Datenbankverwalter.
Zum anderen eine Daten-Manipulations-Sprache DML (Data Manipulation Language) zur eigentlichen Behandlung der Daten. Diese
DML richtet sich mehr an den Sachbearbeiter, der ein Abfrage
wie 'Drucke eine Übersicht aller Kunden aus, die offene Rechnungen über DM 5000.- zu begleichen haben' laufen läßt. Die DML
wird auch als Abfragesprache bzw. Query-Language bezeichnet.
Datenbank-Sprachen weisen wie Programmiersprachen zumeist eng-
lische Anweisungsworte auf wie etwa FIND zur Suchanfrage, READ
zum Lesen, WRITE zum Schreiben, DELETE zum Entfernen, INSERT
zum Einfügen von Datensätzen.

Das herkömmliche D a t e i - S y s t e m unterscheidet sich
in zumindest 3 Punkten vom D a t e n b a n k - S y s t e m :

- R e d u n d a n z f r e i h e i t :
   In der Datenbank werden die Daten möglichst redundanzfrei
   abgelegt, d.h. nicht mehrfach gespeichert.
- V i e l f a c h e   V e r w e n d b a r k e i t :
   In der Datenbank werden die Daten vielfach verwendbar abge-
   legt, um vielen Benutzern einen möglichst einfachen Direkt-
   zugriff zu gestatten.
- D a t e n u n a b h ä n g i g k e i t :
   Die Programme bzw. Zugriffspfade arbeiten datenunabhängig in
   dem Sinne, daß bei der Änderung der Daten keine Änderung des
   Programms notwendig wird.

Zwei grundlegende Datenbank-Systeme sind zu unterscheiden: das
strukturierte und das unstrukturierte Datenbank-System. Strukturiert bedeutet, daß in der Datenbank selbst Information zum
Verweisen auf weitere Information abgespeichert ist; damit muß
bei Anfragen stets entlang der vorgegebenen Pfade vorgegangen
werden. Im Gegensatz dazu gibt es bei der unstrukturierten Datenbank keine vordefinierten Zugriffspfade; damit verlangsamt
sich der Zugriff, gleichzeitig jedoch hat man unbegrenzte Möglichkeiten, Daten nach bestimmten Suchkriterien abzufragen.

```
                   Datenbank - System (DBS)
                  ┌───────────┴───────────┐
   STRUKTURIERT:                    UNSTRUKTURIERT:
Suchbegriffe, Zugriffspfade      Verknüpfung der Information
festgelegt und gespeichert.      erst im Moment der Abfrage.


-  Hierarchisches DBS: Daten      - Invertierte Dateien: Zugriff
   baumartig verkettet.             über Index-Listen.
-  Netzwerk-Modell (CODASYL):     - Relationen-Modell: Anordnung
   Netz von Zugriffspfaden.         der Daten in Tabellenform.
```

Strukturiertes und unstrukturiertes Datenbank-System

Beim Netzwerk-Modell gemäß dem CODASYL-Ausschuß (COnference of
DAta SYstem Language in den USA im Jahre 1971) sind die in der
Datenbank abgelegten Daten in Datentypen (Item Types) sowie in

Datensatztypen (Record Types) zu gliedern, wobei zwischen den
verschiedenen Datensatz-Typen sogenannte Beziehungstypen (Set
Types) definiert werden.
Bei der r e l a t i o n a l e n D a t e n b a n k als Gegenstück zum Netzwerk-Modell werden nur Datensätze im herkömmlichen Sinne unterschieden, wobei die einzelnen Datensatzkom-
ponenten bzw. Datenfelder in Beziehung zueinander stehen wie
die Zeilen und Spalten einer Matrix (Tabelle bzw. zweidimensionaler Array). Dazu als Beispiel unsere Kundendatei von Abschnitt 1.3.5:
```
101 FREI          6500.00    Matrix mit n Zeilen und 3 Spalten.
104 MAUCHER        295.60    Jeder Zeile entspricht ein Daten-
109 HILDEBRANDT   4590.05    satz, jeder Spalte ein Datenfeld.
110 AMANN         1018.75    Zugriffsbeispiel: Matrix(2,3) er-
... ...            ...       gibt 295.60 (2. Zeile, 3. Spalte).
```

Das Relationen-Modell ist weit anschaulicher als das Netzwerk-
Modell. Komplexe Datenstrukturen allerdings lassen sich in einer "flachen Matrix" nur schwer darstellen.

Ursprünglich lag die Aufgabe eines Datenbank-Systems in der
Informationswiedergewinnung (= Information Retrieval) bzw. in
der Auskunftserteilung. Zunehmend werden kommerzielle Datenbank-Systeme angeboten, die darüberhinaus andere Aufgaben wie
das Rechnen (sogenannte 'rechnende Datenbanken') oder z.B. die
Textverarbeitung übernehmen.

"... eine dedizierte D a t e n b a n k - M a s c h i n e ,
die mit einem Host-Computer günstiges Datenmanagement bietet".
Was beinhaltet eine solche Anzeige?
Eine Datenbank-Maschine ist kein Allzweck-Computer, sondern
ein Automat, dessen Hardware ausschließlich auf die Verwaltung
einer Datenbank ausgerichtet bzw. dediziert ist. Darüberhinaus
gibt es kein 'normales' Betriebssystem, sondern nur ein Soft-
warepaket, das immer im Speicher resident ist und dabei sämtliche Funktionen einer relationalen Datenbank übernimmt. Damit
sind wir bei der Begründung: Relationale Datenbanken benötigen
viel Speicherplatz sowie CPU-Zeit, der Personalcomputer wird
allzuleicht überlastet. Deshalb die Hinwendung von der "Soft-
ware-Datenbank" zur "Hardware-Datenbank-Maschine", die an den
Personalcomputer als Host bzw. Wirt und Gastgeber (vgl. auch
Abschnitt 1.3.6.5) angeschlossen wird. Diese Lösung hat die
folgenden Vorteile: Der PC als Host wird durch die Datenbank
belastet; die Größe der Datenbank ist unabhängig von der Größe
des Personalcomputers.

1.3.6 System-Software (Betriebssystem)

Das Betriebssystem mit seinen Steuer-, Dienst- und Übersetzer-
programmen (vgl. Abschnitt 1.3.1.2) dient als Mittler zwischen
dem Anwender(-programm) und dem Computerkern (Hardware).

1.3.6.1 Betriebssystem als Firmware (ROM) oder als Software

Hinsichtlich der Speicherung des Betriebssystems gibt es zwei
extreme Möglichkeiten, die gerade für Personalcomputer von Interesse sind:
Auf der einen Seite ist das Betriebssystem fest in ROMs untergebracht (ROM als Festspeicher enthält die Systemprogramme als
Firmware) und steht beim Einschalten des Computers unmittelbar
zur Verfügung. Diese Möglichkeit ist vorteilhaft, wenn man nur
mit einer einzigen Programmiersprache arbeiten möchte. 'Reine
BASIC-Maschinen' z.B. sind oft so aufgebaut und sehr einfach
zu bedienen.
Auf der anderen Seite ist das Betriebssystem als Software auf
einem Externspeicher (Diskette, Hard Disk) gespeichert und muß
beim Einschalten des Computers vom Benutzer in den Internspeicher geladen werden. Diese umständlichere Art der Bedienung
(Handling) hat für den Benutzer jedoch den Vorteil, daß leicht
z.B. auf eine andere Programmiersprache wie COBOL, PASCAL oder
FORTH umgerüstet werden kann: er muß nur das zugehörige Übersetzerprogramm für COBOL, PASCAL bzw. FORTH von einer Diskette
in den RAM laden.
Personalcomputer mit mehreren Betriebssystemen (z.B. MS-DOS,
CP/M und UCSD) haben diese stets als Software gespeichert.

Zwischen der reinen Firmware-Lösung (Betriebssystem im ROM)
und der reinen Software-Lösung (Betriebssystem auf Diskette)
als Extremen gibt es natürlich Zwischenlösungen. So kann beim
Einschalten des Computers z.B. die Sprache BASIC aus dem ROM
automatisch für den Benutzer mit der Möglichkeit zur Verfügung
gestellt werden, später aus BASIC 'auszusteigen',um ein anderes
Betriebssystem bzw. Sprachmittel softwaremäßig zu laden.

1.3.6.2 Beispiel: Betriebssystem unterstützt Computer-Start

Die Funktion des Betriebssystems läßt gut sich am Beispiel des
Startens eines Personalcomputers veranschaulichen. Man geht in
drei Schritten vor.

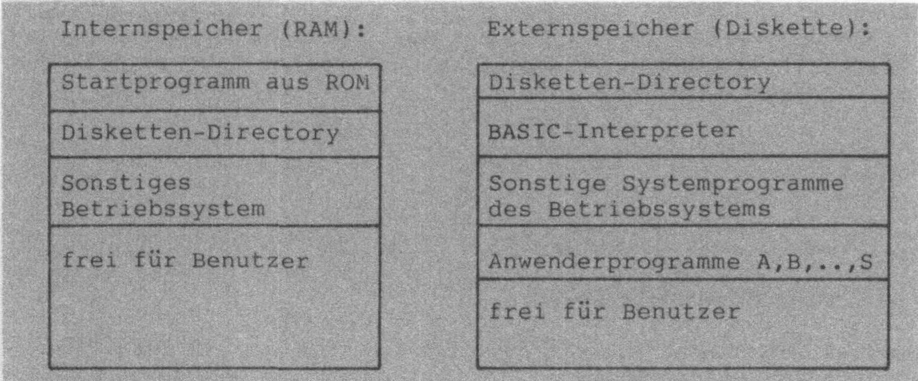

Schritt (1): 'Computer einschalten' und Betriebssystem

S c h r i t t (1) : Gerät anschalten. Aus einem ROM als Nur-
Lese-Speicher wird automatisch ein Startprogramm zur Ureingabe
in den Hauptspeicher gebracht. Dieses lädt die Datei-Directory
(Verzeichnis der auf Diskette gespeicherten Dateien sowie Programme) ebenfalls in den RAM wie auch das Betriebssystem mit
seinen Programmen. Das Betriebssystem zeigt nun dem Benutzer am
Bildschirm durch ein Zeichen an, daß der Computer betriebsbe-
reit ist. Der Benutzer befindet sich auf der Betriebssystem-
Ebene (System Mode).

S c h r i t t (2) : Der Benutzer hat sich entschieden, BASIC
zu laden und tippt den entsprechenden Betriebssystem-Befehl
ein. Das Betriebssystem prüft in der Disketten-Directory nach,
ob auf der Diskette das BASIC-Übersetzerprogramm auch vorhanden ist und lädt es zusätzlich in den RAM. Dies entspricht der
oben angesprochenen Software-Lösung; bei der Firmware-Lösung
würde Schritt (2) automatisch als Teil einer starren Befehls-
folge nach dem Einschalten ablaufen.

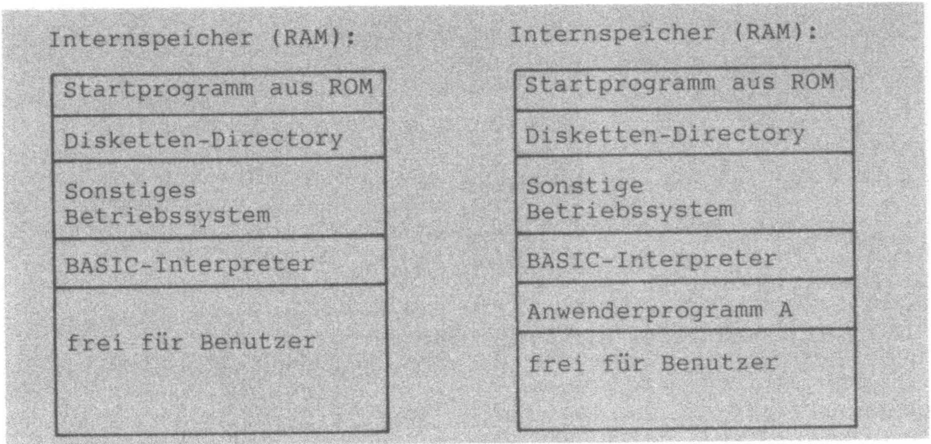

(2) 'BASIC laden' (links) und (3) 'Prog. A laden' (rechts)

S c h r i t t (3) : Der Benutzer kann sich jetzt ein auf der
Diskette enthaltenes Anwenderprogramm in den RAM laden wie im
Beispiel das Programm A. Das Übersetzerprogramm (ein Interpre-
ter, wie im folgenden Abschnitt zu zeigen) ruft zum Laden das
Betriebssystem auf, welches nach dem Ladevorgang wiederum die
Kontrolle an das Übersetzerprogramm zurückgibt.
Anschließend kann der Benutzer in einem Schritt (4) das Anwen-
derprogramm A ausführen lassen.

1.3.6.3 Übersetzerprogramme

Ein Computer versteht soviele Programmiersprachen (=Fremdspra-
chen) wie Übersetzerprogramme vorhanden sind. Die Übersetzerprogramme wandeln Programmiersprache in die Maschinensprache
(=Muttersprache des Computers) um.
Es gibt m a s c h i n e n o r i e n t i e r t e Programmiersprachen, bei denen als "1-zu-1-Sprachen" dann meist 1 Fremd-

sprachenanweisung zu 1 Maschinenbefehl führt; sie heißen auch
Assembler(-sprachen).
Das Gegenstück sind die p r o b l e m o r i e n t i e r t e n
Programmiersprachen als "1-zu-mehr-Sprachen". Bei ihnen wird
1 Fremdsprachenanweisung in mehrere Maschinensprachenbefehle
übersetzt wird. Die zugehörigen Übersetzerprogramme sind entweder Compiler oder aber Interpreter.

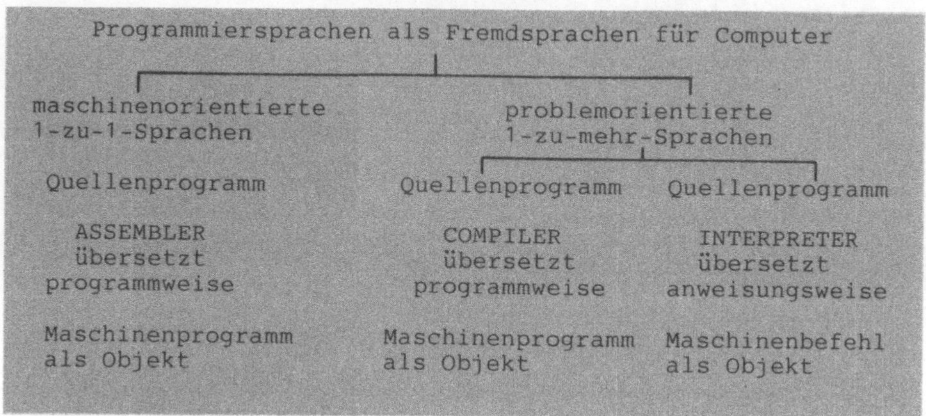

Maschinen- und problemorientierte Programmiersprachen

Jeder Computer hat seine eigene m a s c h i n e n o r i e n -
t i e r t e Programmiersprache, die - obwohl von Computer zu
Computer z.T. verschieden aufgebaut - stets A s s e m b l e r
heißt. Das in Assembler geschriebene Programm (auch Quellenprogramm, Quellcode oder Source-Listing genannt) kann der Computer noch nicht verstehen. Ein Übersetzerprogramm, das (verwirrend?) ebenfalls Assembler genannt wird, übersetzt nun das
Quellenprogramm in die für die CPU verständliche Maschinensprache als Objektprogramm. Das eigentliche Maschinenprogramm
steht als Abfolge hexadezimaler Bytes computerverständlich im
Internspeicher; da es für uns nur schwer lesbar ist, wird es
vom Assembler zur Kontrolle als Assembler-Listing ausgegeben.

I n t e r p r e t e r und C o m p i l e r als Übersetzerprogramme arbeiten analog zum menschlichen Sprachübersetzer
wie folgt:
Ein Interpreter (to interprete = auslegen) arbeitet wie ein
Simultan-Dolmetscher: Der Dolmetscher übersetzt Satz für Satz,
um das Ergebnis sofort mitzuteilen. Ein Interpreter übersetzt
Anweisung für Anweisung, um jede Anweisung sofort auszuführen.
Ein Compiler (to compile = zusammensetzen) hingegen arbeitet
wie ein 'normaler' Fremdsprachenübersetzer: Dieser übersetzt
das gesamte Fremdsprachenschriftstück zu einem bestimmten Ter-
min. Entsprechend übersetzt ein Compiler das gesamte Anwenderprogramm komplett in einem Arbeitsgang: Das in einer sogenannten Hochsprache verfaßte Programm wird in einem gesonderten
Compilierungslauf in ein lauffähiges Maschinenprogramm übersetzt.
Die Vorteile eines compilierenden Systems (z.B. Objektprogramm
in 0/1-Form ablauffähig auf Externspeicher abgelegt, Programmausführung sehr schnell) und seine Nachteile (z.B. eine Feh-

lerkorrektur erfordert die komplette Neuübersetzung, Speicherbedarf für Quelle, Übersetzer und Objekt sehr groß) sind stets
abzuwägen.
Günstig ist: Programmentwicklung sowie Programmtest mit einem
Interpreter und dann abschließende Compilierung des Programms.

Gerade bei Personalcomputern lassen sich Interpreter und Compiler kaum mehr streng trennen. So gibt es compilierende Interpreter und interpretierende Compiler.
Zum 'compilierenden Interpreter' ein Beispiel:
Die große Softwarefirma Microsoft hat solche Zwischenlösungen
als BASIC-Interpreter z.B. für Apple, CBM, TRS-80 entwickelt.
Dabei werden die BASIC-Zeilen beim Eintippen -für den Benutzer
unbemerkt- in einen sogenannten Zwischencode übersetzt (PRINT
wird z.B. als hexadezimal BA bzw. dezimal 186 zwischengespei-
chert, nicht aber in fünf ASCII-Zeichen bzw. Bytes als PRINT).

Zum 'interpretierenden Compiler' ebenfalls ein Beispiel:
Der unter dem Betriebssystem UCSD laufende PASCAL-Compiler
übersetzt den Quellcode in e i n e m getrennten Übersetzungslauf in einen Zwischencode (P-Code genannt für Pseudo-Code),
der dann zur Ausführungszeit durch einen Interpreter weiter
übersetzt wird.

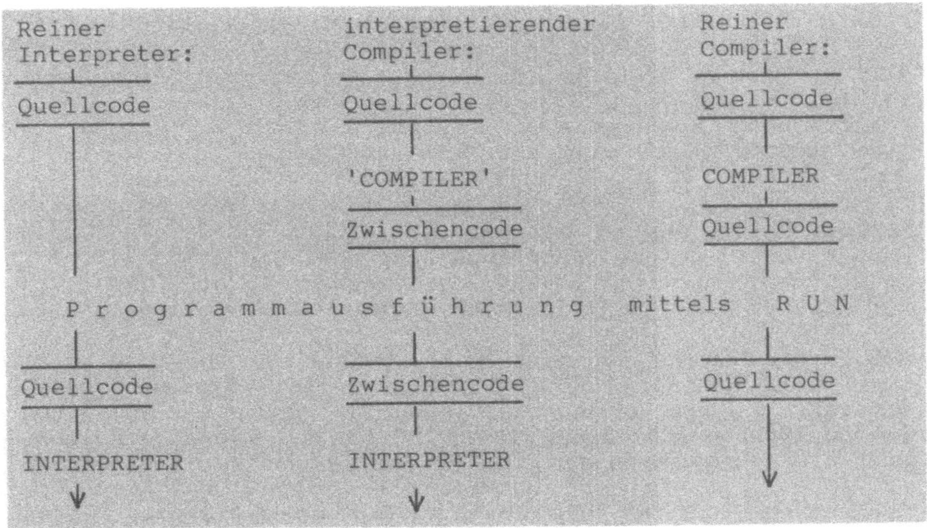

Interpreter und Compiler mit Zwischenlösungen

1.3.6.4 Programmiersprachen

Es gibt mehrere Hundert Programmiersprachen. Die wichtigsten
Sprachen werden in Stichworten beschrieben:

- ADA: Diese nach Lady Ada Augusta benannte Sprache wurde 1980
  vom US - Verteidigungsministerium herausgebracht (wie früher
  COBOL) und wird als Universalsprache eine vielleicht ebenso
  große Verbreitung finden wie COBOL. ADA-Subsets laufen bereits
  auf Personalcomputern.

- ALGOL 60: Diese 'ALGOrithmic Language' gibt es seit 1960. Sie
  wird vornehmlich im Hochschulbereich eingesetzt.

- APL: 'A Programming Language' gilt als eines der mächtigsten
  und knappsten Sprachmittel. Berühmt sind die APL-Einzeiler mit
  ihren Kurz-Operatoren (griechische Symbolik). Auf Personalcomputern mit 16-Bit-Prozessoren läuft APL stets als Interpreter.

- ASSEMBLER: Die maschinenorientierten Assembler-Sprachen (vgl.
  Abschnitt 1.3.6.3) gehören eigentlich nicht in diese Übersicht
  von Hochsprachen bzw. 1-zu-Mehr-Sprachen. Makros als Gruppen
  von Einzelbefehlen jedoch machen das maschinennahe Arbeiten in
  Assembler etwas weniger mühsam.

- BASIC: Für diese auf Personalcomputern am weitesten verbrei-
  tete Sprache (Beginners All Purpose Symbolic Instruction Code)
  gibt es fast so viele Dialekte wie Computertypen. Am weitesten
  ist das "Microsoft-BASIC" verbreitet. BASIC gibt es sowohl als
  compilierende Sprache (z.B. C-BASIC) wie auch als Interpreter.
  BASIC gehört zu den unstrukturierten Sprachen.

- C: In der Sprache C ist das Betriebssystem UNIX geschrieben.
  Es kann PASCAL-ähnlich strukturiert programmiert werden, dabei
  werden aber weniger Datentypen und mehr Operatoren (etwa wie
  in APL) bereitgestellt. Gut in C: Zeiger (Pointer) zur Adreß-
  verkettung. Die C-Compiler sind leider nicht standardisiert.

- COBOL: Die 'Common Business Oriented Language' gibt es bereits
  seit 1959. COBOL ist d i e kommerzielle Programmiersprache,
  genormt, äußerst umfangreich. Ungefähr 50% aller US-Software
  ist in COBOL geschrieben. Zitat: "COBOL ist nicht gut, aber es
  gibt viele Programmierer, die diese Sprache gut beherrschen".

- ELAN: Diese Ende der 70er Jahre in Berlin entwickelte Sprache
  unterstützt das strukturierte Programmieren und wird im Schul-
  bereich in Konkurrenz zu PASCAL eingesetzt.

- FORTH: Dies ist eine interpretierende Sprache, die jedoch zunächst den FORTH-Text in einen Zwischencode übersetzt (siehe
  Abschnitt 1.3.6.3). FORTH gibt es auch für kleinere Computer.

- FORTRAN: Der 'FORmula TRANslator' entstand 1950 und gilt als
  die wichtigste Hochsprache zur Lösung math/naturwissenschaft-
  licher Probleme. Wie COBOL ist FORTRAN eine typische Großcom-
  putersprache. BASIC ist ein FORTRAN-Abkömmling.

- LISP: Der LISP-Interpreter wird insbesonders von Wissenschaftlern verwendet, die sich mit der 'Künstlichen Intelligenz' beschäftigen (Nachahmung des menschl. Gehirns durch die CPU, Abschnitt 1.1.3). Eine LISP-Variable hat als 'Atom' neben Namen und Wert vom Programmierer frei zu vereinbarende Merkmale, die als Liste geführt werden (deshalb: LISP für LISt Processor).

- LOGO: "Anders als die anderen Sprachen". Diese Aussage trifft für APL (im Hinblick auf die komprimierte Problembeschreibung über mächtige Operatoren) sowie für LOGO (im Hinblick auf die kindgerechte Schildkrötengrafik) zu. Bei den "Turtle Graphics" kann die am Bildschirm kriechende Schildkröte zum Zeichnen von Bildern gesteuert werden. LOGO-Interpreter kommen mit wenig Platz aus und sind zunehmend für Personalcomputer erhältlich.

- MODULA 2: Diese Sprache wurde von Niklaus Wirth als Nachfolgesprache zu PASCAL entwickelt. Besondere Merkmale: Typische 'Hochsprachen-Anwendungen' sind ebenso möglich wie maschinennahe Programmierung; ausgereifte Modularisierung (Module als Bausteine -anders als in PASCAL- separat speicherbar in Modul-Bibliothek); Compiler kann Maschinencode erzeugen zwecks Einbrennen in PROMs (damit Nutzung als Entwicklungssprache für Mikrocomputerprodukte). Es wird erwartet, daß sich MODULA 2 durch ihre Kompaktheit als Alternative zu ADA behaupten wird.

- PASCAL: "PASCAL erzieht zum klaren Programmieren" - aus diesem Grunde halten gerade die Lehrer so viel von dieser von Niklaus Wirth 1972 erstmalig beschriebenen Sprache. PASCAL ist nach dem Mathematiker und Philosophen Blaise Pascal (1623-1662) benannt und gilt als d i e Sprache für das strukturierte Programmieren. Leider ist nur das ursprüngliche Wirth'sche PASCAL standardisiert, nicht aber die später notwendig gewordenen Erweiterungen (wie Grafik-, Text- und Dateiverarbeitung; Wirth beschrieb so z.B. nur die sequentielle Banddatei). So sind die sehr zahlreichen auch für Personalcomputer verfügbaren PASCAL-Compiler oft nicht kompatibel: etwa ALCOR-PASCAL, JRT-PASCAL, PASCAL/MZ+, PASCAL/Z, ProPASCAL, TCL-PASCAL, SCHTAC-PASCAL und UCSD-PASCAL, wobei sich letzteres fast zum Ersatz-Standard entwickelt hat.

- PILOT: Diese 'Programmed Inquiry Learning or Teaching' ist für Personalcomputer als BASIC-Ersatz für Lehr-/Lernzwecke entwickelt worden. PILOT arbeitet ausschließlich interpretierend. PILOT wird eingesetzt im Rahmen des Computer-unterstützten Unterrichts (CUU) bzw. der Computer Aided Instruction (CAI).

- PL/1: Die 'Programming Language 1' wurde von der IBM für Großcomputer entwickelt und umfaßt die Sprachelemente von COBOL und FORTRAN zusammen - aber modern strukturiert. Wertmäßig dürfte die in PL/1 geschriebene Software nach der COBOL-Software den zweiten Platz einnehmen. Für PCs gibt es PL/1 (noch?) nicht.

- Diese Auswahl kann keinesfalls vollständig sein. Die Liste von Programmiersprachen ließe sich fortsetzen: BCPL, COMAL, CORAL, DIBOL, EUCLID, MUMPS, PEARL, PL/M, PROLOG, RPG II, SIMULA 67, SNOBOL, STOIC, ...
Abschließend: Vermutlich werden in 10 Jahren Programmiersprachen überwiegen, die heute noch nicht einmal entworfen sind.

1.3.6.5 Herstellerabhängige und unabhängige Betriebssysteme

Die Abkürzung DOS steht für 'Disk Operating System'. Es ist
ein Systemprogramm, das alle mit der Diskette verbundenen Ein-
und Ausgaben kontrolliert. Die Bezeichnung DOS findet sich als
Namensbestandteil zahlreicher Betriebssysteme.
Das DOS für den Apple wie auch das TRS-DOS der TRS-80-Model-
le von Tandy sind Beispiele für Betriebssysteme, welche vom
Personalcomputer-Hersteller speziell auf das eigene Gerät hin
zugeschnitten wurden. H e r s t e l l e r a b h ä n g i g e
Systeme findet man vornehmlich bei kleineren Personalcomputern
mit 8-Bit-Mikroprozessoren.

Personalcomputer der 16-Bit-Klasse und 32-Bit-Klasse arbeiten
überwiegend mit h e r s t e l l e r u n a b h ä n g i g e n
Betriebssystemen, die von Software-Produzenten entwickelt wur-
den. So mit CP/M und MS-DOS der beiden Software-Giganten Digital Research und Microsoft, mit UCSD der Universität von San
Diego in Californien, mit UNIX, XENIX, OASIS, ...
Wie kam es dazu? Früher baute jeder Hersteller sein eigenes
Betriebssystem, um es mit dem Computer als Einheit anzubieten.
Um das Betriebssystem herum wurde ein großer Schleier gelegt -
ein Übernehmen oder Anpassen an einen anderen Computer war somit unmöglich. Dies änderte sich erst, als die Software-Firma
Digital Research ihr 'Control Program for Microcomputers', genannt CP/M, als herstellerunabhängiges Software-Produkt anbot:
mit einer exakten Beschreibung der Verbindung (Schnittstellen)
des Betriebssystems zur Computerhardware. Nun begannen immer
mehr Hersteller, CP/M-fähige Computer zu produzieren. Mit der
raschen Verbreitung von CP/M nahmen solche Programme zu, die
CP/M-verträglich waren. Ursprünglich wurde CP/M für den Mikro-
prozesor 8080   und später für den Z-80-Prozessor eingesetzt,
deshalb die Bezeichnung CP/M-80.   .
Die Variante CP/M-86 wurde für den 8086-Prozessor entwickelt.
Über das BIOS (Basic Input-Output System) als dem adaptierba-
ren Teil des CP/M läßt sich dieses prozessorabhängige System
an Computer anpassen, die eine CPU haben, welche z.B. den Code
des Intel 8088 verarbeiten.

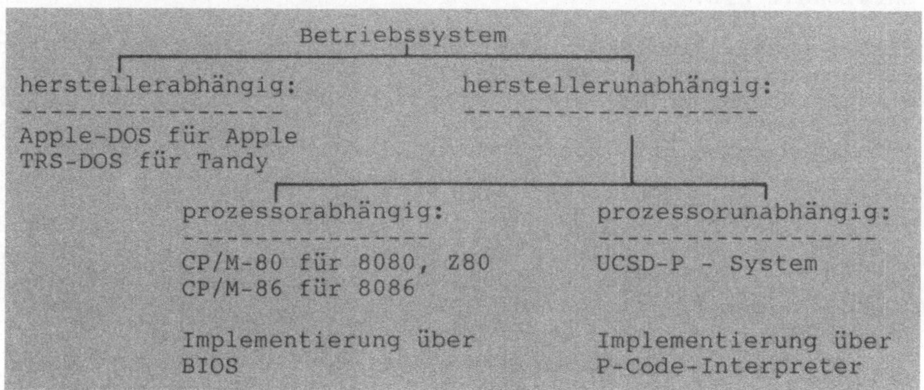

Herstellerabhängige und -unabhängige Betriebssysteme

1.3.6.6 Einige Betriebssysteme kurzgefaßt

Auf die Betriebssysteme CP/M, MS-DOS, UNIX und USCD wollen wir
kurz eingehen.

Zunächst zu CP/M von Digital-Research:
CP/M war das erste Betriebssystem für PCs, wurde seit 1974 angeboten und entwickelte sich schon bald zum Quasi-Standard für
8-Bit-Computer mit den CPUs 8080, 8085 und Z-80. Im Hinblick
auf die 80er-CPUs bezeichnet man dieses Betriebssystem oft als
CP/M-80.
Für 16-Bit-Computer mit der CPU 8086 von Intel entwickelte Digital Research das Betriebssystem CP/M-86. Da CP/M-80 zum Teil
in Assembler geschrieben ist, stellt CP/M-86 eine Neuentwick-
lung dar (die CPU 8086 arbeitet in einem anderen Code als die
CPUs der 80er Serie). Deshalb auch die Probleme bei der Kompa-
tibilität zwischen CP/M-80 und CP/M-86.
Für den Multi-User-Betrieb bietet Digital Research die Systeme
MP/M-80 sowie MP/M-86 (Multiprogramming Monitor for Microcom-
puter) an.
Das Betriebssystem CONCURRENT CP/M wurde für den Single-User-
Betrieb unter Multi-Tasking entworfen: mehrere Aufgaben können
als Tasks gleichzeitig auf e i n e m PC bearbeitet werden.
MP/M sowie CONCURRENT CP/M erweitern den Leistungsumfang des
CP/M um die jeweiligen Funktionen des Multi-Using bzw. Multi-
Tasking.
Das Betriebssystem PERSONAL CP/M läßt sich in einem ROM unter-
bringen und eignet sich deswegen auch für PCs ohne Disketten-
laufwerk. PERSONAL CP/M wurde eigens für kleinere PCs entwik-
kelt und unterstützt sowohl 8-Bit-CPUs als auch 16-Bit-CPUs.

Zu MS-DOS von Microsoft:
Als Konkurrenprodukt zu CP/M-86 von Digital Research brachte
die Softwarefirma Microsoft das Betriebssystem MS-DOS heraus.
IBM wählte für seinen PC als Betriebssystem MS-DOS, und zwar
in einer Version, die den Namen PC-DOS erhielt und hardware-
abhängiger ist als MS-DOS selbst. Durch die Wahl dieses Betriebssystems wurde MS-DOS sehr populär.
Für den "PC jr." von IBM wurde das Betriebssystem MS-DOS 2.1
entwickelt. In seiner Funktionalität steht es auf einer Stufe
mit MS-DOS 2.0 oder MS-DOS 2.11, es kann aber ohne Diskettenlaufwerk eingesetzt werden (viele Teile von MS-DOS 2.1 sind im
ROM untergebracht und nicht im RAM).
Die Version MS-DOS 3.0 ist für Multi-Using und für Multi-Tasking konzipiert.

Zum Betriebssystem UNIX:
Im Gegensatz zu CP/M sowie MS-DOS ist das Betriebssystem UNIX
nicht in Assembler, sondern fast vollständig in der Sprache C
geschrieben. Damit ist UNIX auf alle PCs übertragbar, die über
einen C-Compiler verfügen. UNIX wurde von Wissenschaftlern für
Wissenschaftler geschrieben - entsprechend profihaft wie kom-
pliziert ist seine Benutzung. Deshalb wurden viele von UNIX
abgeleitete und leichter bedienbare Betriebssysteme entwickelt
wie ZEUS von Zilog, GENIUS von National, REGULUS von Motorola
und XENIX von Microsoft.
Das bekannteste UNIX-Derivat ist XENIX. Es unterstützt Multi-
Using wie auch Multi-Tasking.

Zum Betriebssystem UCSD:
UCSD ist die Abkürzung für University of California San Diego.
Früher stand UCSD für das Programmiersprachsystem UCSD-Pascal,
während es heute als umfassendes Betriebssystem mehrere Über-
setzer anbietet wie BASIC-Compiler, FORTRAN 77-Compiler, LISP-
Interpreter, MODULA-2-Compiler und natürlich PASCAL-Compiler.
UCSD (auch als UCSD-P oder UOS für Universal Operating System
bezeichnet) unterscheidet sich von CP/M und MS-DOS durch drei
Merkmale:
- Konsequente Menüsteuerung anstelle einer Kommandosteuerung
  und damit enge Benutzerführung.
- Bereitstellung einer komfortablen und abgeschlossenen Pro-
  grammentwicklungsumgebung (mit Editor, Filer, Compiler, ...)
  anstelle einer reinen Laufzeitumgebung.
- Hervorragende Portabilität durch die Mitnahme der Computer-
  architektur.
Das UCSD-Betriebssystem ist prozessorunabhängig und damit für
Personalcomputer jeglichen Prozessortyps einsetzbar.
Wie ist dies möglich? UCSD benutzt den jeweiligen Personalcomputer als Host-Computer im Sinne eines Wirtes bzw. Gastgebers.
Es arbeitet also nicht unmittelbar mit dem Personalcomputer,
sondern mit einem Pseudo-Computer. Gibt der Benutzer z.B. ein
Quellenproggramm in PASCAL ein, so übersetzt der Compiler dieses Textfile in einen Zwischencode (vgl. Abschnitt 1.3.6.3),
der P-Code genannt wird, um das resultierende P-Code-File dann
ebenfalls abzuspeichern. Soll dieses Programm nun ausgeführt
werden, so wird es von einem P-Code-Interpreter vom P-Code in
die Maschinensprache des jeweiligen Personalcomputers als Host
übersetzt. Der Compiler ist fester Bestandteil des Betriebssystems und selbst in PASCAL geschrieben. Der P-Code-Interpreter dagegen ist in der Maschinensprache des Hosts geschrieben.
Soll UCSD auf einem Personalcomputer implementiert werden, so
ist u.a. nur ein P-Code-Interpreter für die entsprechende CPU
zu schreiben. Da UCSD auf einem P-Computer als abstraktem Computer läuft, der allein softwaremäßig auf dem Personalcomputer
als Host nachgebildet wird, ist eine rasche Verfügbarkeit dieses Betriebssystems auf neuen Personalcomputern zu erwarten.

```
Benutzer-              Pseudo-Computer        Personalcomputer
eingabe:               als P-Computer:        als Host-Computer:
_________              _______________        __________________
Quellcode              Objektcode 1           Objektcode 2
als Textcode           als P-Code             als Maschinencode
_________              ___________            ____________
         ─────────────────────────────────────────────────────>
         Compiler                   P-Code-Interpreter
         übersetzt                  übersetzt
                                                     (P=Pseudo)
```

     UCSD behandelt den Personalcomputer als Host bzw. Gast

Der Trend geht eindeutig dahin, m e h r e r e Betriebssysteme
für einen Computer bereitzustellen. So sind für den IBM Personalcomputer die drei Betriebssysteme MS-DOS von Microsoft,
CP/M-86 und UCSD-P nutzbar.

1.3.7 Anwender-Software entwickeln

Die Programmentwicklung wird als Teil der DV-Systementwicklung
vorgenommen und vollzieht sich wie diese in Teilschritten. Mag
die Terminologie hierzu auch unterschiedlich sein, die Programmentwicklung wird stets in der Schrittfolge "PROBLEMSTEL-
LUNG - PROGRAMMENTWURF - PROGRAMMIERUNG - ANWENDUNG" durchgeführt werden. Am Beispiel der Rechnungsstellung bzw. Fakturierung wollen wir diese Teilschritte im Abriß kurz erläutern.

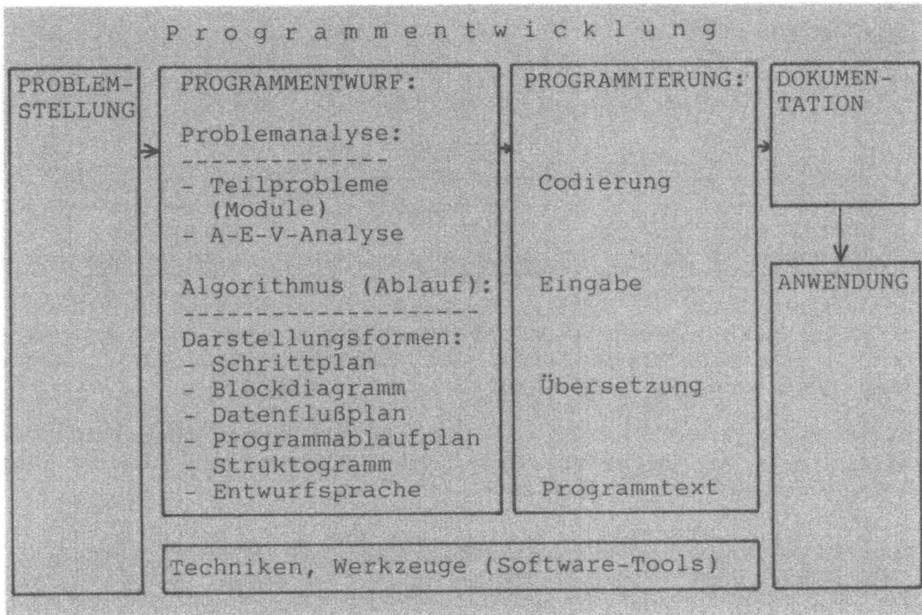

Programmentwicklung in Teilschritten

1.3.7.1. Problemanalyse

Ein Problem analysieren heißt, dieses in seine Bestandteile zu
zerlegen. Bei der Problemanalyse geht man nach der Idee 'Vom
Einfachen zum Schwierigen' von den Ausgabedaten aus, da diese
ja mit der Problemstellung als erwartetem Resultat vorgegeben
sind. Erst danach wendet man sich der Analyse der Eingabe und
der Verarbeitung zu.
Ausgabe-Analyse: Daten (z.B. Rechnungszeile mit Artikelnummer,
Bezeichnung, Menge, Einheit, Einzel- und Gesamtpreis), Form
(z.B. Drucker für Rechnung, Diskette für Offene-Posten-Datei),
Listbilder zum Ausgabeformat, Zeitpunkt der Ausgabe.
Eingabe-Analyse: Daten (Kundennummer, Artikelnummer und Anzahl
sowie Datum), Form (z.B. Tastatur, Diskette für Kundendatei u.
Artikeldatei).
Verarbeitungs-Analyse: Die Verarbeitungsschritte ergeben sich
aus den Ausgabe- und Eingabeanforderungen (z.B. Menge*Einzel-
preis ergibt Gesamtpreis).
In einer Variablenliste werden sämtliche Namen mit Datentypen
zusammengefaßt. In einem Datei-Verzeichnis werden die Dateien
mit den entsprechenden Datensatz-Beschreibungen festgehalten.

1.3.7.2 Formen zur Darstellung des Lösungsablaufes

Für den dann zu entwickelnden Algorithmus bzw. Lösungsablauf
stehen die unterschiedlichen Darstellungsformen zur Verfügung.

Ein S c h r i t t p l a n kann jetzt so aussehen:
  1. Rechnungs- und Kundennummer mit Datum eintippen.
  2. Rechnungskopf drucken
  3. Rechnungszeile(n) aufbereiten und drucken
  4. Rechnungsabschluß drucken
  5. Kundendatei aktualisieren
  6. Eintrag Offene-Posten-Datei

Als B l o c k d i a g r a m m kann dieser Schrittplan schon
feiner gegliedert bzw. strukturiert sein wie z.B. Schritt 1:

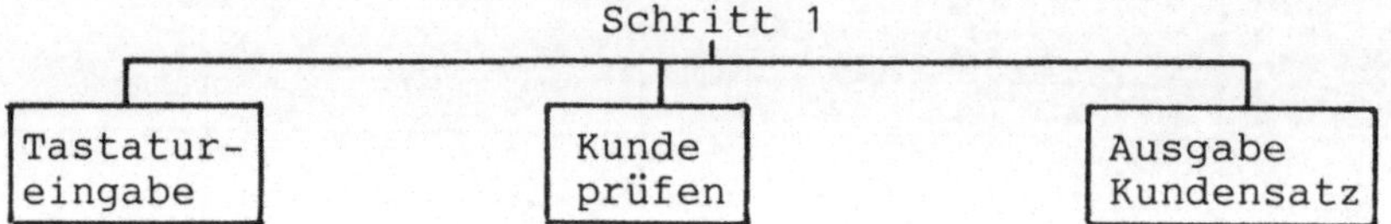

Zu 'Kunde prüfen': Ist ein Kunde mit der eingetippten Nummer
nicht in der Kundendatei enthalten, wird eine Meldung ausgegeben. Zu 'Ausgabe Kundensatz': Zur Kontrolle wird der gesamte
Inhalt des Kundensatzes am Bildschirm gezeigt.

Im D a t e n f l u ß p l a n werden die Datenträger bzw. Geräte, die Arten der Bearbeitung und der Datenfluß zwischen den
Datenträgern grafisch festgehalten.

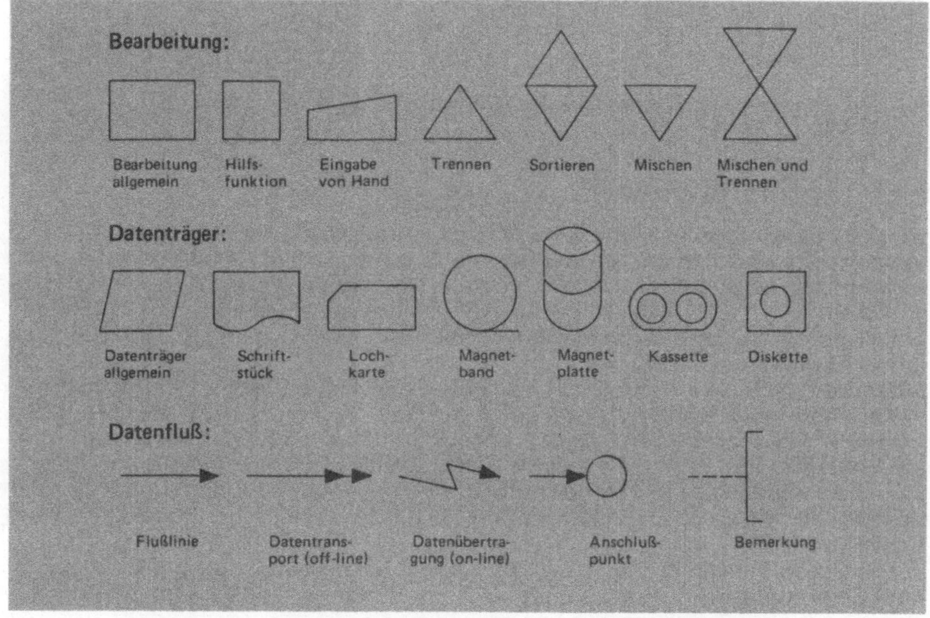

Sinnbilder für Datenflußpläne nach DIN 66001

Für die Rechnungsschreibung könnte der Datenflußplan in seiner knappsten Form etwa so aussehen:

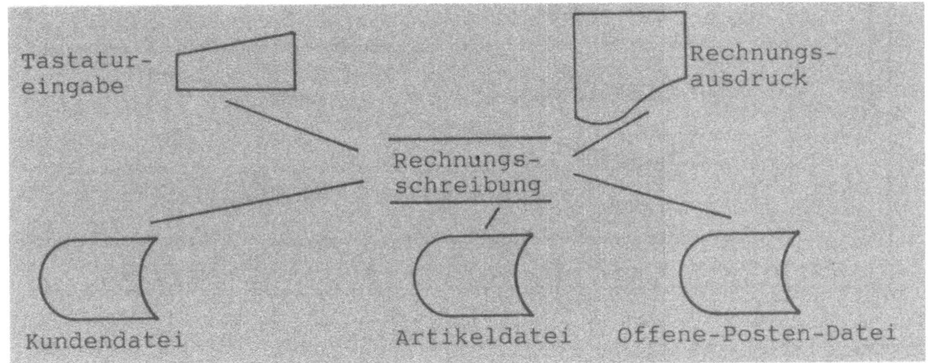

Einfacher Datenflußplan zur Rechnungsschreibung

Der Datenflußplan bezieht sich mehr auf die Hardware, während der P r o g r a m m a b l a u f p l a n (PAP) mit der zeichnerischen Darstellung des geplanten Programmablaufes eindeutig softwarebezogen ist. Die Sinnbilder für den PAP sind ebenfalls nach DIN 66001 genormt. Im Datenflußplan wie im PAP gleichbedeutend sind die Sinnbilder für Anschlußpunkt sowie für Bemerkung. Eine im PAP etwas andere Bedeutung hat das Rechteck (Wertzuweisung) und das Parallelogramm (Eingabe , Ausgabe). Neu im PAP sind die Sinnbilder für die Verzweigung und für das Aufrufen eines Unterprogramms.

Verzweigung   Unterprogramm

Die zum Teilschritt 'Kunde prüfen' (obiger Schrittplan) zugehörige Anweisungsfolge kann als PAP z.B. so aussehen:

Kundennummer eintippen

Kunde auf Datei vorhanden?

Wenn Kundennummer ungültig, dann Zurückverzweigen

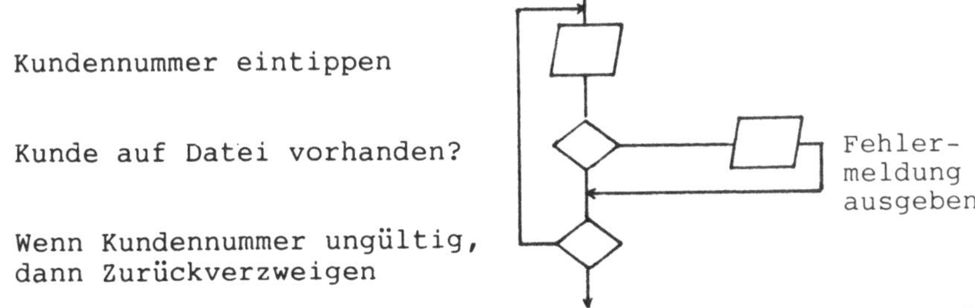

Neben dem PAP wird immer häufiger ein weiteres Hilfsmittel zur zeichnerischen Darstellung von Programmabläufen verwendet: das S t r u k t o g r a m m , auch Strukturdiagramm oder (nach dem Erfinder) Nassi-Shneiderman-Diagramm genannt. Struktogramme haben wir bereits in Abschnitt 1.3.3 verwendet, um damit die grundlegenden Programmstrukturen darzustellen.

Im folgenden Struktogramm wird der Ablauf 'Kunde prüfen' dargestellt:

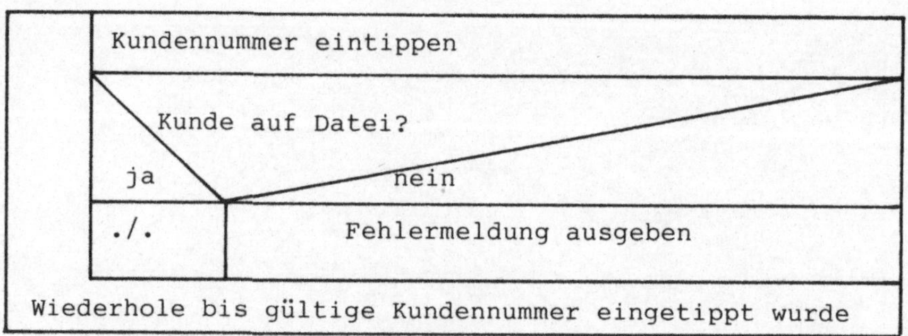

Beim Struktogramm sind die Programmstrukturen deutlich erkennbar: eine nicht-abweisende Schleife, die eine 'Einseitige Auswahl' einschachtelt.

Neben diesen grafischen Darstellungsmöglichkeiten des Lösungsablaufes verwendet man oft eine E n t w u r f s p r a c h e als Pseudocode, um den Programmentwurf umgangssprachlich darzustellen (Abschnitt 1.3.3.1). Der oben als PAP sowie Struktogramm dargestellte Ablauf läßt sich in der Entwurfsprache wie folgt beschreiben:

```
Wiederhole
   Tippe die Kundennummer ein
   wenn die Kundennummer in der Kundendatei gefunden wurde
      dann tue nichts
      sonst zeige eine Fehlermeldung am Bildschirm
   Ende-wenn
bis eine Kundennummer als gültig erkannt wurde
```

Der algorithmische Entwurf stellt häufig die unmittelbare Vorstufe zur Programmierung dar.

1.3.7.3 Programmierung

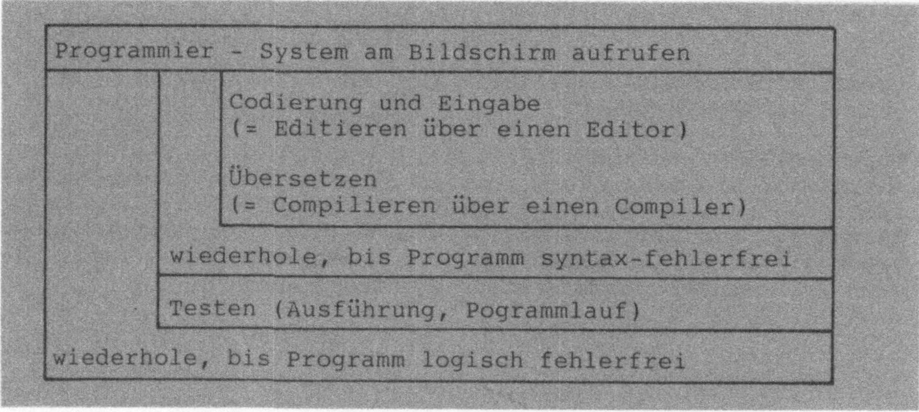

Programmieren im engeren Sinne als Struktogramm

Programmieren heißt, den zeichnerisch und/oder verbal dargestellten Algorithmus in eine Programmiersprache umzusetzen und
auszutesten. Dabei werden die Schritte 'Codierung', 'Eingabe',
'Übersetzung' und 'Testen' zumeist wiederholt durchlaufen. Der
Übersetzungslauf als gesonderter Schritt ist bei Sprachen mit
Compiler, nicht aber bei solchen mit Interpreter erforderlich
(vgl. Abschnitt 1.3.6.3). Das Austesten erfolgt als Computertest sowie Schreibtischtest.

Abschließend faßt man mit der D o k u m e n t a t i o n alle
Programmunterlagen als Gebrauchsanleitung zusammen: sei es als
Anleitung für den Operator, damit dieser den Computer bei den
Programmläufen auch richtig bedienen kann (Operator-Handbuch),
oder als Anleitung für den Benutzer für die spätere Programm-
pflege und Programmkorrektur (Benutzer-Handbuch). Zusätzlich
zum Benutzer-Handbuch sollte eine Kurzanleitung vorliegen, die
nur die wichtigsten für den Umgang mit dem Programm notwendi-
gen Schritte und Anweisungen für den Interessenten bereithält.

Zentraler Teil der Programmentwicklung ist der Programmentwurf
und nicht -wie es manchem DV-Einsteiger scheinen mag- die Programmierung bzw. Codierung in einer Programmiersprache. Es ist
denkbar, daß die Codierung eines Tages automatisiert durchgeführt werden kann.
Angesichts der steigenden Software - Kosten (Abschnitt 1.1.2)
geht man immer mehr dazu über, die Programmentwicklung und dabei besonders den Programmentwurf industriell und ingenieur-
mäßig vorzunehmen: S o f t w a r e - E n g i n e e r i n g
lautet die darauf verweisende Begriffsbildung. Auf einige der
im Rahmen des Software-Engineering eingesetzten Programmiertechniken sowie Entwurfsprinzipien gehen wir nachfolgend ein.

1.3.7.4 Programmiertechniken und Entwurfprinzipien

Die M o d u l a r i s i e r u n g von Software berücksich-
tigt, daß ein in kleine Teile bzw. Moduln gegliedertes Problem
bzw. Programm einfacher zu bearbeiten ist. 'Klein' heißt, daß
ein Modul maximal 200 Anweisungen umfassen darf. Ein Modul ist
ein Programmteil mit einem Eingang und einem Ausgang und kann
selbständig übersetzt und ausgeführt werden. Moduln verkehren
nur über Schnittstellen miteinander, über die Werte (Parameter
genannt) vom rufenden an das aufgerufene Modul übergeben werden; ein Modul darf als Black Box nichts vom Innenleben eines
anderen Moduls wissen.

Die N o r m i e r u n g von Programmabläufen als Vereinheit-
lichung durch eine standardisierte Ablaufsteuerung wird bei
der Entwicklung komplexer kommerzieller Software-Pakete vorgenommen, an der zumeist mehrere Mitarbeiter beteiligt sind. Jedes Softwarehaus hat seine eigenen Normen.

Die J a c k s o n - M e t h o d e geht bei der Pogramment-
wicklung von der exakten Analyse der Datenstrukturen aus, um
dann die entsprechenden Pogramm- bzw. Ablaufstrukturen zu ent-

werfen. Warum? In der kommerziellen DV sind die Daten zumeist
bis in die Details vorgegeben, während die Abläufe den Daten
gemäß formuliert werden müssen. Anders ausgedrückt: die Datenstruktur prägt die Programmstruktur.

Dem T o p - D o w n - E n t w u r f als Von-oben-nach-
unten-Entwurf entspricht die Technik der schrittweisen Verfeinerung: vom Gesamtproblem ausgehend bildet man Teilprobleme,
um diese dann schrittweise weiter zu unterteilen und zu ver-
feinern bis hin zum lauffähigen Programm. Der Top-Down-Entwurf
führt immer zu einem hierarchisch gegliederten Programmaufbau.

Der B o t t o m - U p - E n t w u r f als Gegenstück zum
Top-Down-Entwurf geht als Von-unten-nach-oben-Entwurf von den
oft verwendeten Teilproblemen der untersten Ebene aus, um suk-
zessive solche Teilprobleme zu integrieren. Beide Entwurfsprinzipien werden in der Praxis zumeist kombiniert angewendet.

Die U n t e r p r o g r a m m t e c h n i k wird in diesen
drei Fällen genutzt:Ein Ablauf wird mehrfach benötigt; mehrere
Personen kooperieren und liefern ihre Teilproblemlösungen als
Unterprogramme ab; menügesteuerter Dialog (Menütechnik). Der
Begriff des Unterprogramms bzw. der Prozedur entspricht dabei
dem des Moduls. Die bekannteste Schnittstelle ist der Unterprogrammaufruf mit Parameterübergabe.

Die M e n ü t e c h n i k erleichtert den benutzergesteuer-
ten Dialog. Über das Menü als Auswahlübersicht steuert der Benutzer den Ablauf des Programms, ohne zuerst alle Befehle lernen zu müssen.
Das Menü als Gedächtnisstütze bei der Eingabe kann in Tabel-
lenform alternativ zum Bildschirm, auf dem sonst der Dialog
protokolliert wird, angeboten werden. Dies setzt den schnellen
Wechsel zwischen den Bildschirmseiten voraus. Oder das Menü
wird als (Prompt-)Zeile ausgegeben, die zusätzlich zum Dialog
ständig am oberen Bildschirmrand stehen bleibt.
Bei der Split-Screen-Technik werden Rechteckbereiche des Bildschirms wie eigenständige Bildschirme bzw. Fenster behandelt.
Über ein solches Fenstersystem kann der Benutzer Menüs an jeder Stelle des Bildschirms erscheinen lassen.
Die Menütechnik kann sich auf das Arbeiten i n n e r h a l b
eines Programms wie auch auf das Verbinden mehrerer Programme
beziehen. Im letzteren Fall wird beim Einschalten des Computers bzw. beim Beenden eines Programms automatisch ein Menüprogramm geladen, das am Monitor alle verfügbaren Programme
anzeigt; der Benutzer kann durch Tippen z.B. eines Buchstabens
dann das gewünschte Programm laden, ohne sich um den Speicherort auf Diskette kümmern zu müssen. H i e r a r c h i s c h e
Menüs teilen eine Aufgabe in übergeordnete Menü-Ebenen auf.
Im Hauptmenü stehen häufig verwendete Funktionen und nach der
Wahl erscheint das nächste Menü mit weiter detaillierten Funktionen.
Pop-up-Menüs erscheinen auf Tastendruck, bieten mehrere Möglichkeiten zur Auswahl an und verschwinden, sobald eine Wahl
getroffen wurde. Pop-up-Menüs halten also nicht auf und lenken
auch nicht ab: sie erscheinen nur, wenn sie auch benötigt werden.
Die Menüwahl erfolgt durch Klartexteingabe (Fehlerrisiko groß)

bzw. durch Tasten eines Zeichens oder dadurch, daß der Cursor
auf die gewünschte Position gesetzt wird und dann die RETURN-
Taste gedrückt wird. Die Menüwahl vereinfacht sich weiter bei
Einsatz von Lichtgriffel oder Maus.

Bei der O v e r l a y t e c h n i k werden Moduln überlagert
(=overlay) - z.B. wenn der Hauptspeicherplatz nicht ausreicht,
um alle Moduln gleichzeitig aufzunehmen. Das im Hauptspeicher
stehende Modul ruft ein anderes Modul auf, das dann von einem
Externspeicher geladen und dem rufenden Modul überlagert wird.

Der s t r u k t u r i e r t e E n t w u r f bedeutet, daß
ein Programm unabhängig von seiner Größe nur aus den vier (in
Abschnitt 1.3.3 erklärten) grundlegenden Programmstrukturen
aufgebaut sein darf: aus Folge-, Auswahl-, Wiederholungs- sowie Unterprogrammstrukturen. Dabei soll auf unbedingtes Verzweigen mittels GOTO verzichtet werden. Jede Programmstruktur
bildet einen Strukturblock. Blöcke sind entweder hintereinander angeordnet oder vollständig geschachtelt - die teilweise
Einschachtelung (Überlappung) ist nicht zulässig.
Sogenannte 'blockorientierte Sprachen' wie PASCAL, MODULA-2,
ELAN und ADA unterstützen das Prinzip des strukturierten Ent-
wurfs weit mehr als die 'unstrukturierten Sprachen' wie BASIC
und APL.

Diese nur stichwortartig dargestellten Prinzipien dürfen nicht
getrennt betrachtet werden; unter dem Informatik-Sammelbegriff
s t r u k t u r i e r t e P r o g r a m m i e r u n g faßt
man sie zu einem heute allgemein anerkannten Vorgehen zusammen. Die tragenden Prinzipien sind dabei der Top-Down-Entwurf
mit der schrittweisen Verfeinerung einerseits und der strukturierte Entwurf mit der Blockbildung andererseits.

1.3.7.5 Programmgeneratoren

Ein P r o g r a m m g e n e r a t o r hat als Zwischenlösung
seinen Standort zwischen der Programmierung in einer höheren
Programmiersprache (BASIC, PASCAL) einerseits und dem Anpassen
eines gekauften Anwenderprogramms durch Änderung der dafür angegebenen Parameter andererseits.
So können im Dialog Benutzer-Computer Masken (Formulare) sowie
Programmbeschreibungen erstellt werden, aus denen später z.B.
BASIC-Anweisungen generiert, d.h. erzeugt werden. Die so er-
zeugten BASIC-Programme sind über einen Interpreter lauffähig,
können ggf. aber auch noch compiliert werden.

Entsprechend spezialisiert werden Programmgeneratoren als Maskengenerator, Listengenerator, Grafikgenerator usw. bezeichnet
und vor allem im Rahmen von Standard-Software bereitgestellt.
Zum Maskengenerator ein Beispiel: Soll eine Maske für die Kundendatei erstellt werden, dann wird nach Aufruf des Generators
auf dem Bildschirm eine Grundeinteilung vorgenommen. Der Benutzer setzt den Cursor dann auf die Stelle, an der ein Daten-
feld angelegt werden soll, gibt die Bezeichnung ein (NAME) sowie die Feldlänge (mit Cursor 20 Stellen nach rechts fahren).
Auf diese Weise wird eine Bildschirmmaske aufgebaut. Der Gene-
rator kann dann eine der Maske (als Blankoformular vorzustel-
len) entsprechende Datei erzeugen bzw. einrichten.

1.3.8 Anwender-Software einsetzen

Der Anwender hat drei Möglichkeiten, seinen Personalcomputer
mit Software zu versorgen: Er kann selbst Programme entwickeln
und den Computer als frei programmierbares Gerät nutzen - darauf sind wir im vorangehenden Abschnitt 1.3.7 eingegangen. Er
kann aber auch fremde Software-Produkte kaufen: sei es in Form
von i n d i v i d u e l l e r   S o f t w a r e , die (entsprechend teuer) genau nach seinen Vorgaben entwickelt wird,
sei es in Form von S t a n d a r d - S o f t w a r e , die
zwar preisgünstiger ist, aber das Risiko birgt, die eigenen
Organisationsstrukturen anpassen zu müssen. Als Kompromiß zwischen der kompletten Individuallösung und der standardisierten
Allgemeinlösung versucht man, individuelle Software auf Stan-
dardbasis zu entwickeln; dabei wird entweder über Programmgeneratoren bzw. Kommandosprachen programmiert oder über zwei
logische Variablenebenen.

1.3.8.1 Menügesteuerter oder kommandogesteuerter Dialog

Beim Einsatz fremder Software muß der Benutzer sicher und komfortabel durchs Programm geführt werden, es kommt also auf die
B e n u t z e r f ü h r u n g an. Dabei bieten sich menü- und
kommandogesteuerte Anwendungen an.

Der Anfänger wird die M e n ü s t e u e r u n g schätzen; er
wird über die ihm gerade zur Verfügung stehenden Eingabemög-
lichkeiten - zum Menü zusammengefaßt - am Bildschirm jederzeit
informiert, mehr noch: diese Möglichkeiten sind eingegrenzt,
um den Benutzer relativ eng zu führen. Der Anfänger kann sich
so ohne langes Handbuch-Studium an den Programmeinsatz wagen.
Kennt er sich einmal im Programm aus, so wird der Weg durch
Menüs und Menü-Ebenen allerdings auch als Hemmnis empfunden.

Dann bietet sich die K o m m a n d o s t e u e r u n g über
Kommandos an, die in einem Handbuch aufgelistet sind und vom
Benutzer wahlfrei eingetippt werden können - mit dem Risiko
entsprechender Fehlermeldungen natürlich.

Gute Anwenderprogramme können beide Arten der Benutzerführung
vorsehen: arbeitet der Benutzer fehlerlos, dann läuft das Pro-
gramm kommandogesteuert ab, um bei häufiger auftretenden Feh-
lern in einen menügesteuerten Ablauf zu wechseln.
Oft werden auch zwei Bildschirm s e i t e n vorgesehen: eine
Hauptseite mit dem eigentlichen Dialog sowie eine zusätzliche
Hilfsseite mit Kommentaren und Texthilfen, zwischen denen der
Benutzer jederzeit hin und her springen kann.

Die Dialogsteuerung über Menü und Kommando ist bei der System-
Software natürlich ebenso zu finden wie bei der Anwender-Soft-
ware. So ist z.B. das Betriebssystem UCSD rein menügesteuert.
Dies steht im Gegensatz zur Kommandosteuerung bei CP/M.

1.3.8.2 Einige Programm-Qualitätsmerkmale

Es soll hier kein Merkmalskatalog formuliert werden (dies auch im Hinblick darauf, daß solche Merkmale für Software äußerst schwer meßbar sind), sondern einige praktikable Einzeltips:

Wird Anwendersoftware zu einem T u r n - K e y - P a k e t geschnürt verkauft, so startet das (Menü-)Programm automatisch sofort nach dem Einschalten des Computers (Programmladen sowie Betriebssystem-Kenntnisse sind dann nicht erforderlich).

Beim S c r o l l i n g rutscht der Bildschirminhalt um eine Zeile hoch, wenn der Cursor unten den Bildrand erreicht hat. Zum schnellen Durchblättern zusammenhängender Texte kann dieses Durchrollen von Information vorteilhaft sein. Andernfalls wird man den Bildschirm abschnittsweise total löschen und oben am Bildschirm neu beginnen.

Beim S c r e e n E d i t i n g kann der Benutzer den Cursor an jede beliebige Bildschirmposition bewegen, um dort dann etwas zu korrigieren oder neu einzugeben. Der Bildschirm dient als Arbeitsblatt, -seite bzw. Formular. Sehr häufig bleibt am Bildschirmrand eine Menüzeile (auch Prompt- oder Systemzeile genannt) permanent stehen, um den Benutzer über Steuerungsmöglichkeiten (Kommandos) und aktuelle Parameter (wie Zeilenlänge oder freien Speicherplatz) zu informieren.

Die Zeichendarstellung darf nicht zu verwirrend sein. Häufige I n v e r s - F e l d e r (dunklere Schrift auf hellem Hintergrund) führen z.B. zu erhöhter Augenbelastung und sollten sparsam verwendet werden.

Eine benutzerfreundliche F e h l e r b e h a n d l u n g muß a l l e möglichen Fehler abfangen (Plausibilitätskontrollen).

Zur S i c h e r h e i t müssen Tasten, die zum Absturz führen (z.B. ESC-Taste), gesperrt sein. Keine Eingabe, auch nicht die 'berühmte' Division durch Null, darf dabei zum Aussteigen führen (Deadlock-Situation), die ein Abschalten und Neustarten erforderlich macht. Zur Sicherheit zählt auch die Datenschutzfähigkeit eines Programms.

Die Z u v e r l ä s s i g k e i t nimmt den sicher höchsten Rang ein: das raffinierteste Programm ist wertlos, wenn es die Aufgaben nicht zuverlässig löst.

Der Software-Qualitätssicherung wird heute im Rahmen des Software-Engineering mehr und mehr Beachtung geschenkt.

1.3.8.3 Vier kaufmännische Standard-Programmpakete

Die vier Programme Tabellenkalulation, Textverarbeitung, Datei bzw. Datenbank und Grafik sind fast auf jedem Personalcomputer Standard - voneinander isoliert oder auch integriert.

T a b e l l e n k a l k u l a t i o n s p r o g r a m m e als 'Spread Sheets' bzw. 'Ausgebreitete Papierbogen' übertragen alles das, was bislang mit Bleistift, Papier und Taschenrechner vorgenommen wurde, in den Hauptspeicher (abgelegt) und auf

den Bildschirm (gezeigt). Der Benutzer baut jedes Arbeitsblatt
als Tabelle auf, kann in die Tabellenzeilen und -spalten numerische oder auch Textwerte eintragen und durch eine Vielzahl
von Formeln verknüpfen. Bei 'Visicalc' als dem ersten größeren
Kalkulationsprogramm werden die Tabellenelemente ähnlich dem
Schachbrett (Namen A1,A2,A3,...) angesprochen; 'Multiplan' als
jüngeres Konkurrenzprogramm von Microsoft ermöglicht dies mittels einfacher Cursor-Positionierung am Bildschirm. Arbeits-
blätter können auf einem externen Speicher aufbewahrt werden.
Tabellenkalkulationsprogramme lassen sich 'zweckendfremden':
Trägt man Text anstelle von Zahlen in die Tabelle ein, so kann
leicht eine kleines Informationssystem realisiert werden. Genauso sind Anwendungen zur Fakturierung, zum Bestellwesen, zur
Bilanzierung usw. denkbar. Das Beiwort 'Kalkulation' verweist
also eher auf die Ursprünge der Tabellenkalkulationsprogramme
als auf deren heutige universellen Nutzungsmöglichkeiten.

T e x t v e r a r b e i t u n g s p r o g r a m m e für Personalcomputer sind aus den Editoren entstanden, also aus den
Programmhilfen zum Eingeben und Aufbereiten von Programmen am
Bildschirm. Man hat sie zur Verarbeitung anderer Dokumente
wie Briefen, Rechnungen, Manuskripten, Formularen usw. weiter-
entwickelt. Damit treten sie in Konkurrenz zur Schreibmaschine, zum Text-Automaten sowie zur Großrechner-Textverarbeitung.
Die Textverarbeitung umfaßt die Teilprogramme Editor, Ausga-
beformatierer und Verarbeitung; diese Programme können zu einem Paket integriert oder getrennt sein.
- Editor als Eingabe- und Bearbeitungsprogramm:
  Der Bildschirm wird ähnlich wie eine Lupe über den Text bewegt bis zu einem Bildschirmausschnitt, der cursorgesteuert
  zu bearbeiten ist (verschieben, einfügen, kopieren, Rand
  ausgleichen usw.).
- Formatierer zur Aufbereitung der Druckausgabe:
  Man unterscheidet die folgenden zwei Arten von Formatierern.
  Bei der ersten Art erscheint der Text am Bildschirm so, wie
  er später ausgedruckt wird. Bei der zweiten Art sind in den
  Bildschirmtext Befehle zur Steuerung des Druckformates ein-
  gefügt. Bei der ersten Art wird 'gedruckt wie gezeigt'. Oft
  ist dies aber kaum exakt einzuhalten (Beispiel: 120 Zeichen
  je Druckzeile; Bildschirmzeile 80 Zeichen; Ausgabe-Text aus
  mehreren Dateien).
- Eigentliches Verarbeitungsprogramm:
  Dieses richtet sich nach den Anforderungen der unterschiedlichen Benutzer wie Sekretärin, Abteilungsleiter, Schrift-
  steller, Schriftsetzer. Textbausteine als häufig vorkommen-
  de Textteile speichern, Serien- sowie Ganzbriefe erstellen,
  Formulararbeiten, Textdateien anlegen, Autorenkorrektur usw.

Nach den Programmen zur Tabellenkalkulation und Textverarbeitung nun zur D a t e i / D a t e n b a n k , deren Grundlagen bereits in Abschnitt 1.3.5 dargestellt wurden.
Die kommerziellen Programm-Pakete hierzu werden unter den un-
terschiedlichsten Bezeichnungen angeboten, z.B. als Dateiverwaltung, Datenmanager, Datenbankmeister, Datenbank-System oder
schlicht als Datei-System. Da solche Begriffe kaum etwas aus-
sagen, ist es sinnvoll, einzelne Eigenschaften dieser oft als
"Wir-können-alles-Programme" angepriesenen Software-Produkte

wie folgt zu überprüfen:
- Dateiaufbau:
  Anzahl der gleichzeitig geöffneten Dateien? Satzanzahl einer
  Datei? Anzahl der Datenfelder je Satz? Feste Satzlänge? Da-
  tentypen? Maximale Feldlänge? Maximale Dateigröße? Eine Datei auf mehreren Disketten?
- Systemverwaltung:
  Schnittstelle zu höheren Programmiersprachen? In Mehrplatz-
  Umgebung einsetzbar? Abfragesprachen, Listen- bzw. Programm-
  generatoren? Dynamische Dateiverwaltung? Kompatibilität zu
  anderen Dateien (z.B. aus Textverarbeitung)? Datensatzaufbau
  nachträglich änderbar? Implementierungen für welche Mikros?
  Datei-Sicherheitskopien leicht erstellbar? Daten nach Lösch-
  en wiederherstellbar? Datenschutz durch Datei- bzw. Satzpaß-
  wort? Realisierung als Datenbankmaschine?
- Speicherung:
  Aufwand zum Neueinrichten der Datenbank? Cursorsteuerung?
  Datenprüfung bei Eingabe? Daten aus anderen Dateien kopier-
  bar? Speicherung satz-, block- oder dateiweise? Eingabefeh-
  lerkorrektur möglich? Ablegen als Binärdatei oder Textdatei?
- Zugriff:
  Zugriffsmodus direkt oder indirekt? Anzahl der Suchbegriffe?
  Schlüssel aus einem oder mehreren Datenfeldern bestehend?
  Sortierbegriffe für wieviele Datenfelder? Sortierprogramme?
  Index intern als Tabelle? Möglichkeiten zur Datenausgabe?
  Ausgabeeinheiten für Listen? Zwischensummenbildung in Lis-
  ten möglich?

Zum G r a f i k p r o g r a m m als viertem Standard-Paket:
Programme dieser Kategorie erlauben es, Kuchen-, Säulen- sowie
Liniengrafiken menügesteuert über einen hochauflösenden Bild-
schirm und z.B. einen Matrixdrucker mit Einzelpunktansteuerung
zu erstellen und auszugeben. Die Skalierung der Bilder kann im
Dialog festgelegt werden. Oft können dreidimensionale Grafiken
bzw. räumliche Formen erzeugt werden. Gerade für kommerzielle
Veranschaulichungen sind Grafikprogramme mit den statistischen
Grundfunktionen von Vorteil.
Ein Grafikprogramm kann nur dann sinnvoll genutzt werden, wenn
man Daten aus anderen Programmen übergeben kann. Wir kommen so
zur Frage der Verbindung bzw. Kompatibilität dieser Programme.

Sollen Tabellenkalkulation, Textverarbeitung, Datenbank sowie
Grafik nicht isoliert, sondern als eine Einheit genutzt werden,
müssen entsprechende Schnittstellen zu den Programmen gegeben
sein. Zur Verbindung dieser Programme ein Beispiel:
In einem Tabellenkalkulationsprogramm verknüpft man Zahlen, um
diese dann an ein Grafikprogramm zwecks Diagrammdarstellung zu
übergeben. Anschließend wird über das Textverarbeitungspro-
gramm ein Bericht verfaßt, in den diese Zahlen als Tabelle wie
auch als Diagramm bildlich eingebunden sind. Schließlich kann
man die Teile dieser Arbeit über das Dateiprogramm extern und
langfristig speichern.
Wie können die vier Programme nun verbunden werden? Zum Beispiel über Textdateien (alle Zeichen als Text im ASCII-Code
dargestellt) als gemeinsamer Schnittstelle. Die Steuerung kann
über ein übergeordnetes Menüprogramm erfolgen, das die einzelnen Programme aufruft und den Datenaustausch überwacht.

1.3.8.4 Teillösung und Gesamtlösung im Betrieb

Wird ein Personalcomputer im kleineren Betrieb als Allzweck-
System eingesetzt, dann sicher mit dem (Fern-)Ziel, sämtliche
betrieblichen Funktionen wie Materialwirtschaft, Betriebsab-
rechnung, Finanzbuchhaltung, Personalwesen sowie Auftragsbearbeitung über e i n Software-Paket zu bearbeiten: man spricht
dabei von 'integrierter DV' (vgl. Abschnitt 1.3.5.5). Auf dem
weiten Weg zu einer solchen G e s a m t l ö s u n g wird man
zunächst als T e i l l ö s u n g einzelne Funktionen auf die
DV übernehmen: So die Fakturierung der Ausgangsrechnungen mit
Kunden-, Artikelstamm- und Offene-Posten-Datei, die später in
die Auftragsbearbeitung integriert werden kann. Oder als weitere Teillösung das Personalwesen mit Lohn- und Gehaltsabrechnung mit der späteren Anbindung zur Finanzbuchhaltung mit Kre-
ditoren-, Debitoren- und Sachbuchhaltung.

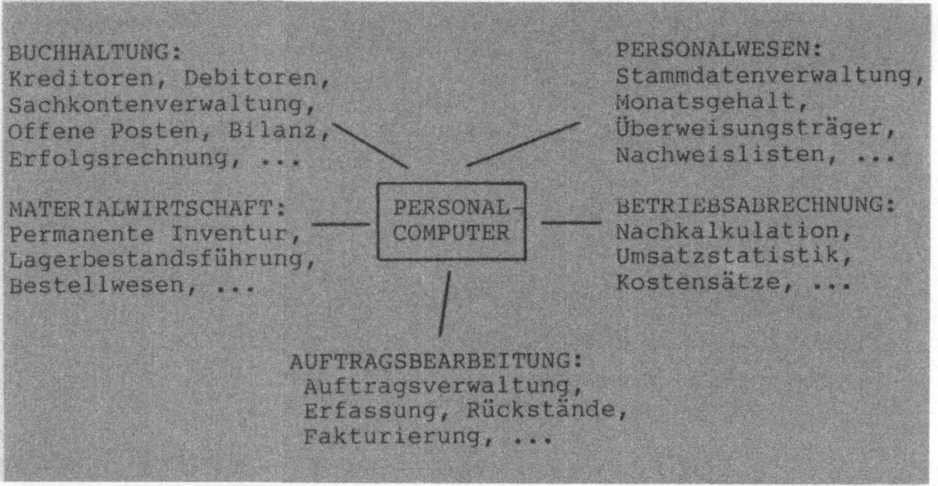

Integrierte Datenverarbeitung als Ziel

Anwender-Software, die eine integrierte Bearbeitung aller in-
nerbetrieblichen Vorgänge ermöglichen soll, wird immer häufiger als B r a n c h e n l ö s u n g angeboten. Diese ist auf
eine bestimmte Branche gerichtet. Beispiele: Handwerksbetrieb,
Rechtsanwaltskanzlei, Immobilienfirma, Großhandel, Versicher-
ung, Zahnarztpraxis, Einzelhandel, Leasing oder Vertreter.

1.3.8.5 Nicht nur am Rande: Spielprogramme

"Immerhin noch besser als das n u r passive Fernsehen" - so
wird das Vordringen der 'Arcade-Games' genannten, computerge-
steuerten Spiele von der Spielhalle ins Wohnzimmer sehr häufig
kommentiert.
Gespielt wird mit reinen Spielautomaten ('rein', weil sie ausschließlich zum Spielen da sind; 'Automat', da sie nicht frei

programmierbar sind und deswegen strenggenommen auch nicht als
Computer bezeichnet werden dürfen) oder mit Personalcomputern,
die auch hardwaremäßig durch Steuerknüppel (Joystick), Auslö-
setaste, Lichtgriffel usw. entsprechend ausgestattet sind. Gerätehersteller und spezialisierte Softwareproduzenten teilen
sich den Markt. Angeboten werden die Spielprogramme dabei auf
Einsteckmodul (Firmware) und auf Kassette wie Diskette (Software). Die vom Hersteller programmierten ROM-Moduln sind sehr
einfach zu bedienen (Modul in den Schacht stecken und Programm
starten) und vom Benutzer nicht zu kopieren. Da immer häufiger
kommerziell genutzte Personalcomputer zum Spielen benutzt werden, wird das Spielangebot auf Kassette und Diskette bestimmt
nicht abnehmen.

Gemeinsam mit und gegen den Computer kann auf unterschiedliche
Weise gespielt werden:
- Geschicklichkeitsspiele:
  Übernahme altbekannter Spiele auf den Computer.
- Neue Spielarten:
  Spiele wie Pac Man und Pillenfresser sind erst durch den
  Computer möglich geworden (Bewegung, hochauflösende Grafik).
- Abenteuerspiele:
  Von der Wirklichkeit in die Phantasiewelt am Bildschirm.
- Simulations- und Rollenspiele:
  Modellbildung der Wirklichkeit; Planspieltechnik.
- Spezielle Kinderspiele:
  ... auch Mickey Mouse und Sesamstrasse.
- Schachspielprogramme:
  Schon weniger als 'Spielzeug' abzutun.
- Lehr- und Lernspiele:
  Fremdsprachen erlernen, naturwissenschaftliche Experimente,
  Computer-Unterstützter Unterricht (CUU), ...

Bleiben die Unterhaltungsspiele, die weder die Kreativität an-
regen noch das Denkvermögen fordern, weiter d i e Verkaufs-
schlager?
Werden in Zukunft auch die Lehr/Lernspiele nachgefragt?
Wird der Computer als "perfekter Gespiele" den Menschen als
"menschlich nicht-perfekten Spielpartner" noch mehr verdrängen
können?
In jedem Falle positiv: ganz im Gegensatz zum Konsumieren ist
das Entwerfen und Programmieren neuer Spielprogramme ein sehr
anregendes und kreatives Unterfangen.

1.4 Firmware = halb Hardware + halb Software

Als F i r m w a r e (feste Ware) hatten wir alle Information
bezeichnet, die an der Nahtstelle zwischen Hardware und Software in computerverständlicher Form gespeichert vorliegt (vgl.
Abschnitt 1.1.1). Speichermedium für Firmware ist der ROM als
Festwert-Speicher. Für den ROM-Hersteller, der Information in

den ROM speichert, handelt es sich dabei um Software; für den
Benutzer dagegen, der den ROM z.B. als Steck-Modul kauft, sind
die Daten und Programme wie Hardware, da er sie nur anwenden
(=lesen), nicht aber verändern (=beschreiben) kann.

1.4.1 IC als Integrierter Schaltkreis

Beim Öffnen des Gehäuses eines Personalcomputers entdeckt man
in jedem Fall vier Teile:

- Ein   Netzteil bzw. Transformator als großes Teil zur Strom-
  versorgung.
- Platinen als Leiterplatten, auf denen Schaltkreise (Chips)
  montiert sind.
- Verbindungsleitungen
- Stecker als Schnittstellen zum Kontakt mit der 'Außenwelt'

Wichtig sind die Chips. Ein C h i p ist ein kleines Plätt-
chen aus Silizium, auf das im Zuge der Herstellung bestimmte
Schaltelemente zu einer untrennbaren Einheit eingeschmolzen
bzw. integriert werden. Deshalb bezeichnet man den Chip auch
als I n t e g r i e r t e n   S c h a l t k r e i s   mit der
Abkürzung IC für 'Integrated Circuit'. Genaugenommen schmelzt
man auf einen Chip mehrere Schichten aus jeweils verschiedenen
Stoffen ein, deren Strukturen dann ein Verhalten ergeben, das
einem Transistor, Kondensator, Widerstand usw. entspricht.

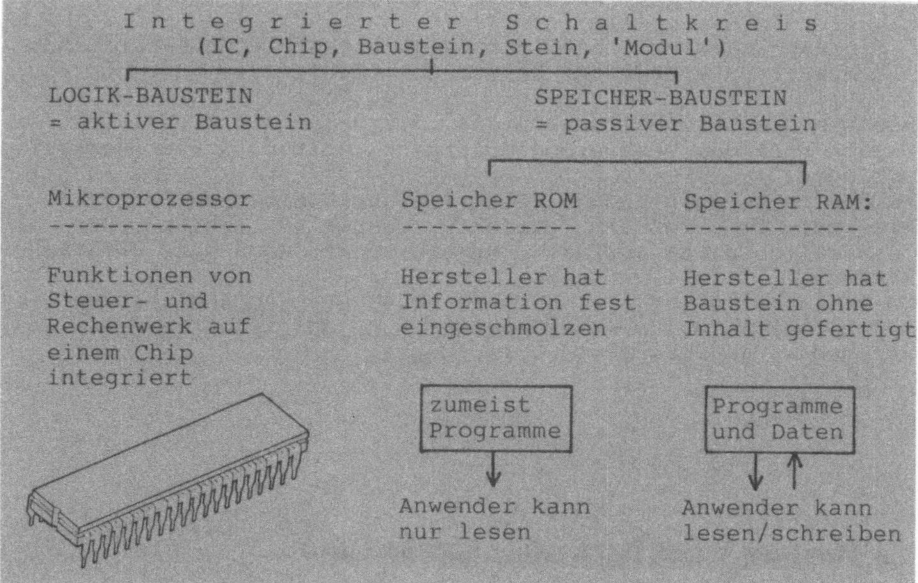

Zwei grundsätzliche Verwendungsmöglickeiten von ICs

Das Siliziumplättchen als Trägerkristall ist stets in ein Ge-
häuse mit z.B. 16 Füßen (Pins) als Anschlüsse eingebaut.
Je nach Anordnung der Bauelemente kann man einen Chip als Lo-

gikbaustein oder als Speicherbaustein verwenden:
Wird ein Chip als aktiver Baustein zur Ausführung von Befehlen
verwendet, dann nennt man den Chip L o g i k b a u s t e i n
(weil nach einer bestimmten Ablauflogik vorgegangen wird) oder
kurz M i k r o p r o z e s s o r . Der erste Mikroprozessor
wurde 1970 auf den Markt gebracht.
Der Chip als S p e i c h e r b a u s t e i n zur Speicherung
von Daten und Programmen wurde erst später entwickelt. Zwei
Speicherarten unterscheidet man: Bei dem mehrfach erwähnten
Speicher ROM (Read Only Memory) als Nur-Lese-Speicher kann der
Benutzer nur lesen, da die Programme als Firmware fest im ROM
gespeichert sind. Im Gegensatz dazu ist der Speicher RAM (Ran-
dom-Access-Memory) ein Schreib-Lese-Speicher, d.h. ein Direkt-
Zugriff-Speicher. Hauptspeicher von Personalcomputern sind als
RAM-Speicher ausgebildet und nehmen das Anwenderprogramm sowie
die zu verarbeitenden Daten auf.

1.4.2 Prinzipieller Aufbau eines Mikrocomputers

Ein Mikro- bzw. Personalcomputer ist im Prinzip genauso aufgebaut wie jeder andere Computer (vgl. Abschnitt 1.2.2.1), nur
sind die Internspeicher als Speicher RAM bzw. ROM ausgebildet
und die CPU als Mikroprozessor (der Prozessor besteht aus der
ALU (Arithmetic Logic Unit bzw. Rechenwerk), dem Leitwerk und
Registern als Speichereinheiten). Ein I/O - Baustein regelt
den Datenaustausch mit den jeweiligen Ein-/Ausgabegeräten,
ein Datenbus die Übertragung von Daten (Ziffern, Buchstaben
ben und Befehlen) und ein Adreßbus die Übertragung von Spei-
cherplatzadressen.
Der Mikrocomputer hat Interne Speicher RAM und ROM (als Hauptspeicher, Arbeitsspeicher, Memory oder Kurzzeitgedächtnis bezeichnet) einerseits und Externe Speicher wie z.B. eine Disketteneinheit andererseits. Deshalb unterscheidet man zwischen
dem internen und dem externen Datenbus: Über den internen
Datenbus werden Daten zwischen der ALU, dem Leitwerk, den Registern und den Speichern RAM und ROM transportiert, während
der externe Datenbus die Datenübertragung zu den Externspei-
chern übernimmt, also zu einer Diskette oder einer Hard Disk.
Entsprechend gibt es auch einen internen und einen externen
Adreßbus.

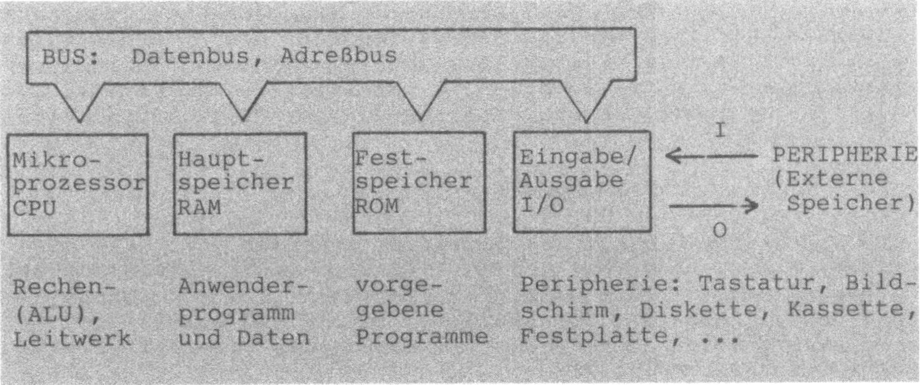

Aufbaumodell eines Mikro- bzw. Personalcomputers

Wie läuft nun ein Programm ab? Nach dem Start schickt der Mikroprozessor über den Adreßbus die Adresse des 1. Programmbefehls an den Speicher, in dem sich das Programm befindet. Dann transportiert der Speicher den unter dieser Adresse gefundenen Befehl über den Datenbus an den Mikroprozessor. Nach Ausführung des Befehls schickt dieser wiederum die Adresse des 2. Programmbefehls an den Speicher usw.

1.4.3 Typen von Mikrocomputern

Es gibt Mikroprozesoren mit 8-, 16- und 32-Bit-Struktur. Da der Mikroprozessor als "Herz des Computers" die Computereigenschaften entscheidend prägt, unterscheidet man auch für Mikrocomputer diese drei Typen.

1.4.3.1   8-Bit-Mikrocomputer

"Das ist ein 8 - B i t - C o m p u t e r ". Damit ist ein Computer mit einem 8-Bit-Mikroprozessor bzw. einer 8-Bit-CPU gemeint. Die 8 Bit als Wortbreite des Prozessors kann als elementarer Denkinhalt des Computers aufgefaßt werden. Warum? Der Datenbus transportiert Daten und Befehle und besteht aus 8 parallelen Leitungen. Übertragen wird zeichenweise: der Buchstabe "K" wird im ASCII-Code als 01001011 (1. Leitung 1, 2. Leitung 1, 3. Leitung 0, ...) durch den Datenbus gesendet. Mit den 8 Bits bzw. den 8 Leitungen des 8-Bit-Datenbus können also genau 256 (gleich 2 hoch 8) Zeichen vom Computer unterschieden werden. Für die Verarbeitung im ASCII-Code ist diese Zahl von 256 gerade passend. Es genügt, 256 verschiedene Zeichen unterscheiden zu können.

Beim Adreßbus sieht dies anders aus: Durch diesen Bus gelangen nicht die Daten selbst, sondern deren Hausnummern bzw. Adressen, unter denen sie im Speicher abgelegt sind (jeder Speicher ist fortlaufend durchnumeriert mit Speicherplatz 1, Speicherplatz 2, Speicherplatz 3, ...). Damit bestimmt die Anzahl der Adreßbus-Leitungen die Anzahl der Speicherplätze, die der Computer unterscheiden bzw. adressieren kann. Ein 8-Bit-Adreßbus kann nur 256 Speicherplätze direkt adressieren. Da dies viel zu wenig ist, verwenden die gängigen 8-Bit-Mikroprozessoren in der Regel einen Trick: Sie bauen Adressen aus zwei Bytes auf, die nacheinander über den Adreßbus zum Hauptspeicher geschickt werden. Damit können diese 8-Bit-Computer dann genau 65536 (2 hoch 16) Zeichen bzw. Bytes anwählen und auch adressieren (65536 Bytes = 64 mal 2 hoch 10 = 64 KBytes = kurz 64 K). Dies gilt für die beiden weitverbreiteten 8-Bit-CPUs Z80 und 6502.

1.4.3.2   16-Bit-Mikrocomputer

Die Wortbreite des externen Datenbus bestimmt, ob man einen 8-Bit-Computer oder aber einen 16-Bit-Computer vor sich hat, nicht aber die interne Länge von Registern, die Wortbreite des Rechenwerks oder die Befehlslänge. Danach verfügt ein 'echter' 16 - B i t - C o m p u t e r über einen internen wie auch einen externen 16-Bit-Bus.

Wenn Personalcomputer wie Sirius 1 oder IBM-PC häufig als 16-Bit-Computer bezeichnet werden, dann muß man sich darüber im klaren sein, daß die dabei verwendete CPU 8088 zwar 16-Bit-Register und Operationen zur Verarbeitung von 16-Bit-Worten aufweist, also einen internen 16-Bit-Bus hat, aber nur einen externen 8-Bit-Bus. Dies bedeutet, daß die 16 Bits der Register zum Ausgeben wie zum Laden durch den Datenbus stets halbiert bzw. zusammengefügt werden müssen.
Geräte mit externem 8-Bit-Bus und internem 16-Bit-Bus bezeichnen wir als 8/16 - B i t - C o m p u t e r . Aufgrund ihrer Stellung zwischen der echten 8-Bit-Struktur und der echten 16-Bit-Struktur bezeichnet man sie häufig als 'Zwitter'.

Warum kann ein 16-Bit-Computer nun schneller arbeiten als ein 8-Bit-Computer?
Der Bus eines 8-Bit-Computers hat 8 parallele Leitungen. Damit können die (2 hoch 8 gleich) 256 Zahlenwerte 0,1,2,...,255 in e i n e m Schritt bzw. Zeittakt übermittelt werden. Will man größere Zahlen übertragen, müssen diese aufgeteilt und in zwei oder mehreren Schritten transportiert werden. Dieses Aufteilen kostet natürlich Zeit.
Dies erübrigt sich beim 16-Bit-Computer, wenn die Zahlenwerte 0,1,2,...,65535 übermittelt werden sollen. Der 16-Bit-Bus mit 16 Leitungen erlaubt (2 hoch 16 gleich) 65536 Kombinationen bzw. Zahlenwerte, die in e i n e m Schritt übermittelt werden.
Der Unterschied zwischen 8-Bit-Computern und 16-Bit-Computern ist also viel größer als es der Zahlenvergleich "8 zu 16 Bit" nahelegt: die Hochrechnungen und damit verbunden der Zahlenvergleich "256 zu 65536 Kombinationen" zeigen den wahren Unterschied zwischen diesen Computertypen.

1.4.3.3 32-Bit-Mikrocomputer

Das Leistungsvermögen eines Computers hängt im wesentlichen von zwei Größen ab: von der Anzahl der Bits (Wortbreite) und von der Schnelligkeit. 32-Bit-Computer weisen bei beiden Größen günstige Werte auf. Zunächst zur Bitanzahl:
Bei den echten 32-Bit-Computern sind 32 parallele Leitungen im Bus zusammengefaßt. Damit vergrößert sich ihr Adreßraum theoretisch auf vier Milliarden Zeichen (vier Gigabytes). Außerdem können Computer mit 32-Bit-Struktur binäre Zahlen anstatt auf acht Stellen (beim 8-Bit-Mikro) auf 32 Binärstellen genau bearbeiten. Der Befehlsvorrat nimmt ebenfalls zu: die 8-Bit-CPU des 6502 versteht 56 Befehle gegenüber den 134 Befehlen des 16-Bit-Prozessors 8086 und den 230 Befehlen des 32-Bit-Computers HP Focus von Hewlett-Packard.

Die Schnelligkeit eines Computers gibt man in "Millionen Instruktionen je Sekunde" (Mips) an. Sie hängt von der Taktfrequenz und von den Abmessungen des Prozessor-Chips ab (je kleiner die Abstände der Leiterbahnen auf der Prozessor-Platine, desto höhere Taktfrequenzen und damit Instruktionen je Sekunde sind möglich). Die 32-Bit-CPU 32032 soll 1,1 Mips ermöglichen.

1.4.4 Generationen von Mikroprozessoren

Die bislang angeführten Mikroprozessor-Kürzel Z80, 6502 sowie
8088 können leicht in eine etwas übersichtlichere Ordnung gebracht werden, da es im Grunde nur zwei "Familien" von 8-Bit-
Prozessoren gibt: die 80-Familie und die 65xx- bzw. 68xx-Fami-
lie. 1970 erfand Dr. Ted Hoff bei Intel mit dem 4004 den 4-Bit
Mikroprozessor, 1973 folgte der 8080 als 8-Bit-CPU. Seit 1976
gelten der Z80 von Zilog und der 6502 von Motorola als haupt-
sächliche Vertreter der nach ihnen benannten Familien. Bereits
1979 war der 6502 der weltweit meistverkaufte Mikroprozessor.
Sein Nachfolger 68000 weist als 16-Bit-Mikroprozessor bereits
einen 16-Bit-Datenbus bei intern 32-Bit-breiten Registern auf,
er zählt also zu den 'Zwittern' mit 16/32-Struktur.

```
Prozessor:    Bits:        Adressen:    Befehle: Hersteller:    Seit:

Z80           8            256 B        158      Zilog          1976
6502          8            256 B        56       MOS-Tech.      1977

Z800          8/16         16 MB        183      Zilog          1983
8088          8/16         64 KB        134      Intel          1979
iAPX 188      8/16         1  MB        95       Intel          1982

8086          16           1  MB        134      Intel          1978
Z8000         16           64 KB        110      Zilog          1981
iAPX 286      16           16 MB        111      Intel          1982
iAPX 186      16           1  MB        95       Intel          1982

MC 68000      16/32        16 KB        56       Motorola       1979
NS 16032      16/32        16 MB        86       Nat.Semi.      1982
MC 68010      16/32        16 MB        58       Motorola       1982

HP Focus      32           500 MB       230      Hewlett-P.     1981
NS 32032      32           16 MB        190      Nat.Semi.      1983
iAPX 386      32           32 MB        111      Intel          1984
MC 68020      32           256 MB       200      Motorola       1984

8/16 = externer 8-Bit-Bus und interner 16-Bit-Bus (Zwitter)
16 = externer wie interner 16-Bit-Bus (echte 16 Bit-Struktur)
```

Einige weitverbreitete Mikroprozessoren

Es gibt Personalcomputer, die zwei Mikroprozessoren aufweisen,
um sowohl auf 8-Bit-Software als auch auf 16-Bit-Software zugreifen zu können. Ein Beispiel: ein Z80 als 8-Bit-CPU führt
Programme für das Betriebssystem CP/M-80 aus und ein 8088 als
16-Bit-CPU verarbeitet Programme unter CP/M-86.

1.4.5 Mikrocomputer und ihre Mikroprozessoren

Im Jahr 1984 verteilen sich die auf dem Markt verwendeten Prozessoren wie folgt:
60 Prozent 8-Bit-Prozessoren, 20 Prozent 16-Bit-Prozessoren,
ein Prozent 32-Bit-Prozessoren und ungefähr je 10 Prozent als
Zwitter mit 8/16-Bit-Prozessoren bzw. 16/32-Bit-Prozessoren.

Bit-Struktur:	Prozessor:	Mikrocomputer z.B.:
8	6502	Apple IIe, CBM 8032
8/16	8088	IBM-PC/XT, IBM PCjr, Sirius 1,
16	8086	Sirius Vicki, ITT 3030, Duet16
16	Z8000-8001	Olivetti M20, Zilog 8000
16/32	MC68000	Apple Lisa, Fortune 32:16
16/32	NS 16032	Nat.Semi.DB16000, ACORN-BBC
32	HP Focus	Hewlett Packard 9000

Einige Mikrocomputer und ihre Prozesoren

1984 besteht eine 32-Bit-Softwarelücke. Entscheidend ist, daß
32-Bit-Software abwärts-kompatibel gestaltet wird, um auch auf
Computern mit externem 16-Bit-Bus oder 8-Bit-Bus eingesetzt
werden zu können.

1.4.6 EPROM als löschbarer Speicher

Benutzer von Mikrocomputern werden zuweilen in 'Löter' und in
'Tipper' eingeteilt: Bauen sich die 'Löter' ihr DV-System aus
elektronischen Bausteinen hardwaremäßig individuell zusammen,
so erwerben sich die 'Tipper' einen Computer, um diesen selbst
zu programmieren (Programm-Tipper) oder gekaufte Software auf
die eigenen Daten anzuwenden (Daten-Tipper). Die zwei folgenden Entwicklungen verwischen diese Einteilung in 'Löter' sowie
in 'Tipper' immer mehr:

Zum einen werden EPROMs als löschbare Speicher immer einfacher
in der Handhabung, wodurch es auch für die 'Tipper' leichter
wird, die bislang dem 'Löter' vorbehaltene Arbeiten durchzu-
führen.
Ein EPROM (Erasable Programmable Read-Only-Memory) als lösch-
barer und sodann wieder programmierbarer Festwertspeicher ROM
ist zwischen den RAM und den ROM einzuordnen. Legt man ihn unter UV-Licht und bestrahlt den unter einem kleinen Fenster an-
gebrachten IC, so wird die gespeicherte Information gelöscht.
Aus diesem Grunde muß ein EPROM stets mit einem undurchsichti-
gen Fensteraufkleber versehen sein. Umgekehrt können über ein
Programmiergerät neue Daten und Programme in den EPROM gespeichert werden. Da EPROMs direkt bus-kompatibel sind, d.h. die
Ausgänge sich direkt an den Datenbus legen lassen, ist dieses
Vorhaben nicht nur für die 'Löter' interessant. Auch der 'Tipper' kann so seine eigenen Programmentwicklungen leicht in einen Festwertspeicher laden.

Zum anderen können kommerzielle Programme ebenfalls über ein
EPROM kopiert werden. Ein Beispiel: Der 'Tipper' geht mit seiner Romox-EPROM-Kartusche in einen Software-Laden, sucht ein
Programm aus, läßt sich eine Kopie dieses Programms über ein
im Software-Laden befindliches Gerät in seine EPROM-Kartusche
laden (Gebühr 5-10 DM), geht nach Hause, steckt die Kartusche
in seinen Computer und läßt das Programm laufen. Später kann
er bei Bedarf dann immer wieder ein anderes Programm in den
EPROM hineinkopieren.

2
MBASIC auf Mikrocomputern

Die Programmiersprache Microsoft-BASIC - kurz MBASIC genannt -
hat sich zum Quasi-Standard unter den so zahlreichen Dialekten
von BASIC entwickelt.

MBASIC läuft unter den verbreiteten Betriebssystemen wie CP/M
bzw. CP/M-80, CP/M-86 und MS-DOS unter verschiedenen Namen, so
z.B. unter den Namen BASIC-80, BASIC-86, BASIC86, BASICA oder
einfach unter BASIC.

Dabei kann es sich um ein interpretierendes System handeln
(Übersetzung Anweisung für Anweisung bei der Ausführung) oder
um ein compilierendes Systm (gesonderter Übersetzungslauf vor
der Ausführung). In diesem Buch gehen wir auf den Interpreter
MBASIC ein.

MBASIC kann in einem Festwertspeicher ROM untergebracht sein
(ROM-BASIC) oder aber softwaremäßig z.B. auf einer Diskette
(Disketten-BASIC).
Beim ROM-BASIC steht dem Benutzer die Programmiersprache un-
mittelbar nach dem Einschalten des Mikrocomputers zur Verfü-
gung.
Beim Disketten-BASIC muß die Sprache zunächst von Diskette in
den Haupt- bzw. Arbeitsspeicher geladen werden.
Beide Speicherformen können auf einem PC wahlweise vorliegen:
Nach dem Einschalten ist ein ROM-BASIC aktiviert, welches der
Benutzer verlassen kann, um (gemeinsam mit einem anderen Be-
triebssystem) dann ein Disketten-BASIC zu laden.

Zur Gliederung von Abschnitt 2:
In Abschnitt 2.1 verfolgen wir an einem einfachen Beispiel das
Erstellen eines e r s t e n Programms in der Programmier-
sprache MBASIC.

In Abschnitt 2.2 beschreiben wir die D a t e n , die MBASIC
verarbeiten kann, sowie die A n w e i s u n g e n , die diese Sprache dafür bereitstellt.

In den Abschnitten 2.3 - 2.6 zeigen wir an vier Mikrocomputern
auf, wie mit MBASIC unter einem bestimmten Gerätetyp bzw. Betriebssystem gearbeitet werden kann:

- IBM PC als weitverbreiteter 16-Bit-Mikrocomputer.

- SIRIUS 1 als 16-Bit-Mikrocomputer, der v o r dem IBM PC
                auf den Markt kam.

- Olympia PEOPLE als 16-Bit-Mikrocomputer, der n a c h dem
                IBM PC auf den Markt kam.

- Alphatronic PC als 8-Bit-Mikrocomputer.

Die vier Beispiele demonstrieren, daß das Arbeiten mit MBASIC
(Betriebssystem-Ebene, Laden, Sprachen-Ebene, Formatieren)
stets ohne große Unterschiede verläuft.

2.1 Das erste Anwenderprogramm in MBASIC

Als erstes eigenes Programm wollen wir ein Programm mit dem
Namen VERBRAU erstellen, d.h. über Tastatur eintippen und dann
abspeichern. Das Programm VERBRAU löst das folgende Problem:
"Benzinverbrauch beim Pkw: Ermittlung des Verbrauchs
 in Liter/100 km für eine Tankfüllung von 60 Litern".

2.1.1 Schritt 1: System mit MBASIC starten

Wir brauchen einen Mikrocomputer, der die Programmiersprache
MBASIC versteht.
Bei "MBASIC in ROM"-Geräten wird der MBASIC-Interpreter automatisch mit dem Anschalten geladen.
Wird MBASIC auf Diskette als Software bereitgestellt, dann muß
der MBASIC-Interpreter von uns selbst geladen werden. Dies geschieht z.B. durch Eingabe des Befehlswortes MBASIC .

In beiden Fällen wird nach Beenden des Ladevorgangs von MBASIC
das Bereitschaftszeichen
   Ok   (=Ausgabe des Computers)
am Bildschirm erscheinen. Mit dem Ok-Zeichen zeigt uns MBASIC
an, daß es für unsere Eingabe bereit ist. Unter dem Ok-Zeichen
erscheint der C u r s o r als blinkendes Zeichen. An dieser
durch den Cursor markierten Stelle werden die Zeichen stehen,
die wir über Tastatur eintippen. Machen wir einen Versuch und
geben wir das Wort PROGRAMM ein. Nichts passiert, da am Ende
der Eingabe(-zeile) die RETURN-Taste gedrückt werden muß. Tun
wir dies (von jetzt an steht /RET/ für "RETURN-Taste einmal
kurz drücken"), dann zeigt sich folgender Dialog:

      PROGRAMM /RET/   (=Eingabe von uns)
      Syntax error   (=Ausgabe des Computers)
      Ok   (=Ausgabe des Computers)

Die Sprache MBASIC antwortet mit "Syntax error" als Fehlermeldung, da sie mit unserem Eingabewort PROGRAMM nichts anfangen
kann. Danach zeigt MBASIC wieder das Ok-Zeichen und darunter
blinkt der Cursor.

2.1.2 Schritt 2: Programm Zeile für Zeile eintippen

Wir wollen das in Abschnitt 3.1.1.1 wiedergegene Programm mit
dem Namen VERBRAU eintippen: Zeile für Zeile, wobei am Ende
jeder Zeile die RETURN-Taste gedrückt wird (abgekürzt: /RET/).
Wir tippen ein:
   10 LET T = 60 /RET/
   20 PRINT "Eingabe: Gefahrene km" /RET/
   30 INPUT K /RET/
Dann tippen wir ein:
   LIST /RET/
Der PC LISTet die drei eingegebenen Programmzeilen 10-30 auf,
wie er sie im Hauptspeicher abgespeichert hat. Der LIST-Befehl
dient uns so zur Kontrolle. Sind die drei Programmanweisungen
wie gewünscht abgespeichert? Falls nein: bitte nochmals tippen

10 LET T = ... usw. Falls ja: Wir tippen die anderen vier Programmzeilen 40-70 ein:
    40 LET D = 100 * T / K /RET/
    50 PRINT "Ausgabe: Liter/100 km" /RET/
    60 PRINT D /RET/
    70 END /RET/
Wenn wir nun erneut den Befehl
    LIST /RET/
eintippen, so müsste die komplette Anweisungsfolge Zeile 10-70
am Bildschirm erscheinen und dann wieder das Ok-Zeichen.

2.1.3 Schritt 3: Programm ausführen lassen

Zur Ausführung des nun im Hauptspeicher RAM befindlichen Programms tippen wir den Befehl
    RUN /RET/   (=Eingabe von uns)
ein. Das Programm wird jetzt so ausgeführt, wie es dem Computer durch die 7 Anweisungen in den Zeilen 10-70 befohlen wird.
Tippen wir z.B. 600 km ein, so zeigt sich uns folgender Dialog
(auch Ausführung, Dialogprotokoll oder Programmlauf genannt):

    RUN /RET/   (=Eingabe von uns)
    Eingabe: Gefahrene km   (=Ausgabe des Computers)
    ? 600   (=Eingabe von uns)
    Ausgabe: Liter/100 km   (=Ausgabe des Computers)
    10   (=Ausgabe des Computers)
    Ok   (=Ausgabe des Computers)

Die Gegenüberstellung von Codierung und Ausführung zu unserem
Programm zeigt, daß die Zeilennummern 10 - 70, die Anweisungsworte LET (berechne), PRINT (gib aus), INPUT (gib ein) u. END,
die Gänsefüßchen und die gesamten LET-Anweisungen beim Ausfüh-
rungsprotokoll nicht am Bildschirm erscheinen.

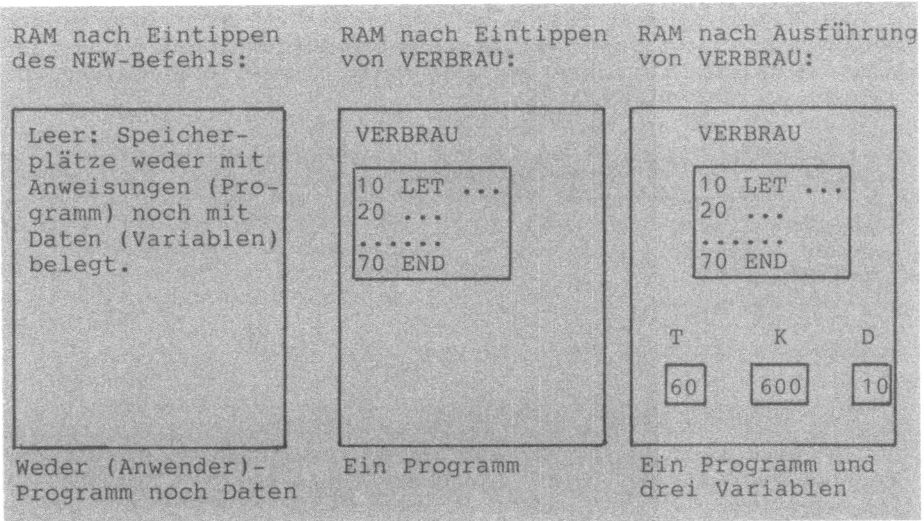

Speicherbelegung des Hauptspeichers (RAM) zu drei Zeitpunkten

Wir können das im RAM gespeicherte Programm jetzt wiederholt
mittels RUN /RET/ laufen lassen: mit jeweils anderen Zahlen,
aber stets in der gleichen Anweisungsfolge Zeile 10,20,30, ...
Ein Hinweis: Der exakte Programmablauf wird in Abschnitt 3.1.1
erklärt.

Im RAM befinden sich e i n Programm mit Namen VERBRAU sowie
die drei Variablen namens T, K und D. Das Programm stellen wir
uns als eine große Schachtel mit einer Anweisungsfolge als Wert
bzw. Inhalt vor (7 Anweisungen), die Variablen als Schachteln
mit Zahlen als Inhalt. Die Abbildung zeigt die drei Speicher-
zustände, in die wir den RAM nach und nach versetzt haben. Dabei ist festzuhalten: in den RAM können wir jeweils nur e i n
Programm speichern, aber m e h r e r e Variablen.

Über die PRINT-Anweisung können wir uns die derzeitigen Werte
der Variablen zeigen lassen:

```
PRINT T /RET/              (=Eingabe von uns)
60                         (=Ausgabe des Computers)
Ok                         (=Ausgabe des Computers)
PRINT K,D                  (=Eingabe von uns)
600         10             (=Ausgabe des Computers)
Ok                         (=Ausgabe des Computers)
```

In T ist 60 gespeichert und in K bzw. in D genau 600 bzw. 10.
Dabei geben wir PRINT ohne vorhergehende Zeilennummern ein, um
uns die Variablenwerte direkt PRINTen bzw. ausgeben zu lassen.
Da die PRINT-Anweisung nun direkt ausgeführt wird, spricht man
von der d i r e k t e n B e t r i e b s a r t . Geben wir
am Anfang einer Zeile eine Zeilennummer ein, dann wählen
wir damit automatisch die i n d i r e k t e Betriebsart: die
Anweisungen hinter den Zeilennummern werden gespeichert und
später nach dem Eintippen von RUN gemäß dieser Numerierung zur
Ausführung gebracht.

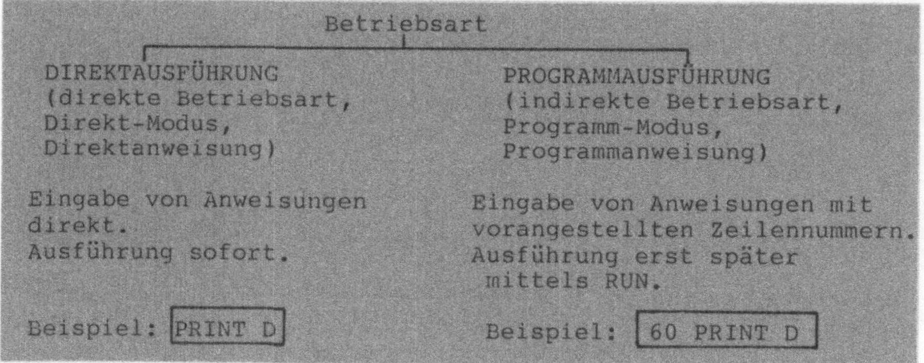

Direkte und indirekte Betriebsart

2.1.4 Schritt 4: Programm vom RAM auf Diskette speichern

Bei Abschalten des Stromes (bitte nicht tun!) wäre unser Programm verloren. Wir speichern deshalb eine Kopie des Programms
auf Diskette ab. Dazu tippen wir ein:
  SAVE "VERBRAU" /RET/   (=Eingabe von uns)
  Ok   (=Ausgabe des Computers)
Nach Erlöschen der Hinweis-Lampe am Diskettenlaufwerk ist eine
Kopie des im Internspeicher RAM befindlichen Programms unter
dem Namen VERBRAU   auf der Diskette als Externspeicher dau-
erhaft gespeichert. Schalten wir nun den Strom ab, so geht nur
das im RAM befindliche Programmoriginal verloren, nicht jedoch
die Kopie auf der Diskette (die ja geSAVEd bzw. gerettet ist).
Achtung: Wenn wir anstelle von SAVE "VERBRAU" /RET/ einfach
nur SAVE /RET/ tippen, dann führt dies zu keinem Erfolg, da
der Computer speichern will, aber den Programmnamen und deswegen auch den Speicherort auf der Diskette nicht kennt.

Dialogprotokoll zu Eingabe, Ausführung (RUN), Speichern (SAVE)
und Laden (LOAD) des Programms VERBRAU:

```
10 LET T = 60                      PRINT T
20 PRINT "Eingabe: Gefahrene km"    60
30 INPUT K                         Ok
LIST                               PRINT K,D
10 LET T = 60                       600            10
20 PRINT "Eingabe: Gefahrene km"   Ok
30 INPUT K
Ok                                 RUN
40 LET D = 100 * T / K             Eingabe: Gefahrene km
50 PRINT "Ausgabe: Liter/100 km"   ? 525
60 PRINT D                         Ausgabe: Liter/100 km
70 END                              11.4286
                                   Ok
LIST                               PRINT T
10 LET T = 60                       60
20 PRINT "Eingabe: Gefahrene km"   Ok
30 INPUT K                         PRINT K,D
40 LET D = 100 * T / K              525           11.4286
50 PRINT "Ausgabe: Liter/100 km"   Ok
60 PRINT D
70 END                             SAVE "VERBRAU"
Ok                                 Disk Read Only
                                   Ok
RUN                                RESET
Eingabe: Gefahrene km              Ok
? 600                              SAVE "VERBRAU"
Ausgabe: Liter/100 km              Ok
 10
```

Eingabe von Befehl FILES zeigt VERBRAU als 2. Programm:
```
FILES
HELLO    .BAS  VERBRAU .BAS  PREIS1  .BAS  PREIS2  .BAS  KALKULAT.BAS
SKONTOZ1.BAS  SKONTOZ2.BAS  SKONTOE1.BAS  SKONTOE2.BAS  DREIFALL.BAS
MWST1    .BAS  KAPITAL1.BAS  KAPITAL2.BAS  ZUFALL  .BAS  BENCHMAR.BAS
```

Durch Eintippen des Befehls
    FILES /RET/   (=Eingabe von uns)
    ....   (=Ausgabe: siehe Dialogprotokoll)
    Ok   (=Ausgabe des Computers)
erhalten wir das Inhaltsverzeichnis der Diskette mit den Namen
aller zur Zeit darauf gespeicherten Programme. Darunter entdecken wir auch den Namen VERBRAU.BAS (BAS steht für BASIC
und zeigt, daß Programm VERBRAU ein BASIC-Programm ist.

2.1.5 Schritt 5: Programm von Diskette in den RAM laden

Angenommen, wir wollen morgen wieder mit dem Programm VERBRAU
arbeiten. Dazu tippen wir nach dem Starten des Systems jetzt
den Ladebefehl LOAD "VERBRAU" ein.
    LOAD "VERBRAU" /RET/   (=Eingabe von uns)
    OK   (=Ausgabe des Computers)
ein. Dieser Befehl sucht Programm VERBRAU auf der Diskette
und lädt eine Kopie davon in den RAM. Befindet sich aber noch
ein anderes Programm im RAM, so wird dieses überschrieben und
somit zerstört. Ohne vorheriges SAVE wäre dieses Programm un-
wiederbringlich verloren - genau dies ist so 'gefährlich' beim
LOAD-Befehl.

Entsprechendes gilt für den SAVE-Befehl als dem Gegenstück des
LOAD-Befehls:
Ändern wir z.B. das Programm VERBRAU durch Eintippen der Aus-
gabeanweisung 15 PRINT "Durchschnittsverbrauch ermitteln" ab,
können wir diese verbesserte Programmversion durch den Befehl SAVE "VERBRAU" /RET/ erneut auf Diskette retten. Was tut
der SAVE-Befehl jetzt, da er auf Diskette bereits ein Programm
namens VERBRAU vorfindet? Er überschreibt es, d.h. er zerstört die 'alte' Programmversion und speichert das 'neue' VER-
BRAU dafür ab.

2.1.6 Eigentlich Schritt 0: Diskette formatieren

Wir sind bislang in diesen fünf Schritten vorgegangen:

    Schritt 0: Anwenderdiskette formatieren
    Schritt 1: System mit MBASIC starten
    Schritt 2: Programm Zeile für Zeile eintippen
    Schritt 3: Programm ausführen lassen
    Schritt 4: Programm vom RAM auf Diskette speichern
    Schritt 5: Programm von Diskette in den RAM laden.

Bei den Schritten 4 und 5 haben wir mit einer Anwenderdiskette
gearbeitet. 'Anwender' deshalb, da wir auf dieser Diskette die
Programme abspeichern, die wir zur Lösung unserer jeweiligen
Probleme anwenden.

```
                  Diskette als Externer Speicher
        ┌───────────────────────────┴───────────────────────┐
      SYSTEMDISKETTE               ANWENDERDISKETTE, NUTZDISKETTE

  Inhalt: Betriebssystem          Inhalt: Programme zur Lösung
  und Dienstprogramme             unserer eigenen Probleme
  (u.a. auch MBASIC)              (u.a. auch Programm VERBRAU)

  ... vom Hersteller              ... von uns leer gekauft und
      geliefert.                      dann formatiert.
```

Systemdiskette und Anwenderdisketten

Anwenderdisketten können wir kaufen - leer, unbespielt und für
PCs unterschiedlicher Fabrikate einsetzbar. Bevor wir auf diese Disketten unsere Programme speichern können, müssen wir sie
in die F o r m bringen (Einteilung der Diskettenoberfläche in
kreisrunde Spuren und Sektoren als Spurabschnitte), die genau
unserem PC und unserem Betriebssystem entspricht. Das 'in Form
bringen der Diskette' nennt man F o r m a t i e r e n . Leider sind die Befehle zum Formatieren von PC zu PC verschieden.
Wir gehen deshalb auf das Formatieren ab Abschnitt 2.3 ein,
wenn auf einige Computertypen eingegangen wird.

2.2 Kurzbeschreibung der Sprache MBASIC

Die folgende Kurzbeschreibung orientiert sich an Beispielen.
Sie gilt für die Beschreibung der Daten und der Anweisungen,
die die Programmiersprache MBASIC dem Anwender bereitstellt.
Wir beziehen uns dabei auf die allgemeine Darstellung der Datenstrukturen und Programmstrukturen von Abschnitt 1.3.

2.2.1 Daten in MBASIC

2.2.1.1 Konstante

MBASIC kennt die Datentypen INTEGER (Ganzzahl), REAL (Dezimalzahl) und STRING (Zeichenkette bzw. Text). Entsprechend gibt
es auch drei Typen von K o n s t a n t e n , also drei Typen
von Daten, die während des Programmlaufes unverändert bleiben:
INTEGER-Konstante, REAL-Konstante und STRING-Konstante. REAL-
Zahlen können dabei einfach (!) oder doppelt genau (#) vereinbart sein.

Datentyp:	Kennzeichen:	Speicher- platz:	Beispiele:
INTEGER	-32768 bis 32767	2 Bytes	321, -10000, -1
REAL- einfach genau	Ausrufungszeichen ! 4 Bytes oder E (Exponent) oder Punkt mit max. 7 Stellen		999182! -11111! $3.1E8 = 3.1*10\uparrow 8$ 5543.11 .752 0.00002 -0.097
REAL- doppelt genau	Numeruszeichen # 8 Bytes oder D (Doppelt) oder über 7 Stellen		728# 32.443421# $3.1D8 = 3.1*10\uparrow 8$ 12345678900
STRING	Max. 255 Zeichen; bis 255 zwischen " " Bytes		"DM-BETRAG" "*" "12" "Ergebnis"

Numerische Konstante (INTEGER,REAL) und Textkonstante (STRING)

Zahlen vom Datentyp 'REAL-einfach genau' werden mit 7 Stellen Genauigkeit verarbeitet gegenüber 16 Stellen Genauigkeit beim Typ 'REAL-doppelt genau'.

Neben diesen Dezimal-Konstanten kennt MBASIC die hexadezimale Konstante und die oktale Konstante.
H e x a d e z i m a l e Konstanten werden durch das Prefix &H gekennzeichnet. Zwei Beispiele: &HE gleich HEX E gleich DE-ZIMAL 14. &HFFFF gleich HEX FFFF gleich DEZIMAL 65535 .
O k t a l e Konstante basieren auf dem 8er Zahlensystem und sind am Prefix &O oder einfach & erkennbar. Ein Beispiel: &O64 oder einfach &64 ergibt DEZIMAL 52, da 6*8hoch1 + 4*8hoch0 die Summe 48 + 4 ergibt, also 52.

2.2.1.2 Variable für einfache Datentypen

Jede Variable hat einen Namen, einen Datentyp und einen Wert, der sich ändern kann und somit variabel ist (Abschnitt 1.3.4). Wie für die Konstanten unterscheidet man in MBASIC die vier Va-riablentypen INTEGER, REAL-einfach genau, REAL-doppelt genau und STRING.

Datentyp:	Typzeichen:	Beispiele für Variablennamen:
INTEGER	%	I% ZINSTEILER% A33% SATZNR%
REAL-einfach genau	!	DM! LISTING! A.1! B18554! A33
REAL-doppelt genau	#	MULTIPLIKATOR# A# A.1# A33#
STRING	$	NAME$ A.1$ BEZEICHNUNG$ FILE$

Numerische Variablen (INTEGER,REAL) und Textvariablen (STRING)

Geben wir keines der Datentypzeichen %, !, # und $ am Ende des

Variablennamens an, dann nimmt MBASIC automatisch REAL-einfach
als Datentyp an. Oben wurde die Variablen A33 deshalb als A33!
eingeordnet.
Außer dem Typzeichen können wir unsere Variablennamen beliebig
wählen, vorausgesetzt, sie unterscheiden sich in den ersten 40
Zeichen. Dabei muß der Name natürlich mit einem Buchstaben beginnen.

MBASIC verfügt über r e s e r v i e r t e Worte wie LIST, FN,
GOSUB, COMMON oder PRINT. In Abschnitt 2.1.3 sind diese Worte
für Anweisungen usw. wiedergegeben. Verwenden wir solche Worte
als Variablennamen, so führt dies zwangsläufig zu Fehlern. Woher soll MBASIC auch wissen, wann z.B. LIST als Variablenname
zu gelten hat und wann als Befehl zum Auflisten des Programms?
Gleichwohl: als Bestandteil eines Variablennamens dürfen wir
die reservierten Worte verwenden. Oben wurde deshalb LISTING!
als gültiger Variablenname angeführt, obwohl er LIST enthält.

Das Einrichten von Variablen heißt V e r e i n b a r u n g
(vgl. Abschnitt 1.3.4.2). In MBASIC sind hierzu zwei Arten zu
unterscheiden: die implizite und die explizite Vereinbarung.
Bei der i m p l i z i t e n V e r e i n b a r u n g teilen
wir durch Angabe des Typzeichens den Datentyp mit. So soll M$
STRINGs aufnehmen können (Typzeichen $), M! aber REAL-Zahlen
(Typzeichen !).
Bei der e x p l i z i t e n V e r e i n b a r u n g kommen
wir ohne die Typzeichen %, !, # und $ aus, da zu Beginn eines
Programmes ausdrücklich (explizit) durch die vier Anweisungen
DEFINT, DEFSNG, DEFDBL bzw. DEFSTR vereinbart wird, welche Da-
tentypen nun welchen Variablen zugrundegelegt werden.

```
100 DEFINT A, NR     Die Variablen A und NR werden als
                     INTEGER-Variablen vereinbart.

110 DEFSNG M, X-Z    Variablen, die mit M beginnen oder mit
                     X bis Z, sind vom Typ REAL-einfach genau.

120 DEFDBL B-C       Variablen, die mit B oder C beginnen,
                     sind vom Typ REAL-doppelt genau.

130 DEFSTR T         Variablen, deren Namen mit T beginnen,
                     sind vom Typ STRING.
```

 Explizite Vereinbarung mit DEFINT, DEFSGN, DEFDBL und DEFSTR

Beide Arten der Vereinbarung können in ein und demselben Programm angewendet werden.

2.2.1.3 Variable für Datenstrukturen

Bei den Variablen für einfache Datentypen wird jeweils nur
e i n Datum als Variable gespeichert, bei den Variablen für
strukturierte Datentypen bzw. Datenstrukturen sind es mehrere
Daten (vgl. Abschnitt 1.3.2).
In MBASIC stehen uns als Datenstrukturen ARRAYs bzw. Tabellen
sowie FILEs bzw. Dateien zur Verfügung.

A r r a y s (oft auch Tabellen, Felder, Bereiche, Listen oder
Vektoren/Matrizen genannt) umfassen mehrere Elemente vom gleichen Datentyp. Entsprechend können INTEGER-ARRAYs, REAL-ARRAYs
und STRING-ARRAYs vereinbart werden.
In MBASIC sind dabei bis zu 255 Dimensionen (Ausdehnungen) erlaubt. Zur Vereinbarung der Dimension dient die DIM-Anweisung.

100 DIM L%(30)	1-dimensionaler INTEGER-ARRAY zur Aufnahme von 31 Ganzzahlen an den Stellen 0,1,2,3,...,30. Name des Arrays: L%.
100 DIM S#(2,6)	2-dimensionaler REAL-ARRAY zu 3 Zeilen und 7 Spalten, d.h. 21 Elementen.
100 DIM B$(2,3,4)	3-dimensionaler STRING-ARRAY mit 3*4*5 =60 Elementen zu je 255 Zeichen max.
100 DIM M!(A%)	1-dimensionaler REAL-ARRAY mit A% Elementen; Index -hier A%- stets INTEGER.

INTEGER-ARRAY, REAL-ARRAY und STRING-ARRAY

In Abschnitt 3.7 gehen wir näher auf Arrays ein.

Zum F i l e (Datei) als zweiter Datenstruktur: MBASIC unterstützt direkt zwei Dateiarten: die sequentielle Datei mit dem
Reihenfolgezugriff und die Direktzugriff-Datei mit dem Random-
Zugriff bzw. wahlfreien Zugriff. Ab Abschnitt 3.10 wenden wir
uns der Dateiverarbeitung ausführlich zu.

2.2.2 Anweisungen und Funktionen in MBASIC

Im folgenden werden die wichtigsten Anweisungen und Funktionen
von MBASIC in alphabetischer Folge zusammengefaßt.
Genaue Erklärungen zu den Befehlen finden Sie in Abschnitt 3.

2.2.2.1 Einfache Anweisungen

● A U T O (automatische Zeilennumerierung):
   AUTO   Automatische Zeilennumerierung 10, 20, 30, 40, ...
   AUTO 1000,5   Zeilennumerierung 1000, 1005, 1010, 1015, ...
   CTRL-C   Drücken dieser Tasten bricht AUTO ab (ggf. ALT-C).

● C A L L (Aufruf eines Maschinenprogramms):
   100 LET MASCHPROG1=&HD000   Startadresse hexadezimal &HD000
   110 CALL MASCHPROG1   Aufruf eines Maschinenprogramms, das ab
            Startadresse &HD000 = 53248 dezimal gespeichert ist.

● C L E A R (Löschen von Variablenwerten):
  CLEAR   Alle Variablen INTEGER, REAL und STRING erhalten die
              Werte 0 bzw. "" (Leerstring); Dateien geschlossen.

● C O N T (Ausführung fortsetzen):
  CONT   Ausführung mit der auf STOP folgenden Anweisung
              fortsetzen (nach Fehlerabbruch, nach CTRL-C-Eingabe).

● D A T A (Daten im Programm speichern):
  100 DATA 22,"DM/STD"   Daten programmintern in DATA speichern
  110 READ D,D$ z.B. nach D (22) und D$ ("DM/STD") lesen.

● D E F   F N ... (Definieren einer Funktion):
  100 DEF FNDOPPEL(X)=X*2   Definition der Funktion FNDOPPEL, die
  110 PRINT FNDOPPEL(A)   bei Aufruf z.B. den Wert A verdoppelt.

● D E F   U S R (Definieren einer Maschinenroutine):
  100 DEF USR3=24000   Definition von Maschinenroutine 3, die an
  110 LET E=USR3(A)   Adresse 24000 beginnt; Aufruf z.B. USR3(A).

● D E F ... (Vereinbaren von Datentypen):
  100 DEFINT A,B,C   Explizite Vereinbarung von Datentyp INTEGER
  110 DEFSNG M,N   (alle mit A, B und C beginnenden Variablen),
  120 DEFDBL P   REAL-einfach-genau (M und N), REAL-doppelt-
  130 DEFSTR R-Z   genau (P) sowie STRING (Namen von R bis Z).

● D E L E T E (Löschen von Zeilen):
  DELETE 70   Programmzeile 70 löschen. Zeilen 200 bis 300 bzw.
  DELETE 200,300   DELETE -40   von Beginn bis 40 incl. löschen.

● D I M (Dimensionieren von Arrays):
  100 DIM M(3,8)   REAL-Array M mit 3 Zeilen/8 Spalten und zwei
  110 DIM A$(9),B$(9)   STRING-Arrays (9 Stellen) dimensionieren.

● E D I T (Editor aufrufen):
  EDIT   Aufruf des Editors von MBASIC.

● E N D (Beenden der Programmausführung):
  END   Ausführung des Progamms beenden und Dateien schließen.

● E R A S E (Löschen von Arrays):
  100 ERASE N,T$ Arrays N und B$ löschen, um sie anschließend
  110 DIM N(25),B$(15)   neu (re-)dimensionieren zu können.

● E R R (Fehlercode abfragen):
  100 IF ERR=5 THEN   Fehlercode 5 in ERROR-Variable abfragen.

● E R L (Zeile des Fehlerauftritts abfragen):
  100 IF ERL=230 THEN   ERror-Line-Nummer 230 abfragen.

● E R R O R (Fehler nachahmen):
  ERROR   Fehler simulieren bzw. Fehlercode selbst definieren.

● F O R - N E X T (Zählerschleife):
  100 FOR I=1 TO 10 STEP 2   Zählerschleife gibt Werte 1,3,5,7,9
  110 PRINT I : NEXT I   der Laufvariablen I aus.

- **G O S U B - R E T U R N** (Unterprogrammsteuerung):
  100 GOSUB 2000   Unterprogramm ab Zeile 2000 aufrufen, ausführen
  110 ...   und mit RETURN in Folgezeile 110 zurückkehren.

- **G O T O** (Unbedingte Verzweigung):
  100 GOTO 350   Von Zeile 100 (unbedingt) zu 350 verzweigen.

- **I F - T H E N** (Bedingte Verzweigung):
  100 IF G=3 GOTO 350   Wenn N=3, dann nach 350 verzweigen.
  100 IF G=3 THEN 350   Verzweigung wie mit GOTO.
  100 IF A$="JA" THEN PRINT "Richtig"   Ausgabe im Fall "JA".

- **I F - T H E N - E L S E** (Zweiseitige Auswahl):
  100 IF A$=JA" THEN 350 ELSE 600   Im Fall "JA" nach Zeile 350
               verzweigen, sonst nach Zeile 600 verzweigen.

- **I N P U T** (Eingabe über Tastatur):
  100 INPUT A   Auf Tastatureingabe warten und diese A zuweisen.
  100 INPUT "Welche Zahl";A   Eingabeaufforderung zusätzlich aus-
  100 INPUT "Welche Zahl",A   geben, bei Komma ohne Fragezeichen.
  100 INPUT N,D,W$ Zwei Zahlen und ein STRING als Eingabe.

- **L E T** (Wertzuweisung):
  100 LET K=5   Den konstanten Wert 5 der Variablen K zuweisen.
  100 LET K=K+5   Den derzeitigen Wert von K um 5 erhöhen.
  100 LET Z=K*P*T/(100*360)   Wert berechnen und nach Z zuweisen.

- **L I N E I N P U T** (Eingabe über Tastatur bis RETURN):
  100 LINE INPUT E$ Text einer Eingabezeile bis zu 254 Zeichen
               nach E$ zuweisen (auch , und führende Blancs).

- **L I S T** (Auflisten der BASIC-Codierung):
  LIST   Alle Zeilen des im RAM befindlichen Programms auflisten.
  LIST 170   Nur die Zeile 170 auflisten.
  LIST 50- LIST -50 LIST 50-300   Auflisten von, bis, von-bis.

- **L L I S T** (LIST auf Drucker ausgeben):
  LLIST 1000-2400   Zeilen 1000 bis 2400 in BASIC ausdrucken.

- **L P R I N T** (PRINT auf Drucker ausgeben):
  100 LPRINT "SUMME: ";S;" DM."   Text und Variablenwerrt drucken.

- **L P R I N T U S I N G** (PRINT USING auf Drucker):
  100 LPRINT USING "## ####.##";A;B   Formatiert A und B drucken.

- **N E W** (Löschen des Hauptspeichers):
  NEW   Im RAM befindliches Programm und Variablen loeschen.

- **O N E R R O R G O T O** (Bei Fehlerauftreten verzweigen):
  100 ON ERROR GOTO 960   Bei Auftreten eines Fehlers in die
           Fehlerbehandlungsroutine ab Zeile 960 verzweigen.
  ON ERROR GOTO 0   Die ON ERROR GOTO-Anweisung aufheben.

- **O N - G O S U B** (Fallabfrage mit Unterprogrammaufruf):
  100 ON W GOSUB 1000,2000,3000   Für W=1 in Unterprogramm 1000,
  110 ...   für W=2 nach 2000 und für W=3 nach 3000 verzweigen.

- O N - G O T O (Fallabfrage mit Verzweigung):
  ```
  100 ON E GOTO 10,30,70       Für E=1 nach 10 verzweigen, für E=2
  110 ...     nach 30, für E=3 nach 70, für E=0 nach Folgezeile.
  ```

- O P T I O N B A S E (Anfangsindex für Arrays 0 oder 1):
  ```
  OPTION BASE 1     Kleinster Index 1 für Arrays (Normalfall: 0).
  ```

- P E E K (Speicherplatz direkt lesen):
  ```
  100 PRINT PEEK(45386)       Inhalt von Speicherplatz 45386 zeigen.
  ```

- P O K E (Speicherplatz direkt beschreiben):
  ```
  100 POKE 45386,255       Wert 255 nach Speicherplatz 45386 bringen.
  ```

- P R I N T (Ausgabe auf Bildschirm):
  ```
  100 PRINT A,B,C       Ausgabe der Werte von Variable A, B und C.
  100 PRINT DM,"DM"      Wert der Variablen DM und Text "DM" zeigen.
  100 PRINT DM,"DM";     Das ; am Ende unterdrückt das RETURN.
  ```

- P R I N T U S I N G (Formatierte Ausgabe):
  ```
  100 LET M$="####.##"       Formatierte Ausgabe mittels Format-
  110 PRINT USING M$;7764     string (Maske) M$. Ausgabe: 7764.00
  120 PRINT USING M$;.95                                    0.95
  ```

- R A N D O M I Z E (Anfangswert des Zufallszahlengenerators):
  ```
  100 RANDOMIZE     Anfangswert neu gesetzt für Aufrufe von RND.
  ```

- R E A D (Lesen von Daten aus DATA-Zeile):
  ```
  100 READ T     Naechsten Wert aus DATA in Variable T einlesen.
  100 READ T,A$,V(I)     Reihenfolge REAL, STRING, REAL in DATA.
  ```

- R E M (Bemerkungen in BASIC-Codierung einfügen):
  ```
  100 REM AUTOR: X.MUELLER     Bemerkung (Remark) bei LIST zeigen,
  110 ' AUTOR: X. MUELLER     Zeichen ' wie REM  (nicht bei DATA).
  ```

- R E N U M (Numerieren des BASIC-Progamms):
  ```
  RENUM    Alle Programmzeilen 10,20,30,... neu durchnumerieren.
  RENUM 1000,870,5     Neue Nummern 1000,1005,1010,... ab der bis-
  RENUM 1000,,5     herigen Zeile 870.   Alle Zeilen erfassen.
  ```

- R E S T O R E (Lesezeiger auf Position 1 zurücksetzen):
  ```
  100 READ X,Y,Z     Lesezeiger der DATA-Zeile durch RESTORE auf
  110 RESTORE     Position 1 zurücksetzen, um erneut mit READ
  120 READ D,E,F     lesen zu können.
  ```

- R E S U M E (Fehrrbehandlung abschließen):
  ```
  100 RESUME     Nach Fehlerbehandlung (ON ERROR GOTO) ab der Zei-
           le, in der der Fehler auftrat, fortfahren.
  100 IF ERR=63 THEN RESUME 90     Bei ERR=63 ab Zeile 90 fortfahren.
  ```

- R U N (Ausführen eines Programms im Hauptspeicher):
  ```
  RUN   Das gerade im RAM befindliche Programm ausführen.
  RUN 600   Bei der Ausführung mit Programmzeile 600 beginnen.
  ```

- S T O P (Abbrechen der Programmausführung):
  ```
  100 STOP   Programmausführung abbrechen, "BREAK IN LINE 100"
           ausgeben. Dateien nicht schließen (anders bei END).
  ```

- S W A P (Austauschen zweier Variablenwerte):
  ```
  100 SWAP F,P     Werte der Variablen F und P austauschen.
  ```

* S Y S T E M   (Von MBASIC ins Betriebssystem zurück):
  SYSTEM   Schließen aller Dateien, Rückkehr zum Betriebssystem.

* T R O N   (TRACE-Lauf beginnen):
  TRON   TRace-ON, um alle bei der Programmausfuhrung durchlau-
  TROFF   fenen Zeilennummern zu Testzwecken ausgeben zu lassen.

* W H I L E - W E N D   (Abweisende Schleife):
  100 WHILE L<>999   Die zwischen 100 - 400 stehenden Anweisung-
  110 ...   en solange wiederholen, wie L ungleich 999
  ...   ist. Ist L=999, dann mit Zeile 410 fort-
  400 WEND   fahren. Schleifentyp: abweisende Schleife.

* W I D T H   (Breite der Druckausgabe festlegen):
  WIDTH 50   Zeilendruckbreite auf 50 Zeichen begrenzen.

* W R I T E   (Ausgabe mit allen Steuerzeichen):
  100 WRITE "DM",DM   Ausgabe wie PRINT, aber mit " und , .

2.2.2.2   Funktionen

* ABS(X)   (Absolutwert von Zahl X):
  100 PRINT ABS(-5)   Absolutwert von -5 ist 5.

* ASC(S$)   (ASCII-Codezahl von String S$):
  100 PRINT ASC("MBASIC")   ASCII-Codezahl von "M" ist 77.

* CHR$(A)   (Zeichen (character) für ASCII-Codezahl A):
  100 PRINT CHR$(77)   Zeichen (String) mit Codezahl 77 ist "M".

* FRE(0)   (Für Anwender verfügbarer Speicherplatz (0=dummy)):
  100 PRINT FRE(0)   Frei verfügbar z.B. 12652 Zeichen.

* HEX$(D)   (Hexadezimaler Wert für Dezimalzahl D):
  100 PRINT HEX$(29)   Dezimal 29 ist hexadezimal 1D (&1D).

* INKEY$ (Ein Zeichen oder Leerstring von Tastatur abfragen):
  100 LET E$=INKEY$: IF LEN(E$)=0 THEN 100
              Warteschleife, bis ein Zeichen nach E$ getippt wird.

* INPUT$(A)   (Warten und A getippte Zeichen speichern):
  100 LET E$=INPUT$(1)   Warten, bis ein Zeichen nach E$ getippt.

* INSTR(G$,T$)   (Erste Stelle von Teilstring T$ in String G$):
  100 PRINT INSTR("BLENDE","E")   Erstes Auftauchen von "E" in
              String "BLENDE" ist die 3. Stelle, also 3.

* INT(Z)   (Ganzzahliger (integer) Teil von Zahl Z):
  100 PRINT INT(54.67)   Ganzzahliger Teil von 54.67 ist 54.

* LEFT$(S$,L)   (Linker Teilstring der Länge L in S$):
  100 PRINT LEFT$("MBASIC",3)   Die 3 linken Stellen sind "MBA".

* LEN(S$)   (Länge, d.h. Anzahl der Zeichen von S$):
  100 PRINT LEN("MWST")   Länge des Strings "MWST" ist 4.

● MID$(S$,S,L) (Mittlerer Teilstring von S$):
  100 PRINT MID$("MBASIC",2,3)   Ab 2. Stelle 3 St. lang: "BAS"

● POS(0) (Position des Cursors; Position 1 ganz links):
  100 PRINT POS(0)   Derzeitige Cursorposition ist z.B. 14.

● RIGHT$(S$,L) (Rechter Teilstring der Länge L in S$):
  100 PRINT RIGHT$("MBASIC",2)   Die 2 rechten Zeichen sind "IC".

● RND (Zufallszahl auswählen):
  100 PRINT RND   Zufallszahl zwischen 0 und 1 ist z.B. 0.56223.

● SGN(Z) (Vorzeichen von Zahl Z):
  100 ON SGN(E)+2 GOSUB 100,200,300.   Verzweigung nach 100, 200
              bzw. 300 für E negativ (-1), null (0), positiv (1).

● SPACE$(X) (String mit Leerstellen der Länge X):
  100 PRINT SPACE$(40);1   40 Leerstellen, dann 1 ausgeben.

● SPC(L) (L Leerstellen ausgeben):
  100 PRINT "MBASIC";SPC(10);"JA"   10 Blancs zwischen 2 Worten.

● SQR(X) (Quadratwurzel von X):
  100 PRINT SQR(49)   Quadratwurzel von 49 ist 7.

● STR$(Z) (Zahl Z in String umwandeln):
  100 LET W$=STR$(45)   Zahl 45 als String "45" mit Länge 2.

● STRING$(L,A) (String der Länge L, Zeichen mit ASCII-Zahl A):
  100 PRINT STRING$(50,42)   50 Sterne (ASCII-Codezahl 42 für *).

● VAL(S$) (String S$ in numerischen Wert umwandeln):
  100 LET N=VAL("347")   "347" wird zu 347 (VAL("347DM") wird 0).

● VARPTR(X) (Erste Speicherstelle im RAM für Variable X):
  100 PRINT VARPTR(N#)   Variable N# ab Stelle 24244 gespeichert.

2.2.2.3 Anweisungen und Funktionen zur Dateiverarbeitung

● C H A I N   (Verkettung von Programmen):
  100 CHAIN "PROG1"   Programm PROG1 laden und ausführen.
  100 CHAIN MERGE "PROG1",500   Programm PROG1 überlagern und
              ab Zeile 500 ausführen (CHAIN mit RENUM verwendet).

● C L O S E   (Schließen einer Datei):
  100 CLOSE #1   Datei mit der logischen Dateinummer 1 schließen
              (bei Ausgabedatei ggf. Inhalt des Dateipuffers auf
              die Datei schreiben sowie die EOF-Marke).
  100 CLOSE   Alle derzeit offenen Dateien schließen.

● C O M M O N   (Übergabe von Variablen an geCHAINtes Programm):
  100 COMMON A(),B$ Werte von REAL-Array A() und STRING B$ an
  110 CHAIN "PROG4"   PROG4 übergeben, d.h. weiter verwendbar.

● C V I   (Strings in numerische Werte umwandeln: Funktionen
          CVI, CVS und CVD siehe bei Direktzugriff-Datei).

● E O F   ('End Of File' als 'Ende der Datei'-Marke):
  100 IF EOF(2) THEN   Wenn Ende von Datei 2 erreicht dann...
                (EOF-Funktion liefert Werte 0=unwahr und -1=wahr).

● F I E L D   (Dateipuffer für Direktzugriff-Datei vereinbaren):
  100 OPEN "R", #1, "MITDATEI", 20   Puffer für Datensatzlänge 20
  110 FIELD #1, 2 AS P1$, 18 AS P2$ einer Mitgliederdatei. Puf-
          fervariable P1$ für Nummer und P2$ für Name.

● F I L E S   (Namen der auf Diskette abgelegten Dateien zeigen):
  FILES   Alle Dateinamen im zugeordneten Disk.-Laufwerk.
  FILES "TEST*"   Alle Dateinamen, die mit TEST beginnen.
  FILES "B:*.*"   Alle Dateinamen auf Diskette in Laufwerk B.

● G E T #   (Datensatz aus einer Direktzugriff-Datei lesen):
  100 GET #1, 24   Den 24. Datensatz in den Dateipuffer lesen und
          den Puffervariablen P1$ sowie P2$ zuweisen.

● I N P U T #   (Daten aus einer sequentiellen Datei lesen):
  100 INPUT #1, B$,U   Die nächsten beiden Daten (Trennungszei-
          chen trennnt sie) nach B$ sowie U einlesen.

● K I L L   (Loeschen einer Datei auf Diskette):
  KILL "MITDATEI"   Datei MITDATEI auf Diskette zerstört.

● L I N E   I N P U T #   (INPUT# bis zum Wagenruecklauf):
  100 LINE INPUT #1, L$ Alle Zeichen bis zum nächsten Tren-
          nungszeichen RETURN nach L$ einlesen.

● L O A D   (Laden eines Programms von Diskette in den RAM):
  LOAD "TEST4"   RAM loeschen und eine Kopie des Programms
          TEST4 von Diskette in den Speicher RAM bringen.

● L O C   (Nummer des zuletzt direkt zugegriffenen Satzes):
  100 IF LOC(1)=9 THEN   Bei Direktzugriff auf Satz 9 ...

● L O F   (Länge der Datei in Datensätzen angeben):
  100 IF LOF(1)=0 THEN PRINT   "... noch kein physischer Satz da."

● L S E T   (Daten linksbündig in Puffervariable setzen):
  100 LSET P2$="MEYER"   Name MEYER (5 Zeichen) steht links in
          der Puffervariablen P2$ (18 Zeichen); vgl. FIELD.

● M E R G E   (Einmischen eines Programms in den RAM):
  MERGE "RUNDEN"   Hilfsprogramm RUNDEN zu dem gerade im RAM be-
          findlichen Programm hinzufügen (nur neue Zeilennr.).

● M K I $ (Numerische Werte in Strings umwandeln: Funktionen
          MKI$, MKS$ und MKD$ siehe bei Direktzugriff-Datei).

● N A M E   (Umbenennen einer Datei aud Diskette):
  100 NAME "RECH" AS "RECHNEU"   Datei RECH in RECHNEU benennen.

● O P E N   (Öffnen einer Datei auf Diskette):
  100 OPEN "I", #2, "UMSDATEI"   Sequentielle Datei UMSDATEI mit
          Dateinummer 2 zum Lesen (Eingabe I-input) öffnen.
  100 OPEN "O", #2, "UMSDATEI"   Zum Schreiben (O-utput) öffnen.
  100 OPEN "R", #1, "MITDATEI", 20.   Direktzugriff-Datei MITDATEI
          mit Datensatzlänge 20 öffnen (R für R-andom=Direkt).

- P R I N T # (Schreiben auf eine sequentielle Datei):
  100 PRINT #2, B$;",";U   Als nächste Daten die Bezeichnung B$
              und den Umsatz U auf die Umsatzdatei speichern.

- P R I N T #   U S I N G   (PRINT# formatiert):
  100 PRINT #3, USING "###.##";Z   Zahl Z auf Datei 3 schreiben.

- P U T #   (Datensatz auf eine Direktzugriff-Datei schreiben):
  100 LSET P1$=MKI$(NUMMER): LSET P2$=NAME$ Dateipuffer füllen.
  110 PUT #1, 72   Dateipufferinhalt als 72. Datensatz schreiben.

- R E S E T   (Dateien schließen, Disk.-Verz. aktualisieren):
  RESET   Inhaltsverzeichnis auf Diskette neu (wichtig nach
  100 RESET   Schreiben und bei Diskettenwechsel).

- R S E T   (Daten rechtsbündig in Puffervariable setzen):
  100 RSET P2$="MANN"   MANN steht rechts in Puffervariable P2$.

- R U N   (Programm in den RAM laden und ausführen):
  RUN "RECH"   Derzeitigen Inhalt des RAM löschen, Programm RECH
              von Diskette laden und RECH dann ausführen.
  100 RUN "PROG6"   Laden und ausführen von einem laufenden Pro-
              gramm aus. Rufendes Programm gelöscht (Overlay).

- S A V E   (Speichern bzw. Retten eines Progamms auf Diskette):
  100 SAVE "RECH"   Inhalt des RAM unter dem Programmnamen RECH
              auf Diskette speichern.
  100 SAVE "RECH",A   Speichern im ASCII-Format (sonst binär).
  100 SAVE "RECH",P   Speichern geschützt, da LIST nicht möglich.

- W R I T E #   (PRINT# mit , und " als Trennungszeichen):
  100 WRITE #2, B$,U   String B$ und Zahl U getrennt (vgl WRITE).

2.3 MBASIC auf dem IBM Personal Computer

Auf dem IBM PC kann mit zahlreichen Betriebssystemen gearbeitet werden wie IBM-DOS, CP/M-86, CONCURRENT CP/M-86, UCSD-P
und OASIS-16.
Unter den beiden Betriebssystemen IBM-DOS und CP/M-86 steht
die Programmiersprache MBASIC zur Verfügung. Der Sprachumfang
entspricht genau den in diesem Buch beschriebenen Anweisungen
und Datentypen.
Da auf dem IBM PC in erster Linie unter IBM-DOS gearbeitet
wird, beziehen wir uns im folgenden auf dieses Betriebssystem.
Anmerkung: Das Betriebssystem IBM-DOS wird häufig auch als
PC-DOS oder als MS-DOS (für MicroSoft-DOS, da das IBM-DOS
eine -leider nicht voll kompatible- Modifikation des MS-DOS
darstellt) bezeichnet.

2.3.1 Drei BASIC-Dialekte auf dem IBM PC

Auf dem IBM PC sind zumindest die drei folgenden BASIC-Dialekte verfügbar:

- ROM-BASIC -BASIC   (im ROM gespeichert, unmittelbar nach dem
                        Einschalten des PCs aktiviert -Disketten-
                        laufwerke A und B sind dabei leer-).
- Disketten-BASIC   (auf Diskette als Software gespeichert und
                        beim Anschalten des PCs zu laden; der PC
                        meldet sich mit "...Version D...", wobei
                        D für D)iskette steht).
- Erweitertes BASIC (ebenfalls auf Diskette als Software ge-
                        speichert und zu laden. Der PC meldet
                        sich mit "...Version A...", wobei A für
                        A)dvanced steht).

Die PC-Sprachen 'Disketten-BASIC' und 'Erweitertes BASIC' verfügen über einen Befehlsvorrat, der dem Befehlsvorrat des in
diesem Buch beschriebenen MBASIC (Microsoft-BASIC) exakt entspricht.
Anders ausgedrückt: Die IBM PC-Sprachen 'Disketten-BASIC' und
auch 'Erweitertes BASIC' sind nichts anderes als Anpassungen
des MBASIC bzw. Microsoft-BASIC an den IBM PC.

Das 'Disketten-BASIC' erweitert das einfache 'ROM-BASIC' um die
Möglichkeiten der Ein- und Ausgabe auf Diskette (DISK-I/O).
Das 'Erweiterte BASIC' stellt zusätzlich zum 'Disketten-BASIC'
Anweisungen zur Ereignisunterbrechung (Datenfernverarbeitung)
und Erweiterungen für Grafik sowie Musikunterstützung zur Ver-
fügung.

2.3.2 BASIC und BASICA unter dem Betriebssystem PC-DOS

Um mit BASIC (Disketten-BASIC) oder BASICA (Advanced BASIC
als Erweitertes BASIC) arbeiten zu können, gehen wir in zwei
Schritten vor.

Schritt 1: Betriebssystem laden

- Systemdiskette mit dem Betriebssystem (z.B. DOS 2.00) in das
  linke Laufwerk A: einlegen.
- Computer hinten rechts einschalten. Das Betriebssystem wird
  in den Hauptspeicher geladen und meldet sich abschließend
  mit dem Bereitschaftszeichen
    A>
  am Bildschirm. Das A weist auf das linke Diskettenlaufwerk
  namens "A:" hin, während das Zeichen ">" das eigentliche Bereitschaftszeichen (auch Prompt-Zeichen genannt) des PC-DOS
  darstellt.
- Wahlweise können wir ein DIRectory anfordern: Wir befinden
  uns jetzt in der 'Betriebssystem-Ebene', in der unser IBM PC
  nur die Befehle des Betriebssystems PC-DOS versteht. Tippen
  wir nun z.B. den Befehl
    DIR /RET/   /RET/ für RETURN-Taste
  ein, dann gibt der PC ein Inhaltsverzeichnis (DIRectory) der
  auf der Systemdiskette in Laufwerk A: gespeicherten Befehle
  aus.
  Unter diesen Befehlen entdecken wir sicher BASIC.COM sowie
  BASICA.COM , welche die Sprachübersetzerprogramme (Interpreter) der Programmiersprachen 'Disketten-BASIC' und 'Advanced
  BASIC' enthalten.

Schritt 2: Programmiersprache laden

- Hinter das Bereitschaftszeichen bzw. Prompt-Zeichen "A>"
  tippen wir
    BASIC /RET/
  ein. Das Betriebssystem PC-DOS lädt das File BASIC.COM in
  den Hauptspeicher.
- Nach erfolgreichem Beenden des Ladevorgangs meldet sich der
  BASIC-Interpreter z.B. mit:
    The IBM Personal Computer Basic
    Version D2.00 Copyright IBM Corp. 1981, 1982, 1983
    61766 Bytes free
    Ok
- Anstelle des ">" erscheint jetzt am Bildschirm das "Ok" als
  Bereitschaftszeichen von BASIC. "Ok" zeigt an, daß wir jetzt
  unter Kontrolle des BASIC-Interpreters arbeiten können. Wir
  haben die Betriebssystem-Ebene verlassen und befinden uns in
  der Sprachen-Ebene.
  Der IBM PC 'versteht' jetzt sämtliche in Abschnitt 3 dieses
  Buches erläuterte Anweisungen des Microsoft-BASIC.
- Durch Eintippen von
    SYSTEM /RET/
  verlassen wir die Sprachen-Ebene wieder, um in die Betriebssystem-Ebene zu wechseln.

Durch Eintippen von BASIC laden wir das 'Disketten-BASIC' in
den Hauptspeicher. Entsprechend können wir durch BASICA das
'Erweiterte BASIC' laden. Der BASICA-Interpreter meldet sich
dann z.B. mit:
  The IBM Personal Computer Basic
  Version A2.00 Copyright IBM Corp. 1981, 1982, 1983
  61301 Bytes free

Der BASICA-Interpreter beansprucht also 61766-61301=465 Bytes
mehr an Speicherplatz als der BASIC-Interpreter.

2.3.3 Formatieren von Disketten

In der Systemeinheit des IBM PC sind zwei Diskettenlaufwerke
A: (links) und B: (rechts) mit 5.25 Zoll eingebaut.
Bevor wir auf einer Diskette Programme und Daten abspeichern
können, muß sie formatiert werden, d.h. z.B. in 80 kreisrunde
Spuren bzw. Tracks eingeteilt werden.
Das Formatieren wird in der Betriebssystem-Ebene vorgenommen
und läuft wie folgt ab:
- In die Betriebssystem-Ebene wechseln. Am Bildschirm steht
  das Prompt "A>".
- Über Tastatur das Befehlswort
    FORMAT   /RET/
  eintippen. Das Betriebssystem beginnt mit der Ausführung
  der Formatierungs-Routine FORMAT und gibt z.B. diese Meldung aus:
    Insert new diskette for drive A:
    and strike any key when ready
- Wir legen eine leere bzw. nicht mehr benötigte Diskette in
  das Laufwerk A: ein und drücken irgendeine Taste. Die Diskette wird mit 80 'leeren' Spuren beschrieben. Abschließend
  meldet sich das System z.B. mit:
    Formatting ...   Format complete
    179712 bytes total disk space
    179712 bytes avaible on disk
    Ok

Soll die Diskette nicht zweiseitig formatiert werden, sondern
nur einseitig, so tippen wir FORMAT /1 anstelle von FORMAT
ein. Zur Speicherung aller in diesem Buch beschriebenen Programmbeispiele genügt eine einseitig formatierte Diskette.

2.3.4 Bearbeiten der Programme dieses Buches auf dem IBM PC

(1) Anlegen einer Übungsdiskette:
Wir formatieren eine leere Übungsdiskette, um darauf Programme
und Dateien abzuspeichern.

(2) Laden der Sprachübersetzer BASIC oder BASICA:
Das in diesem Buch beschriebene MBASIC (Microsoft-BASIC) ent-
spricht dem BASIC (Disketten-BASIC) und dem BASICA (Advanced
BASIC) des IBM PCs.
Zu Beginn der Arbeit laden wie also stets den BASIC-Interpre-
ter oder den BASICA-Interpreter.

(3) Programmierkurs in Abschnitt 3 dieses Buches:
Wir können die in Abschnitt 3 dargestellten Übungsprogramme
ausprobieren, d.h. eingeben, abspeichern, laufen lassen, austesten, erweitern und modifizieren.

2.4 MBASIC auf dem SIRIUS 1

Für den SIRIUS 1 stehen die Betriebssysteme CP/M-86 wie auch
MS-DOS zur Verfügung.
Unter beiden Betriebssystemen kann mit MBASIC als Programmier-
sprache gearbeitet werden. Die dabei vorliegende Sprachversion
von MBASIC (Microsoft-BASIC) trägt den Namen BASIC-86. Dieser
Name verweist auf den Mikroprozessor-Typ des SIRIUS 1 : auf
den 8-Bit-Prozessor mit interner 16-Bit-Struktur sowie auf die
CPU 8088 bzw. 8086.
Aus der Einbettung in diese Betriebssysteme ergeben sich nur
geringe Unterschiede im Befehlsvorrat von BASIC-86 zum MBASIC.

Der SIRIUS 1 ist eine reine Softwaremaschine. Um in BASIC-86
programmieren zu können, müssen wir demnach zuerst das jeweilige Betriebssystem -komplett einschließlich Tastaturbelegung
und Zeichensatz- von der Diskette in den Hauptspeicher laden,
um dann auch die Programmiersprache BASIC-86 in den Hauptspeicher zu bringen.
BASIC-86 liegt als Interpreter und als Compiler vor. Wir gehen
nur auf das interpretierende System ein.

2.4.1 BASIC-86 unter dem Betriebssystem CP/M-86

Um mit BASIC-86 arbeiten zu können, gehen wir wie folgt in
zwei Schritten vor:

Schritt 1: Betriebssystem laden

- Systemdiskette mit CP/M-86 in linkes Laufwerk A einlegen
  und Laufwerk verriegeln.
- CP/M-86 wird geladen und meldet sich abschließend mit dem
  Bereitsschaftszeichen ">" bzw. "A>" am Bildschirm.
- Wahlweise: Durch Eintippen des Befehls DIR erhalten wir
  eine Übersicht der auf unserer Systemdiskette bereitgestell-
  ten Dateien (Files). Ein Command-File namens MBASIC.CMD ist
  sicher unter diesen Dateien.

Schritt 2: Programmiersprache laden

- Hinter das Bereitschaftszeichen "A>" tippen wir
    MBASIC /RET/   /RET/ für RETURN
  ein. Das Betriebssystem CP/M-86 lädt nun das File MBASIC.CMD
  in den Hauptspeicher.
- Nach Abschluß des Ladevorgangs meldet sich der Basic-Interpreter mit:
    BASIC-86 Version ....
    (CP/M-86 Version)
    Copyright .... by Microsoft
    Created: ...
    Ok
- Das nun am Bildschirm stehende Bereitschaftzeichen "Ok" signalisiert uns, daß wir jetzt unter Kontrolle von MBASIC arbeiten und alle in Abschnitt 3 dieses Buches angeführten Anweisungen ausführen können.

Nach Schritt 1 befinden wir uns in der Betriebssystem-Ebene.
Das Bereitschaftszeichen ">" zeigt, daß wir direkt unter Kontrolle von CP/M-86 arbeiten.
In Schritt 2 wechseln wir durch Aufruf von MBASIC in eine weitere Ebene, in die Sprachen-Ebene. An die Stelle des ">" tritt
nun des Bereitschaftszeichen "Ok" der Progammiersprache MBASIC
bzw. BASIC-86.
Durch Eintippen von SYSTEM können wir in die Betriebssystem-
Ebene zurückkehren.

2.4.2 BASIC-86 unter dem Betriebssystem MS-DOS

Auch das Arbeiten mit BASIC-86 unter MS-DOS müssen wir in zwei
Schritten vorbereiten:

Schritt 1: Betriebssystem laden

- Systemdiskette mit MS-DOS in Laufwerk A einlegen.
- MS-DOS wird geladen. Nach dem Ladevorgang erscheint das
  Bereitschaftszeichen ">" am Bildschirm.
- Wahlweise: Tippen wir den Befehl DIR ein, dann erhalten
  wir eine Übersicht aller auf der Systemdiskette bereitge-
  stellten Dateien (Files) bzw. 'Befehle'. Darunter befindet
  sich ein Command-File namens BASIC86.COM, das den BASIC-
  Interpreter enthält.

Schritt 2: Programmiersprache laden

- Hinter das Bereitschaftszeichen ">" tippen wir
    BASIC86   /RET/
  ein (BASIC86 als File-Name ohne "-" zwischen BASIC und 86).
  Das Betriebssystem MS-DOS lädt jetzt das File BASIC86.COM
  mit dem BASIC-Interpreter in den Hauptspeicher.
- Nach Abschluß des Ladevorgangs meldet sich der Interpreter
  mit:
    BASIC-86 Rev. 5....
    (86-DOS VERSION)
    COPYRIGHT ... by Microsoft
    Created: ...
    Ok
- Am Bildschirm steht "Ok" als das Bereitschaftszeichen von
  MBASIC. Wir können nun unter Kontrolle des BASIC-Interpreters arbeiten und alle in Abschnitt 3 dieses Buches angege-
  beben BASIC-Anweisungen ausführen.

2.4.3 Formatieren von Disketten

Mit dem Formatieren wird eine neue bzw. nicht mehr gebrauchte
Diskette mit z.B. 80 kreisrunden Spuren (Tracks) so beschrieben, daß wir später Programme und Dateien in MBASIC darauf ablegen können.

Das Formatieren wird in der Betriebssystem-Ebene vorgenommen
und läuft unter CP/M-86 und MS-DOS identisch ab.

Am Bildschirm steht das Bereitschaftszeichen ">" des von uns
gewählten Betriebssystems. Das Formatieren können wir dann wie
folgt vornehmen:
- Leere zu formatierende Diskette in Laufwerk B einlegen.
- Über Tastatur geben wir
    FORMAT B: /RET/
  ein und rufen damit den Befehl FORMAT des Betriebssystems
  auf. Die Diskette wird formatiert (Spur-Nummern erscheinen
  am Bildschirm).
- Abschließend erscheint eine Meldung
    FORMAT DRIVE B COMPLETE.
    80 TRACKS FORMATTED. 0 SOFT ERRORS.
    ....
    A>
  als Bestätigung.

Während des Formatierens der 80 Spuren erzeugt das Diskettenlaufwerk des SIRIUS 1 eine fast 'taktvolle Musik'. Das liegt
daran, daß die Anzahl der Sektoren von der äußeren bis zur inneren Spur von 19 nach 12 fällt, die Umdrehungsgeschwindigkeit
aber von 250 bis 350 Umdrehungen/Min. steigt.

2.5 MBASIC auf dem Olympia PEOPLE

Für den 16-Bit-Mikrocomputer PEOPLE (8086 CPU) werden die Betriebssysteme CP/M-86, CCP/M-86, MS-DOS sowie Prologue angeboten.
Unter MS-DOS läuft die Programmiersprache BASIC86, die mit dem
im vorliegenden Buch beschriebenen MBASIC bzw. Microsoft-BASIC
übereinstimmt.

Zum Laden von BASIC86:
Nach dem Laden des Betriebssystems MS-DOS wird durch Eintippen
von
    BASIC86 /RET/
der BASIC-Interpreter in den Hauptspeicher geholt und z.B. die
Meldung
    Microsoft BASIC Version 5.28
    (MS-DOS Version)
    Copyright 1977-1983 (C) by Microsoft
    Created: 24-May-83
    Ok
ausgegeben. Damit steht dem Benutzer MBASIC in einem Sprachumfang zur Verfügung, wie er in Abschnitt 3 dieses Buches dargestellt wird.

Zum Formatieren einer 5.25-Zoll-Diskette:
In der Betriebssystem-Ebene wird durch Eingabe von
   FORMAT   /RET/
eine in Laufwerk A: eingelegte Diskette zweiseitig mit je 80
Spuren formatiert. Nach einer Meldung wie
   645120 bytes total disk space
   645120 bytes available on disk
stehen dem Benutzer auf den 160 Spuren der Diskette insgesamt
ca. 645 KB an Speicherplatz zur Verfügung.

2.6 MBASIC auf dem Alphatronic PC

Der Alphatronic PC hat als 8-Bit-Mikrocomputer eine Z80A-CPU
und verfügt über drei BASIC-Dialekte:
'ROM-BASIC', 'DISK-BASIC' und 'DISK-BASIC CP/M'.

Das 'ROM-BASIC' meldet sich beim Anschalten des PCs z.B. mit:
   Microsoft ROM BASIC Ver 5.11
   Copyright (C) 1983 by Microsoft
   28156 Bytes free
   Ok
Es handelt sich dabei um ein MBASIC, das als externen Speicher
nur die Kassette unterstützt (Anweisungen CLOAD, CSAVE), nicht
aber die Diskette.
Das 'ROM-BASIC' entspricht dem Sprachumfang des in Abschnitt 3
dieses Buches wiedergegebenen MBASIC mit Ausnahme der Befehle,
die sich auf den Diskettenzugriff beziehen.
Anders ausgedrückt: Alle Programmabläufe von Abschnitt 3.1 bis
3.9 können im 'ROM-BASIC' geschrieben werden. Die sequentielle
Telephondatei von Abschnitt 3.10 muß im 'ROM-BASIC' geringfü-
gig angepasst werden (Anweisungen zum Kassetten-I/O).

Das 'DISK-BASIC' muß durch den Benutzer von der TA-Systemdis-
kette geladen werden. Nach dem Einlegen der Diskette und dem
Drücken des RESET-Knopfes an der Geräterückseite erscheint am
Bildschirm z.B. die Mitteilung:
   BASIC-80 Rev. 5.26
   Copyright 1977-1983 (C) by Microsoft
   Created: 27-Oct-83
   26735 Bytes free
Dieses 'DISK-BASIC' ist ein von TA erweitertes MBASIC. Die Er-
weiterungen betreffen u.a. die Bildschirmsteuerung (Anweisung-
en COLOR, CONSOLE, CLS, PSET, LOCATE, PRESET, CRSLIN, LINE),
die Kassette (CLOAD, CSAVE) und den Monitor (MON).
Alle in diesem Buch wiedergegebenen Programme werden vom TA-
Interpreter des 'DISK-BASIC' verstanden.

Legt man die Systemdiskette von CP/M 2.2 in das Laufwerk ein,
so kann unter dem Betriebssystem CP/M 2.2 ein dritter BASIC-
Dialekt auf dem Alphatronic PC gefahren werden. Der Computer
lädt nach dem Eintippen von
  MBASIC /RET/
dieses Microsoft-BASIC in den Hauptspeicher und gibt dann z.B.
die folgende Meldung aus:
  BASIC-80 Rev. 5.22
  (CP/M Version)
  Copyright 1977-1983 (C) by Microsoft
  26614 Bytes free
  Ok
Wie die Meldung zeigt, ist jetzt das 'normale' MBASIC in den
Alphatronic PC geladen worden.
Dieses Microsoft-BASIC können wir ebenfalls zur Programmierung
der Abläufe dieses Buches verwenden.

Zum Formatieren von Disketten:
Der Alphatronic PC formatiert 5.25-Zoll-Disketten zweiseitig
mit je 40 Spuren. Damit stehen 320 KBytes (2mal 160 KB) Speicherplatz auf einer Diskette zur Verfügung.
Das Formatieren läuft unter 'DISK-BASIC' und 'DISK-BASIC CP/M'
unterschiedlich ab:

- Formatieren unter 'DISK-BASIC':
    FILES /RET/
    FORMAT .3   SYSCOP .3
    DISCOP .3   PCDUMP .2
    LOAD "FORMAT" /RET/
    Ok
    RUN /RET/
    Formatting in which drive (No 1 or 2)? 1 /RET/
    Disk ready for formatting (y/n)? y /RET/
    ...
    Ok
    Die Routine FORMAT muß also mittels LOAD geladen werden.

- Formatieren unter 'DISK-BASIC CP/M':
    In der Betriebssystemebene (Prompt ">") durch Eingabe von
    PCFORM /RET/
    die Formatierungsroutine zur Ausführung bringen.

3
Programmierung in MBASIC

3.1 Grundlegende Programmstrukturen an Beispielen

Wie in Abschnitt 1.3.3 dargestellt, lassen sich aus den vier
g r u n d l e g e n d e n Programmstrukturen
    Folgestrukturen   (linear, geradeaus)
    Auswahlstrukturen   (vorwärts verzweigend)
    Wiederholungsstrukturen   (rückwärts verzweigend, Schleife)
    Unterprogrammstrukturen   (unterteilend)
alle nur denkbaren Programmabläufe konstruieren. Im vorliegenden Abschnitt 3.1 wird zu jeder Programmstruktur ein in sich
abgeschlossenes Demonstrationsbeispiel angegeben und erklärt.

3.1.1 Lineare Programme

3.1.1.1 Codierung und Ausführungen zu einem Programm

Jedes Programm hat einen Namen. Ein Programm mit Namen VERBRAU
ermittelt den durchschnittlichen Benzinverbrauch für einen Pkw
mit einem Tankinhalt von 60 Litern.

```
Codierung zu VERBRAU:          Zwei Ausführungen zu VERBRAU:

LIST                           RUN
10 LET T = 60                  Alter Preis? 200
20 PRINT "Eingabe: Gefahrene km"   Neuer Preis: 170
30 INPUT K                     Ok
40 LET D = 100 * T / K         RUN
50 PRINT "Ausgabe: Liter/100 km"   Alter Preis? 4925.65
60 PRINT D                     Neuer Preis: 4186.8
70 END                         Ok
```

Tippt man den Befehl RUN ein, so wird das Programm ausgeführt:
Der Computer gibt den Text "Eingabe: Gefahrene km" aus , der
Benutzer gibt 600 ein, der Computer berechnet 10 L als Durch-
schnittverbrauch, um dann den Text "Ausgabe: Liter/100 km" und
die Zahl 10 auszugeben. Bei der zweiten Ausführung entwickelt
sich ein ähnlicher Mensch-Computer-Dialog, nur wird dabei von
542 km ausgegangen. Beide Programmausführungen (auch Programmlauf oder Dialogprotokoll genannt) werden dem Computer durch
Anweisungen befohlen, die man sich durch Eintippen des Befehls
LIST zeigen lassen kann. Das in der Programmiersprache MBASIC
codierte Programm VERBRAU umfaßt sieben Zeilen mit den Zeilennummern 10-70 sowie vier Anweisungsarten LET, PRINT, INPUT
und END. Das Programm wird Zeile für Zeile linear ausgeführt:

- 10: Weise die Zahl 60 nach T (wie Tankfüllung) zu.
- 20: Gib am Bildschirm den zwischen " " stehenden Text aus.
- 30: Warte auf eine Tastatureingabe und weise diese Eingabe
      dann der Variablen K (für Kilometer) zu.
- 40: Rechne 100 mal T durch K aus und weise das Ergebnis dann
      der Variablen D (für Durchschnittsverbrauch) zu.
- 50: Gib am Bildschirm den zwischen " " stehenden Text aus.
- 60: Gib am Bildschirm den Inhalt der Variablen D aus.
- 70: Beende die Ausführung des Programms VERBRAU.

Jede Programmzeile enthält hier die Zeilennummer (z.B. 30) mit
Anweisungswort (z.B. INPUT) und Anweisungsargument (z.B. K).
Die Codierung (auch Listing oder einfach Programm genannt) besteht aus einer Folge von computerverständlich in BASIC formu-
lierten Anweisungen. Das e i n m a l c o d i e r t e Programm kann dabei m e h r m a l s a u s g e f ü h r t werden, wobei sich die Ausführungen je nach Eingabewerten unterscheiden können, die Codierung aber unverändert zugrundeliegt.

Dies wird ermöglicht durch die Verwendung von Variablen (vgl.
Abschnitt 1.3.4.2), hier durch die numerischen Variablen K und
D. Während K und D ihren Inhalt (Wert) ändern, bleibt dieser
bei T mit 60 Litern fest bzw. konstant: T ist eine Konstante.
Daten können als V a r i a b l e oder K o n s t a n t e im
Programm vorgesehen sein; hier sind beides numerische Daten.

Zu den Anweisungsarten: Die LET-Anweisung berechnet den rechts
von "=" angebenenen Ausdruck und weist das Ergebnis der links
von "=" stehenden Variablen zu. Bei LET (für (zu)lassen) darf
links vom Zuweisungszeichen "=" immer nur e i n e Variable stehen. Die PRINT-Anweisung dient der Ausgabe von Text (alles, was zwischen Gänsefüßchen steht) wie in Zeilen 20 und 50
oder der Ausgabe des Inhaltes einer Variablen wie in Zeile 60.
Die INPUT-Anweisung dient der Tastatureingabe von Werten und
deren Zuweisung in eine Variable wie etwa K in Zeile 30. Die
END-Anweisung hat kein Argument und beendet die Ausführung.

3.1.1.2 Anweisungsfolge Eingabe - Verarbeitung - Ausgabe

Jedes Programm läuft in der Folge Eingabe-Verarbeitung-Ausgabe
ab. Man spricht auch vom EVA-Prinzip (vgl. Abschnitt 1.2.2.1).
Im folgenden Programm namens PREIS1 zeigt sich der 3er-Schritt
in den Zeilen 20, 30 und 40.

Codierung zu PREIS1:   Ausführungen zu PREIS1:

```
10 REM ===== Programm PREIS1
20 INPUT "Alter Preis" ; P            Alter Preis: 200
30 LET P = P - P * 15 / 100           Neuer Preis: 170
40 PRINT "Neuer Preis:" ; P
50 END                                Alter Preis: 4925.65
                                      Neuer Preis: 4186.8025
```


Die REM-Anweisung (engl. remark für Bemerkung) ermöglicht das
Einfügen von Bemerkungen, die nur bei LIST erscheinen, nicht
aber bei RUN. So erscheint hier der Programmname PREIS1 bei
den Ausführungen nicht.
Die Zeile 20 hätte man auch umständlicher codieren können:
```
  20 PRINT "ALTER PREIS:";
  21 INPUT P
```
Da vor jedem INPUT ein PRINT stehen sollte -sonst weiß man ja
nicht, was überhaupt einzutippen ist-, kann man mit Anweisung
```
  20 INPUT "ALTER PREIS: ";P
```
die Eingabeanforderung mit der Eingabe zusammen in e i n e r
INPUT-Anweisung programmieren.

Die LET-Anweisung in Zeile 30 verdeutlicht den Unterschied des
Zuweisungszeichens "=" (weise zu von links nach rechts) und
des Gleichheitszeichens "=" in der Mathematik (links=rechts):

```
30 LET P = P - P*15/100
         |     |     |— 1) 200*15/100 ergibt 30   -200 in P
         |     |——————— 2) 200-30 ergibt 170      -200 in P
         |————————————— 3) Weise 170 nach P zu    -200 ersetzt
```

Entsprechend bewirkt 180 LET Z=Z+1 eine Werterhöhung von Z um
1 und 230 LET X1=X1/2 eine Halbierung von X1.

Die PRINT-Anweisung in Zeile 40 zeigt, wie man sich konstanten
Text und Variableninhalt nebeneinander ausgeben lassen kann:
Das ; trennt ohne Leerzeichen (auch Blancs genannt).
Auf die Gänsefüßchen kommt es an: PRINT "P" würde den Buchsta-
ben P am Bildschirm zeigen, PRINT P den Wert der Variablen P.

3.1.1.3 Übersichtliche Programmgliederung

Wie in Abschnitt 1.3.4.3 erläutert , gliedert man ein Programm
-unabhängig von der jeweiligen Programmiersprache- übersicht-
lich in drei Teile:
Programmname, Vereinbarungsteil und Anweisungsteil.
In MBASIC ist diese explizite Dreiteilung nicht unbedingt erforderlich. Insbesondere bei umfangreichen, langen Programmen
sollte man die Dreiteilung mit REM-Anweisungen aber markieren.
Das nächste Programm PREIS2 sieht eine Dreiteilung vor, wobei
die Teile durch Leerzeilen und REM getrennt werden (das   Hoch-
komma ' kann anstelle von REM geschrieben werden). Im Vereinbarungsteil wird S als Ganzzahl-Konstante vereinbart (integer=
ganzzahlig) und P als Dezimalzahl-Variable (real = Kommazahl).
Dabei steht % bei S% für Ganzzahl und ! bei P! für Kommazahl
(siehe Anschnitt 2.2.1).
In MBASIC ist es möglich, mehrere Anweisungen durch einen ":"
getrennt in e i n e Zeile zu schreiben. Lange Zeilen sind
unübersichtlich und schwer korrigierbar, das Zeichen ":"sollte
weitgehend vermieden werden. In der letzten Zeile von Programm
PREIS2 werden mit dem ":" die Anweisungen PRINT sowie END in
einer Zeile programmiert.

Codierung zu Programm PREIS2:

```
100 REM ====== Programm PREIS2

110 REM ====== Vereinbarungsteil
120 ' S%    Preissenkung in Prozent als Konstante (Datentyp GANZZAHL (%))
130       LET S% = 15
140 ' P!    Preis als variable Groesse (Datentyp EINFACHE GENAUIGKEIT (!))

150 REM ====== Anweisungsteil
160 PRINT "Preissenkung um 15% ermitteln."
170 INPUT "Alter Preis"; P!
180 LET P! = P! - P! * S% / 100
200 PRINT "Neuer Preis:"; P!
210 PRINT "Ende des Programms." : END
```

Die Programme PREIS2 und PREIS1 lösen beide dasselbe Problem.
Die Codierungen unterscheiden sich wesentlich, die Ausführung-
en hingegen kaum.

3.1.1.4 Programmeingabe und Programmspeicherung

Soll das Programm PREIS2 erstmalig in den Computer eingegeben werden, geht man folgendermaßen vor:

1. Befehl NEW tippen. Ein ggf. im Hauptspeicher RAM befindliches Programm wird gelöscht.
2. Programm Zeile für Zeile eintippen und am Ende jeder Zeile dabei die RETURN-Taste drücken.
3. Befehl RUN tippen, um das Programm auszuführen und so zu testen. Falls fehlerhaft: Korrektur, weiter mit 2.
4. Befehl LIST tippen und Codierung überprüfen.
5. Befehl SAVE "PREIS2" tippen: Das bislang ohne Namen im RAM stehende Programm wird unter dem Namen PREIS2 extern auf Diskette abgespeichert. Ein ggf. unter dem gleichen Namen auf Diskette vorhandenes Programm wird ü b e r schrieben. Programm PREIS2 befindet sich sowohl auf Diskette wie auch im RAM. Beide Programmkopien stimmen vollkommen überein.
6. Zur Kontrolle:
   NEW tippen, RUN tippen: kein Programm ist mehr ausführbar. Befehl LOAD "PREIS2" tippen: das Programm "PREIS2" wird auf Diskette gesucht und eine Kopie davon in den RAM gela- Das Programm kann mit RUN nun ausgeführt werden.
7. Befehl FILES eintippen: Alle derzeit auf Diskette gespeicherten Programme werden gezeigt, auch das Programm PREIS2.

Achtung: SAVE "PROG1" überschreibt ein auf Diskette vorhandedenes Programm mit demselben Namen PROG1. LOAD "PROG1" überschreibt das gerade im Arbeitsspeicher befindliche Programm.
Im RAM ist normalerweise nur e i n einziges Programm gespeichert, auf der Diskette aber stets m e h r e r e Programme.

3.1.1.5 Arbeitsschritte zur Programmentwicklung

Je umfangreicher ein Programm, desto sinnvoller erscheint ein geplantes und schrittweises Vorgehen zur Programmentwicklung. In Abschnitt 1.3.7 nannten wir allgemein die Arbeitsschritte PROBLEMSTELLUNG, PROGRAMMENTWURF, PROGRAMMIERUNG, DOKUMENTA-TION und ANWENDUNG. 'Allgemein' heißt, daß diese Schrittfolge auch zur Entwicklung komplexer Programm-Pakete geeignet ist. Für die in diesem Buch angeführten kleinen Demonstrationsprogramme genügt eine vereinfachte Arbeitsschrittfolge: 1) Problemstellung, 2) Problemanalyse, 3) Darstellungen des Algorithmus, 4) Codierung in BASIC, 5) Anwendung/Ausführung und 6) Dokumentation.
Am Beispiel des wiederum linearen Programms KALKULAT werden wir die Arbeitsschritte 1), 2), 4) und 5) darstellen.

Problemstellung zu Programm KALKULAT:
Es ist ein Dialogprogramm zu erstellen, das ausgehend vom Einstandspreis den Nettoverkaufspreis und den Zuschlagsatz kalkuliert.

Problemanalyse zu Programm KALKULAT
In einer V a r i a b l e n l i s t e lassen sich die im Pro-

gramm verwendeten Variablen so zusammenfassen:

```
Ausgabedaten (Resultate):
  NET      Nettoverkaufspreis in DM
  KALK     Kalkulationszuschlag in %
Eingabedaten (von Tastatur):
  EINST    Einstandspreis in DM
  P1       Gemeinkostenzuschlag in % (von Hundert)
  P2       Gewinnzuschlag in % (von Hundert)
  P3       Skontosatz in % (im Hundert)
  P4:      Rabattsatz in % (im Hundert)
Verarbeitung (Formeln):
  GEMEIN Gemeinkosten in DM (GEMEIN=EINST*P1/100)
  SELBST Selbstkosten in DM (SELBST=EINST+GEMEIN)
  SPANNE Gewinnspanne in DM (SPANNE=SELBST*P2/100)
  BAR    Barverkaufspreis in DM (BAR=SELBST+SPANNE)
  SKO    Skontobetrag in DM (SKO=BAR*P3/(100-P3)
  ZIEL   Zielverkaufspreis in DM (ZIEL=BAR+SKO)
  RAB    Rabattbetrag in DM (RAB=ZIEL*P4/(100-P4))
  NET    Nettoverkaufspreis in DM (NET=ZIEL+RAB)
  KALK   Kalkulationszuschlag (KALK=(NET-EINST)*100/EINST)
```

Der folgende S c h r i t t p l a n zeigt eine grobe Darstel-
lung des Lösungsablaufes vom Programm KALKULAT:
  Schritt 1: Vier Zuschlagsätze P1-P4 eintippen
  Schritt 2: Einstandspreis EINST eintippen
  Schritt 3: NET und KALK berechnen
  Schritt 4: NET und KALK als Resultat ausgeben

Codierung zu Programm KALKULAT:

```
100 REM ====== Programm KALKULAT
110 PRINT "Warenkalkulation durchfuehren: Vom"
120 PRINT "Einstandspreis zum Nettoverkaufspreis.": PRINT

130 REM ====== Vereinbarungsteil
140 ' P1, P2, P3, P4:  Zuschlagsaetze in Prozent
150 ' EINST, GEMEIN, SELBST, GEWINN, BAR, SKO, ZIEL.
      RAB, NET:         Einzelbetraege in DM
160 ' KALK:            Kalkulationszuschlag in %

170 REM ====== Anweisungsteil
180 ' *** EINGABETEIL VON TASTATUR ****************************
190 INPUT "Gemeinkosten in % von Hundert    ";P1
200 INPUT "Gewinnzuschlag in % von Hundert ";P2
210 INPUT "Skonto in % im Hundert          ";P3
220 INPUT "Rabatt in % im Hundert          ";P4
230 INPUT "Einstandspreis in DM            ";EINST
240 ' *** VERARBEITUNGSTEIL MIT WERTZUWEISUNGEN ***************
250 LET GEMEIN = EINST * P1 / 100
260 LET SELBST = EINST + GEMEIN
270 LET SPANNE = SELBST * P2 / 100
280 LET BAR = SELBST + SPANNE
290 LET SKO = BAR * P3 / (100-P3)
300 LET ZIEL = BAR + SKO
310 LET RAB = ZIEL * P4 / (100-P4)
320 LET NET = ZIEL + RAB
330 LET KALK = (NET - EINST) * 100 / EINST
```

```
340 ' *** AUSGABETEIL AUF BILDSCHIRM ***************************
350 PRINT : PRINT "Vorwaertskalkulation durchgefuehrt:"
360 PRINT "Nettoverkaufspreis in DM : "; NET
370 PRINT "Kalkulationszuschlag in %: "; KALK
380 END
```

Anwendung bzw. Ausführung zu Programm KALKULAT:

Warenkalkulation durchfuehren: Vom
Einstandspreis zum Nettoverkaufspreis

Gemeinkosten in % von Hundert   ? 23
Gewinnzuschlag in % von Hundert ? 14
Skonto in % im Hundert   ? 2
Rabatt in % im Hundert   ? 25
Einstandspreis in DM   ? 100

Ihre Aufgabe: Erweitern
Sie Programm KALKULAT so,
daß nicht nur das Ergeb-
nis, sondern auch alle
Zwischenschritte ausgege-
ben werden (PRINT).

Vorwaertskalkulation durchgefuehrt:
Nettoverkaufspreis in DM : 190.776
Kalkulationszuschlag in %: 90.7755

3.1.2 Programme mit Verzweigungen

Programmabläufe, die nach vorwärts verzweigen, werden als Auswahlstrukturen bezeichnet. Je nach der Anzahl der ausgewählten
Fälle spricht man von der Zweiseitigen, Einseitigen oder Mehrseitigen Auswahl(-struktur). Diese in Abschnitt 1.3.3.2 allgemein beschriebenen Abläufe wollen wir in MBASIC beispielhaft
an verschiedenen kleinen Programmen darstellen.

3.1.2.1 Zweiseitige Auswahl

Dem Programm namens SKONTOZ1 liegt folgende Problemstellung
zugrunde:
"Erwarte den Rechnungsbetrag R und die Tage T als Tastatureingabe und ermittle den Skontobetrag S. Dabei gelten folgende
Zahlungsbedingungen: Bei Zahlung nach 8 Tagen (T>8) 1.5% Skonto, sonst (T<=8) jedoch 4% Skonto".
Die Codierung, die Ausführung und der Programmablaufplan (PAP)
zeigen uns die Zweiseitige Auswahl: einerseits 1.5% (Bedingung
T>8 erfüllt, JA-Zweig mit THEN) und andererseits 4% (Bedingung T>8 nicht erfüllt, NEIN-Zweig mit ELSE).

Codierung zu SKONTOZ1:   PAP zu SKONTOZ1:

```
100 REM ====== Programm SKONTOZ1
110 PRINT "Skonto als Zweiseitige Auswahl."
120 INPUT "Rechnungsbetrag in DM"; R
130 INPUT "Tage nach Erhalt   "; T
140 IF T > 8
        THEN LET P=1.5
        ELSE LET P=4
150 LET S = R*P/100  :  LET R = R-S
160 PRINT S;" DM Skonto und"; R;"DM Zahlung."
170 PRINT "Ende." : END
```

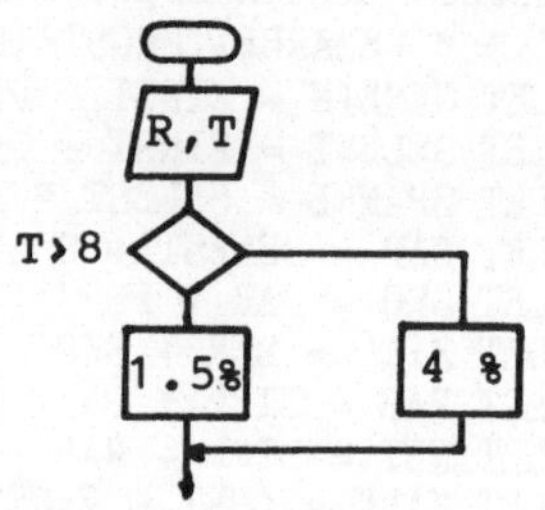

Zwei Ausführungen zu SKONTOZ1:

```
RUN                                RUN
Skonto als Zweiseitige Auswahl.    Skonto als Zweiseitige Auswahl.
Rechnungsbetrag in DM? 200         Rechnungsbetrag in DM? 200
Tage nach Erhalt    ? 3            Tage nach Erhalt    ? 14
 8  DM Skonto und 192 DM Zahlung.   3  DM Skonto und 197 DM Zahlung.
Ende.                              Ende.
```

Zur b e d i n g t e n   V e r z w e i g u n g wird dabei die
Anweisung IF..THEN..ELSE.. in der einfachsten Form verwendet:

```
 140   IF  T > 8          Verzweigungsbedingung T>8
         THEN ...  — — — —JA-Zweig mit THEN, wenn T>8 wahr.
         ELSE ...  — — — —NEIN-Zweig mit ELSE, wenn T>8 unwahr.
```

Wenn (IF) T größer als 8 ist (T>8), dann (THEN) weise P den
Wert 1.5 zu; wenn nicht (also wenn T kleiner oder gleich 8
ist (T<=8), dann weise P den Wert 4 zu.
Nach dieser 'zweiseitigen Auswahlstruktur' wird gemeinsam mit
Zeile 150 fortgefahren.

Läßt man das Programm SKONTOZ2 ablaufen, zeigt sich am Bildschirm derselbe Dialog wie bei Programm SKONTOZ1. Die beiden
MBASIC-Codierungen hingegen unterscheiden sich beträchtlich.
Programm SKONTOZ2 enthält mit
   140 IF T>8 THEN 190 ELSE 150
eine IF-Anweisung mit den beiden Sprungadressen 190 und 150
im THEN-Teil sowie im ELSE-Teil. Kommt die Ausführung zu Zeile
200, dann wird immer und bedingungslos nach Zeile 160 zurück-
verzweigt. Die Anweisung
   200 GOTO 160
nennt man deshalb u n b e d i n g t e   V e r z w e i g u n g
oder Sprunganweisung.
Im Gegensatz zu den bisherigen Programmen steht die END-Anweisung nicht in der letzten Programmzeile.

Codierung zu Programm SKONTOZ2:

```
LOAD "SKONTOZ2"
Ok
LIST
100 REM ====== Programm SKONTOZ2
110 PRINT "Skonto als Zweiseitige Auswahl."
120 INPUT "Rechnungsbetrag in DM"; R
130 INPUT "Tage nach Erhalt    "; T
140 IF T > 8 THEN 190 ELSE 150
150    LET P=4
160 LET S = R*P/100  :  LET R = R-S
170 PRINT S;" DM Skonto und"; R;"DM Zahlung."
180 PRINT "Ende." : END
190    LET P=1.5
200    GOTO 160
```

3.1.2.2 Einseitige Auswahl als Sonderfall

Die Einseitige Auswahl "Wenn .., dann tue dies, sonst aber tue
nichts" kann als Sonderfall der Zweiseitigen Auswahl "Wenn ..,
dann tue dies, sonst aber tue das" aufgefaßt werden.
Programm SKONTOE1 demonstriert dies: Die Ausführungen stimmen
mit denen des Programms SKONTOZ1 überein, die Codierung hingegen zeigt eine Einseitige Auswahlstruktur . Dies wurde durch
folgenden Trick erreicht: P wird in 140 auf 4% gesetzt und nur
im Falle von T>8 um 2.5 auf 1.5% vermindert (190 LET P=P-2.5).

Codierung zu SKONTOE1:   PAP zu SKONTOE1:

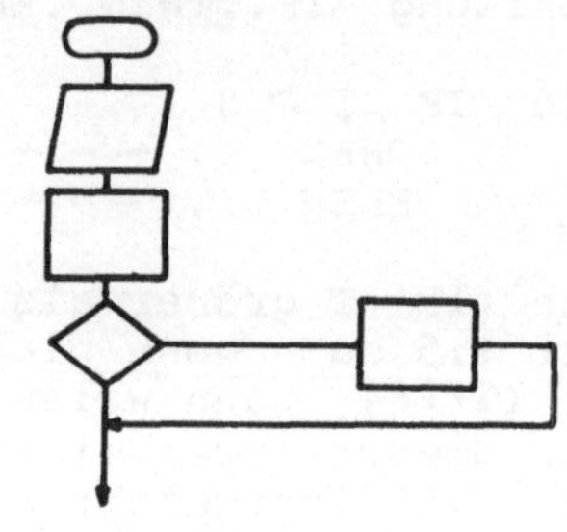

```
100 REM ====== Programm SKONTOE1
110 PRINT "Skonto als Einseitige Auswahl."
120 INPUT "Rechnungsbetrag in DM "; R
130 INPUT "Tage nach Erhalt       "; T
140 LET P=4
150 IF T>8 THEN 190
160 LET S=R*P/100 : LET R=R-S
170 PRINT S; "DM Skonto und"; R;"DM Zahlung."
180 PRINT "Ende." : END
190    LET P=P-2.5
200    GOTO 160
```

Ausführungen zu SKONTOE1:   Struktogramm zu SKONTOE1:

Skonto als Einseitige Auswahl.
Rechnungsbetrag in DM ? 200
Tage nach Erhalt   ? 3
 8 DM Skonto und 192 DM Zahlung.
Ende.

Skonto als Einseitige Auswahl.
Rechnungsbetrag in DM ? 200
Tage nach Erhalt   ? 14
 3 DM Skonto und 197 DM Zahlung.
Ende.

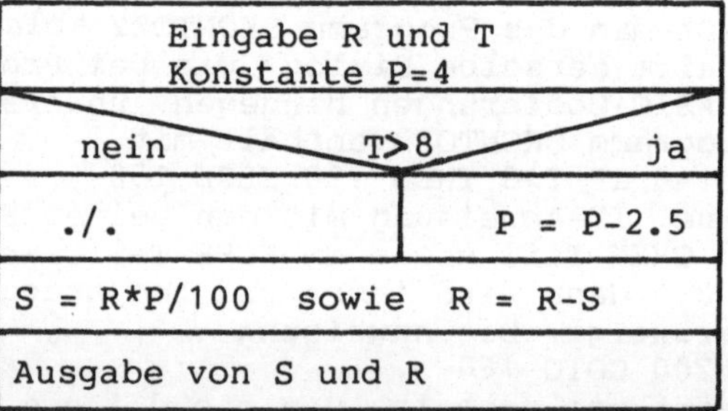

Programm SKONTOE2 weicht nur in der Codierung von Programm
SKONTOE1 ab. Anstelle der Verzweigungsanweisung IF..THEN GOTO
wird in SKONTOE2 die Anweisung IF..THEN LET.. verwendet. Dabei
wird LET natürlich nur dann ausgeführt, wenn die Verzweigungsbedingung erfüllt ist. IF-Anweisungen wie IF..THEN PRINT.. und
IF..THEN INPUT.. sind entsprechend möglich. Soll in Abhängig-
ket der Verzeigungsbedingung aber eine Anweisungsfolge durch-

Codierung zu SKONTOE2:

```
100 REM ====== Programm SKONTOE2
110 PRINT "Skonto als Einseitige Auswahl."
120 INPUT "Rechnungsbetrag in DM "; R
130 INPUT "Tage nach Erhalt        "; T
140 LET P=4
150 IF T>8 THEN LET P=P-2.5
160 LET S=R*P/100 : LET R=R-S
170 PRINT S; "DM Skonto und"; R;"DM Zahlung."
180 PRINT "Ende." : END
```

laufen werden, so ist die einfache Form IF..THEN.. immer vor-
zuziehen, da sie eine besser lesbare Codierung gewährleistet.
Anmerkung: Für IF..THEN.. kann auch IF..THEN GOTO.. stehen.

3.1.2.3 Mehrseitige Auswahl als Sonderfall

Bei der Mehrseitigen Auswahl werden mehrere Fälle unterschieden: in dem Programm DREIFALL sind es die drei Fälle 'gleich',
'vor' und 'nach'. Der PAP und auch das Struktogramm zeigen uns
die geschachtelte Anordnung zweier Zweiseitiger Auswahlen.
Wie die Einseitige Auswahl kann also auch die Mehrseitige Auswahl als Sonderfall der Zweiseitigen Auswahl aufgefaßt werden.

Struktogramm zu DREIFALL: PAP zu DREIFALL:

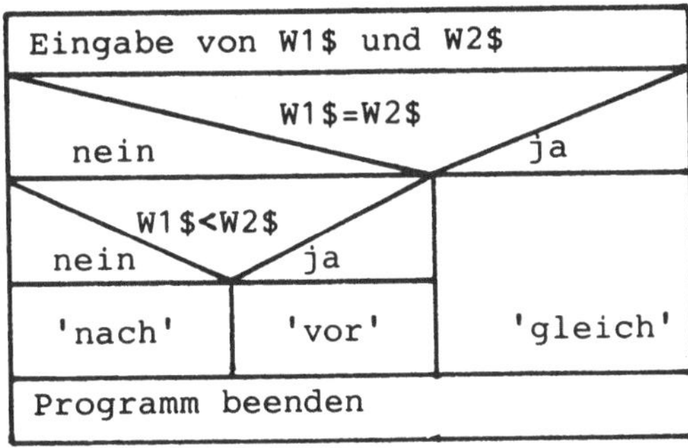

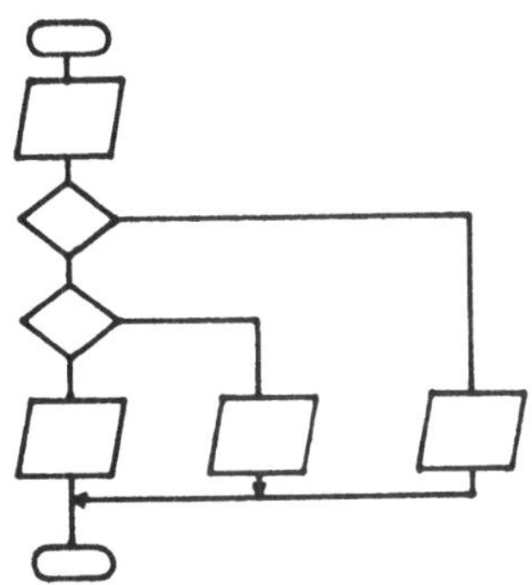

Codierung zu Programm DREIFALL (IF-Anweisungen geschachtelt):

```
100 REM ====== Programm DREIFALL
110 PRINT "Textvergleich: zwei Woerter und drei Faelle."
120 INPUT "Zwei Woerter"; W1$, W2$
130 IF W1$=W2$
        THEN PRINT W1$;" ist gleich ";W2$
        ELSE IF W1$<W2$
                THEN PRINT W1$;" kommt vor ";W2$
                ELSE PRINT W1$;" kommt nach ";W2$
140 PRINT "Ende." : END
```


Zwei Ausführungen zu Programm DREIFALL:


```
Textvergleich: zwei Woerter und drei Faelle.
Zwei Woerter? 12% , HUNDERT
12% kommt vor HUNDERT
Ende.
Ok
RUN
Textvergleich: zwei Woerter und drei Faelle.
Zwei Woerter? PREIS , DM-BETRAG
PREIS kommt nach DM-BETRAG
Ende.
```

Programm DREIFALL zeigt die S c h a c h t e l u n g von Zweiseitigen Auswahlstrukturen mittels IF..THEN..ELSE.. , bei der
nach ELSE ein weiteres IF geschachtelt ist. Dazu ein zweites
Beispiel:
```
    100 INPUT "Eine Erklaerung j)a oder n)ein"; E$
    110 IF E$="j"
            THEN GOTO 120          Erklärung von Zeile 120 bis 190.
            ELSE IF E$="n"
                THEN 200           Programmbeginn in Zeile 200.
                ELSE 100           Zurück, wenn unklare Eingabe.
```

In den IF-Anweisungen dieses Programms findet kein numerischer
Vergleich statt, sondern ein T e x t v e r g l e i c h : Die
Verzweigungsbedingung W1$=W2$ (ist der Wert von Variable W1$
gleich dem von Variable W2$) vergleicht die derzeitigen Werte
zweier Textvariablen. Textvariablen enden mit einem Dollar-
zeichen $ (z.B. A$, B$, C$, ..., A1$, A2$, ...). Wie kann der
Computer feststellen, ob mit dem Textvergleich W1$<W2$ in Zeile 130 nun der Text "PREIS" kleiner ist (im Sinne von alphabetisch weiter vorne stehend) als der Text "DM-BETRAG"? Wie Ziffern werden auch Buchstaben und Sonderzeichen intern im ASCII
dargestellt (Abschnitt 1.2.3.1). Sie erhalten so je eine Code-
nummer als Ordnungsnummer. Mit den ASCII-Codenummern 80 für P
und 68 für D wird W1$<W2$ bzw. "PREIS"<"DM-BETRAG" bzw. 80<68
vom Computer als 'unwahr' erkannt; der Textvergleich führt somit nicht zur Programmverzweigung.
Text ist all' das, 'was zwischen Gänsefüßchen steht'; andere
Bezeichnungen sind String, Zeichenkette oder Zeichendaten.
Beim Textvergleich kann wie beim numerischen Vergleich mit den
Vergleichs-Operatoren =, <> (ungleich), >, <, >= (größer oder
gleich) und <= gearbeitet werden.

3.1.2.4 Fallabfrage

Die Schachtelung von mehr als zwei Auswahlstrukturen wird auch
dann schnell unübersichtlich, wenn IF..THEN..ELSE..-Konstruk-
tionen gebildet werden. Zur Vereinfachung der Mehrseitigen
Auswahl bietet MBASIC deshalb die F a l l a b f r a g e mit

Struktogramm zu MWST:

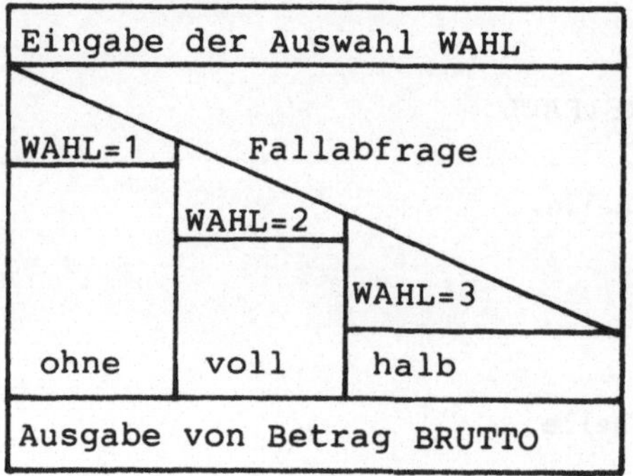

Zwei Ausführungen zu MWST:

```
Bruttobetrag incl. Mehrwertsteuer.
Welcher Nettobetrag? 1500
Ohne MWST        1
Volle MWST       2
Halbe MWST       3
Wahl 1, 2 oder 3? 2
Bruttobetrag: 1710 DM.

Bruttobetrag incl. Mehrwertsteuer.
Welcher Nettobetrag? 1500
Ohne MWST        1
Volle MWST       2
Halbe MWST       3
Wahl 1, 2 oder 3? 3
Bruttobetrag: 1605 DM.
```

der Anweisung ON..GOTO an. Das Programm MWST zeigt, daß über
die e i n e Anweisung
  230 ON WAHL GOTO 240,250,260
d r e i Verzweigungen ausgeführt werden: Für WAHL=1 wird nach
Zeile 240 verzweigt, für WAHL=2 nach Zeile 250 und für WAHL=3
nach Zeile 260.
Da die Anweisung ON..GOTO in WAHL ganzzahlige Werte erwartet,
müssen entsprechende Eingabefehler zuvor in den Zeilen 210 und
220 abgewiesen werden. INT(WAHL) liefert den ganzzahligen Teil
von WAHL (INT(3.45) ergibt 3; INT(2.9) ergibt 2).

Codierung zu Programm MWST:

```
100 REM ====== Programm MWST
110 PRINT "Bruttobetrag incl. Mehrwertsteuer."
120 REM ====== Vereinbarungsteil
130 ' NETTO, MWST, BRUTTO:     DM-Betraege
140 ' WAHL:                    Hilfsvariable fuer Auswahl

150 REM ====== Anweisungsteil
160 INPUT "Welcher Nettobetrag"; NETTO
170 PRINT "Ohne MWST        1"
180 PRINT "Volle MWST       2"
190 PRINT "Halbe MWST       3"
200 INPUT "Wahl 1, 2 oder 3"; WAHL
210 IF WAHL<1 OR WAHL>3 THEN PRINT "... Intervall.": GOTO 170
220 IF WAHL<>INT(WAHL) THEN PRINT "... Ganzzahlig.": GOTO 170
230 ON WAHL GOTO 240, 250, 260
240    LET MWST=1: GOTO 270
250    LET MWST=1.14: GOTO 270
260    LET MWST=1.07
270 LET BRUTTO = NETTO * MWST
280 LET BRUTTO = INT(BRUTTO * 100 + .5) / 100
290 PRINT "Bruttobetrag:"; BRUTTO; "DM."
300 END
```

3.1.3 Programme mit Schleifen

Programme mit Schleifen enthalten Wiederholungsstrukturen, die
nach der allgemeinen Darstellung in Abschnitt 1.3.3.3 jetzt in
MBASIC an Programmbeispielen veranschaulicht werden sollen.

3.1.3.1 Abweisende Schleife

Programm KAPITAL1 ermittelt für ein Kapital K bei einem Zinssatz P das verzinste Kapital zum Ende des 1., 2., 3. .. Jahres
und endet, sobald sich das Anfangskapital verdoppelt hat. Jede
Schleife besteht aus einem Vorbereitungsteil (einmal durchlaufen: Zeilen 170-190) und aus einem Wiederholungsteil (mehrmals
durchlaufen: Zeilen 200-230); im Ausführungsbeispiel wird dieser 9mal durchlaufen.

Die Schleife in Programm KAPITAL1 heißt a b w e i s e n d, da
die Schleifenabfrage 220 WHILE K<KE am Anfang des Wiederholungsteils steht und damit eine versuchte Wiederholung abwei-
sen kann. Andere Bezeichnungen für diesen Schleifentyp sind:
WHILE-DO-Schleife, Solange-tue-Schleife, Schleife mit vorhe-
riger Abfrage.
MBASIC stellt zur Steuerung der abweisenden Schleife die Anweisung WHILE..WEND bereit:

```
200 WHILE ....        Schleifenbeginn mit Schleifenabfrage
...
...                   ... Wiederholungsteil der Schleife
...
230 WEND              Schleifenende
```

Codierung zu KAPITAL1:   PAP zu KAPITAL1:

```
100 REM ====== Progamm KAPITAL1
110 PRINT "Kapitalien bis zur Verdopplung."
120 REM ====== Vereinbarungsteil
130 ' K:    Kapital in DM
140 ' KE:   Endkapital in DM
150 ' P:    Zinssatz in %

160 REM ====== Anweisungsteil
170 INPUT "Eingesetztes Kapital"; K
180 INPUT "Jahreszinssatz:      "; P
190 LET KE = 2*K

200 WHILE K<KE           'Schleifenbeginn
210    LET K = K+K*P/100
220    PRINT " "; K
230 WEND                 'Schleifenende

240 PRINT "Ende nach Verdopplung." : END
```

Struktogramm zu KAPITAL1:   Ausführung zu KAPITAL1:

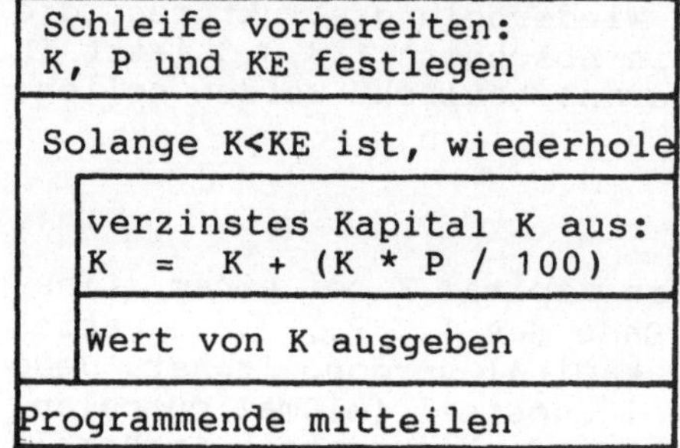

Schleife vorbereiten: K, P und KE festlegen
Solange K<KE ist, wiederhole
verzinstes Kapital K aus: K = K + (K * P / 100)
Wert von K ausgeben
Programmende mitteilen

Kapitalien bis zur Verdopplung.
Eingesetztes Kapital? 50000
Jahreszinssatz: ? 9
        54500
        59405
        64751.5
        70579.1
        76931.2
        83855
        91402
        99628.1
        108595
Ende nach Verdopplung.

3.1.3.2 Nicht-abweisende Schleife

Die Ausführungen der Programme KAPITAL2 und KAPITAL1 stimmen
überein, nicht aber ihre Codierungen: Programm KAPITAL2 hat
eine n i c h t - a b w e i s e n d e Schleife, da bei der
Codierung die Schleifenabfrage am Ende des Wiederholungsteils
in Zeile 220 steht. Für diesen Schleifentyp stellt MBASIC keine gesonderte Anweisung bereit; deshalb müssen wir die Schleife mittels IF..THEN.. steuern. Jede nicht-abweisende Schleife
kann auch als abweisende Schleife programmiert werden. Da dieser Schleifentyp in MBASIC elegant mittels WHILE..WEND formuliert werden kann, findet man den nicht-abweisenden Schleifentyp relativ selten.
Andere Bezeichnungen für die nicht-abweisende Schleife sind:
REPEAT-UNTIL-Schleife, Wiederhole-bis-Schleife sowie Schleife
mit nachheriger Abfrage.

Struktogramm zu KAPITAL2:   PAP zu KAPITAL2:

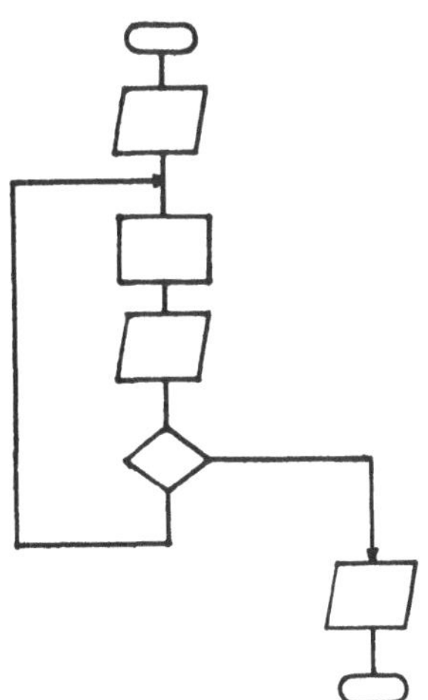

| Anfangswerte K, P und KE |
| K = K + (K * P / 100) |
| K ausgeben |
| wiederhole bis K>=KE ist |
| Programmende |

Codierung zu Programm KAPITAL2:

```
100 REM ====== Programm KAPITAL2
110 PRINT "Kapitalien bis zur Verdopplung."
120 REM ====== Vereinbarungsteil
130 ' K:   Kapital in DM
140 ' KE:  Endkapital in DM
150 ' P:   Zinssatz in %

160 REM ====== Anweisungsteil
170 INPUT "Eingesetztes Kapital"; K
180 INPUT "Jahreszinssatz:      "; P
190 LET KE = 2*K

200   LET K = K+K*P/100   'Schleifenbeginn
210   PRINT " "; K
220   IF K<KE THEN 200    'Schleifenende

230 PRINT "Ende nach Verdopplung." : END
```

3.1.3.3 Schleife mit Abfrage in der Mitte

Am Spielprogramm ZUFALL wollen wir den Schleifentyp 'Abfrage
in der Mitte des Wiederholungsteils' zeigen: Die Schleifenabfrage 250 IF Z=D GOTO 280 befindet sich inmitten des Wieder-

holungsteils (Zeile 230 bis Zeile 270). Aus dem Struktogramm
sehen wir deutlich, daß innerhalb der Schleife noch eine Zweiseitige Auswahlstruktur eingeschachtelt ist: Wenn $Z>D$, dann zu
groß, sonst zu klein. Dieses Programm ZUFALL ist mit drei Programmstrukturen bereits recht komplex: Folgestruktur (170 bis
220), dann Wiederholungsstruktur (230-270) mit eingeschachtel-
ter Auswahlstruktur (260).

Zu den beiden F u n k t i o n e n RND und INT in Zeile 220:
RND (von Random=Zufall) erzeugt eine Zufallszahl, wobei hinter
dem Wort RND in Klammern ein Zahlenausdruck oder nichts stehen
kann (für 0 gibt RND stets dieselbe Zufallszahl an, sonst eine
neue Zufallszahl zwischen 0 und 1).
Die Funktion INT (von Integer=ganzzahlig) schneidet eventuell
vorhandene Kommastellen ab. Die hier im Ausführungsbeispiel zu
Programm ZUFALL vom Computer erzeugte Zahl 108 kann in Zeile
    220 LET D = INT(A*RND(A)+N)
zum Beispiel wie folgt nach D zugewiesen worden sein: RND(A)
ergibt 0.88249; A bzw. 10 mal 0.88249 ergibt 8.8249;N bzw. 100
plus 8.8249 ergibt 108.8249; INT(108.8249) ergibt schließlich
108.
Die Anweisung
    210 RANDOMIZE
setzt den Anfangswert für die Erzeugung von Zufallszahlen mit
RND neu fest. Programmiert man z.B. 210 RANDOMIZE 12000, dann
läuft das Programm durch (Anfangswert dabei 12000). Unser Programm ZUFALL enthält die RANDOMIZE-Anweisung o h n e Argument;
deshalb hält das Programm bei Ausführung von Zeile 210 an.

Codierung zu Programm ZUFALL mit Funktion RND:

```
100 REM ====== Programm ZUFALL
110 PRINT "Raten einer Zahl als Spielprogramm."

120 REM ====== Vereinbarungsteil
130 ' Z:     Jeweilige Benutzereingabe ueber Tastatur
140 ' D:     Vom Computer erzeugte Zufallszahl
150 ' A,N:   Grenzen zur Auswahl einer Zufallszahl
160 ' V:     Versuchszaehler

170 REM ====== Anweisungsteil
180 PRINT "Eine Zahl wird zufaellig aus den A"
190 PRINT "auf N folgenden Zahlen erzeugt."
200 INPUT "Werte fuer A,N"; A,N
210 RANDOMIZE
220 LET D = INT(A * RND(A) + N)  :  LET V=0

230    INPUT "Ihre Zahl"; Z          'Schleifenbeginn
240    LET V=V+1
250    IF Z=D THEN 280      'Schleifenabfrage
260    IF Z>D
          THEN PRINT "... zu gross."
          ELSE PRINT "... zu klein."
270    GOTO 230                  'Schleifenende

280 PRINT "Treffer"; D; "nach"; V; "Versuchen."
290 PRINT "Ende des Spiels." : END
```

Struktogramm zu ZUFALL: Ausführung zu ZUFALL:

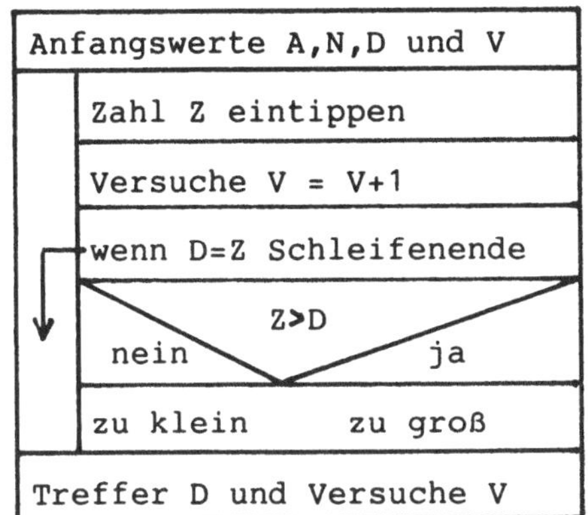

Raten einer Zahl als Spielprogramm.
Eine Zahl wird zufaellig aus den A
auf N folgenden Zahlen erzeugt.
Werte fuer A,N? 10 , 100
Random number seed (-32768-to 32767)?
Ihre Zahl? 105   12000
... zu klein.
Ihre Zahl? 109
... zu gross.
Ihre Zahl? 108
Treffer 108 nach 3 Versuchen.
Ende des Spiels.

3.1.3.4 Zählerschleife

Läßt man ein Testprogramm auf verschiedenen Computern laufen,
um über den Vergleich der Ergebnisse deren Leistungen zu beur-
teilen, spricht man von einem Benchmark-Test.
Ein einfacher Test besteht darin, 2000 mal 10 durch 3 zu teilen, um über die hierfür benötigte Zeit dann auf die Verarbeitungsgeschwindigkeit des Computers bzw. der CPU zu schließen.
Das folgende Programm BENCHMAR enthält dieses Testverfahren.

Codierung zu BENCHMAR: PAP zu BENCHMAR:

```
100 REM ====== Programm BENCHMAR
110 PRINT "Test zur Verarbeitungsgeschwindigkeit."
120 PRINT T; " - Testbeginn (bitte warten)"
130    FOR Z = 1 TO 2000 : LET T=10/3 : NEXT Z
140 PRINT T; " - Testende"
150 END
```

Ausführung zu BENCHMAR:

Test zur Verarbeitungsgeschwindigkeit.
 0 - Testbeginn (bitte warten)
 3.33333 - Testende

Struktogramm zu BENCHMAR:

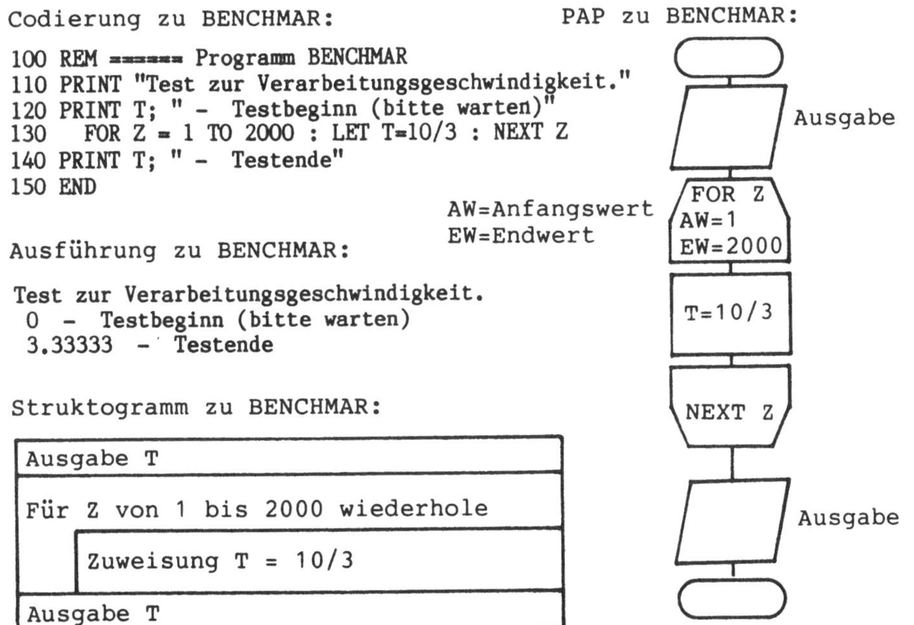

Ausgabe T

Für Z von 1 bis 2000 wiederhole

Zuweisung T = 10/3

Ausgabe T

In der Zeile 130 von Programm BENCHMAR finden wir eine Zählerschleife, die sich genau 2000 mal wiederholt: die Variable
Z durchläuft die Werte 1,2,3,...,2000 und heißt deswegen
auch L a u f v a r i a b l e. Da Z dabei jeweils um 1 hochge-
zählt wird, nennt man sie Zählervariable und kurz Z ä h l e r.
MBASIC stellt die Anweisungen FOR und NEXT bereit, um die
Z ä h l e r s c h l e i f e zu kontrollieren.
Statt in einer Zeile kann man die Zählerschleife von Programm
auch wie folgt in drei Zeilen schreiben:

```
130 FOR Z=1 TO 2000  -Für Z, das von 1 bis 2000 laufen soll
131 LET T=10/3       -Bei jedem Durchlauf 10/3 nach T bringen
132 NEXT Z           -Z um 1 erhöhen und ggf. nach 130 gehen
```

Da die Überprüfung der Schleife am Anfang in der FOR-Anweisung
stattfindet, wird eine Schleife mit FOR X=5 TO 5 kein einziges Mal durchlaufen.
Der PAP zu BENCHMAR zeigt die Sinnbilder der Zählerschleife:
zwei 'abgeschrägte' Rechtecke für den Schleifenanfang (FOR)
und für das Schleifenende (NEXT).

Beispiele für gültige FOR-Anweisungen (Werte der Laufvariablen
in Klammern): FOR I=100 TO 102 (100,101,102), FOR S1=3 TO EWER
(3,4 bei EWER=4), FOR D=0 TO 6 STEP 2 (0,2,4,6), FOR A=9 TO 13
STEP 3 (9,12), FOR I=8 TO 6 STEP -1 (8,7,6), FOR A=1 TO 1 (1).
Mit STEP kann man dabei für die Laufvariable eine von 1 abwei-
chende Schrittweite angeben. Ist STEP negativ, so muß der An-
gangswert natürlich größer sein als der Endwert.

MBASIC stellt uns zwei Anweisungspaare zur Schleifensteuerung
zur Verfügung: WHILE..WEND und FOR..NEXT . Die Überprüfung
auf Schleifenende wird stets zu B e g i n n der Wiederholung
vorgenommen, also in WHILE bzw. in FOR .

```
              Anweisungen zur Schleifensteuerung

WHILE..WEND für die              FOR..NEXT für die
abweisende Schleife              Zählerschleife:


100 WHILE A=5                    100 FOR Z=1 TO 10
...                             ...
... (Wiederholung)              ... (Wiederholung)
...                             ...
200 WEND                        200 NEXT Z


Solange A gleich 5 ist          Für Z von 1 bis 10
wiederhole                      wiederhole
```

Anweisungen WHILE..WEND und FOR..NEXT

3.1.3.5 Unechte Zählerschleife

Eine u n e c h t e Zählerschleife liegt vor, wenn mit den
Anweisungen FOR-NEXT überhaupt nicht gezählt werden soll, d.h.

wenn diese beiden so bequem verwendbaren Anweisungen 'nur' zum
Zwecke der Schleifensteuerung programmiert werden. Das folgende Programm FAHRTENB demonstriert das anhand einer Kfz-Benzin-
abrechnung.
In der Zählerschleife (Zeilen 230 - 330) wird in der Anweisung
230 FOR Z = 1 TO 999 mit 999 ein normalerweise nicht erreich-
barer Endwert angegeben, weil der eigentliche Schleifenausgang
in Zeile 260 vorgesehen ist: Bei Eingabe von Null (K1=0?) wird
die Laufvariable auf 999 gesetzt (LET Z=999) und nach 330 zur
NEXT-Anweisung verzweigt. Ebenso könnte die Schleife durch eine Verzweigung 260 IF K1=0 THEN 340 direkt verlassen; diese
Möglichkeit widerspricht jedoch dem Prinzip der strukturierten
Programmierung, für jede Programmstruktur je e i n e n Eingang und Ausgang vorzusehen (vgl. Abschnitt 1.3.7.4).

```
Ein Ausgang (Zeile 230):        Zwei Ausgänge (260, 230):

230 FOR Z = 1 TO 999            230 FOR Z = 1 TO 999
...                             ...
260 IF K1=0 THEN Z=999: GOTO 330   260 IF K1=0 THEN 340
...                             ...
330 NEXT Z                      330 NEXT Z
340 ...                         340 ...

gut: ein Eingang, ein Ausgang   schlecht: unklare Struktur
```

Unechte Zählerschleife auf zwei Arten programmiert

Ausführung zu Programm FAHRTENB: PAP zu FAHRTENB:

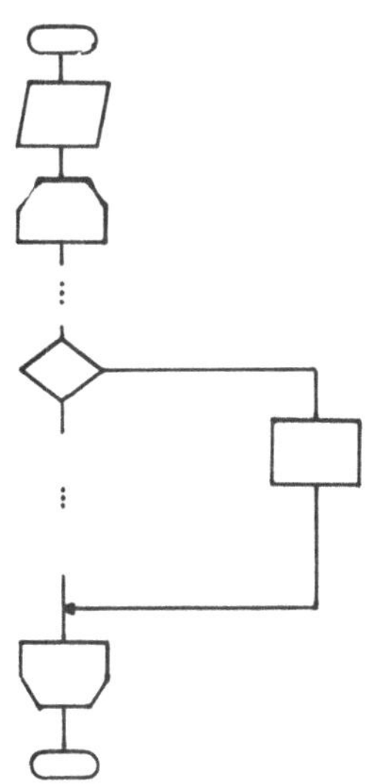

Kfz-Benzinverbrauchswerte ermitteln
aus Eintragungen im Fahrtenbuch.

Anfangskilometerstand (Tank voll)? 60000
  1 . Tanken: Km-Stand, Liter, DM (0=Ende)
          ? 60100 , 10 , 14
Verbrauch: 10 Liter/100 km
Benzinpreis: 1.4 DM/Liter

  2 . Tanken: Km-Stand, Liter, DM (0=Ende)
          ? 60260 , 20 , 29
Verbrauch: 12.5 Liter/100 km
Benzinpreis: 1.45 DM/Liter

  3 . Tanken: Km-Stand, Liter, DM (0=Ende)
          ? 0,0,0

Kilometer gesamt   : 260.00 km
Ausgabe gesamt   : 43.00 DM
Verbrauch (Mittel) : 11.54 Liter/100 km
Benzinpreis (Mittel):   1.43 DM/Liter

Codierung zu Programm FAHRTENB mit einer Schleife in 230-330:

```
100 REM ====== Programm FAHRTENB
110 PRINT "Kfz-Benzinverbrauchswerte ermitteln"
120 PRINT "aus Eintragungen im Fahrtenbuch.": PRINT

130 REM ====== Vereinbarungsteil
140 ' K1:          Km-Stand laut Fahrtenbuch
150 ' L1:          Literverbrauch laut Fahrtenbuch
160 ' D1:          DM-Betrag fuer Tanken laut Fahrtenbuch
170 ' V1:          Verbrauch in Liter je 100 km
180 ' K,L,D,V,B:   Entsprechende Gesamtwerte
190 ' Z:           Laufvariable fuer Zaehlerschleife

200 REM ====== Anweisungsteil
210 INPUT "Anfangskilometerstand (Tank voll)"; KO
220 LET K=0 : LET L=0 : LET D=0
230 FOR Z = 1 TO 999                       'Schleifenanfang
240    PRINT Z;". Tanken: Km-Stand, Liter, DM (0=Ende)"
250    INPUT "            "; K1,L1,D1
260     IF K1=0 THEN LET Z=999: GOTO 330   'Signal fuer Schleifenende
270    LET K1=K1-KO : K=K+K1 : L=L+L1 : D=D+D1
280    LET V1=100*L1/K1
290    PRINT "Verbrauch:   ";V1;"Liter/100 km"
300    LET B1=D1/L1
310    PRINT "Benzinpreis: ";B1;"DM/Liter"
320    LET KO=KO+K1 : PRINT
330 NEXT Z                                 'Schleifenende
340 LET V=100*L/K : LET B=D/L : PRINT
350 LET M$="\                 \: ###.## \           \"
360 PRINT USING M$; "Kilometer gesamt", K, "km"
370 PRINT USING M$; "Ausgabe gesamt", D, "DM"
380 PRINT USING M$; "Verbrauch (Mittel)", V, "Liter/100 km"
390 PRINT USING M$; "Benzinpreis (Mittel)", B, "DM/Liter"
400 END
```

Zur A u s g a b e f o r m a t i e r u n g wird im Programm
FAHRTENB die Anweisung PRINT USING verwendet. Dabei dient die
Variable M$ als Druckmaske bzw. Formatstring (vgl. Abschnitt
3.4.2.4).

Zu Beginn jeder Ausführung des Programmes FAHRTENB ist vollkommen offen, wie oft die Schleife durchlaufen wird. Man nennt
diese Schleife deshalb auch eine o f f e n e Schleife. Dem-
gegenüber wurde Programm BENCHMAR als g e s c h l o s s e n e
Schleife jeweils immer 2000 mal durchlaufen. Die Anzahl der
Schleifendurchläufe ist dabei konstant.

3.1.3.6 Schachtelung von Zählerschleifen

Mehrere Programmstrukturen können entweder hintereinander oder
geschachtelt in e i n e m Programm angeordnet sein (vgl. Ab-
schitt 1.3.3.5). Bei der Schachtelung von Zählerschleifen ist
zu beachten, daß die zuerst begonnene äußere Schleife zuletzt
beendet wird, daß die innere Schleife somit vollständig eingeschachtelt ist. Im Beispiel mit X-Schleife außen und Y-Schleife innen wird in 400 das Wort TEST 12 mal (3*4=12) ausgegeben.

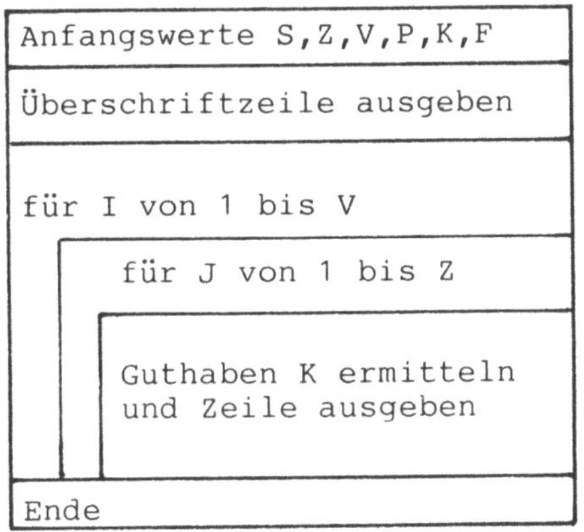

Schachtelung mit innerer Y-Schleife und äußerer X-Schleife

Im Programm namens RATENSPA sind ebenfalls 2 Zählerschleifen
geschachtelt angeordnet: Die innere Schleife mit der Laufvariablen I für die Jahre (im Ausführungsbeispiel I=1,2,3,4) sowie
die äußere Schleife mit J für die Anzahl der jährl. Zahlungen
(im Beispiel J=1,2). Die Beispieltabelle weist damit 8 Druck-
zeilen auf, da die PRINT USING-Anweisung in Zeile 310 genau
8 mal (4*2=8) durchlaufen wird.

Struktogramm zu RATENSPA: Ausführung zu RATENSPA:

Anfangswerte S,Z,V,P,K,F
Überschriftzeile ausgeben
für I von 1 bis V
für J von 1 bis Z
Guthaben K ermitteln und Zeile ausgeben
Ende

Entwicklung des Guthabens beim Raten-
sparen als Uebersichtstabelle.
Sparrate, Zahlungen/Jahr? 200,2
Vertragslaufzeit (Jahre)? 4
Zinssatz (% pro Jahr) ? 12

Jahr	Monat	Guthaben
1	1	212.00
1	2	436.72
2	1	674.92
2	2	927.42
3	1	1195.06
3	2	1478.77
4	1	1779.49
4	2	2098.26

Ende.

Codierung zu RATENSPA (Schleifen in Zeilen 280-330):

```
100 REM ====== Programm RATENSPA
110 PRINT "Entwicklung des Guthabens beim Raten-"
120 PRINT "sparen als Uebersichtstabelle."

130 REM ====== Vereinbarungsteil
140 ' S:    Sparrate in DM gleichbleibend
150 ' Z:    Anzahl der Zahlungen pro Jahr
160 ' V:    Vertragslaufzeit des Ratensparens
170 ' P:    Jahreszinssatz in %
180 ' F:    Zinsfaktor aus der Zinsformel
190 ' K:    Kapital als neues Endguthaben
200 ' I:    Laufvariable fuer aeussere Jahresschleife
210 ' J:    Laufvariable fuer innere Monatsschleife
```

```
220 REM ====== Anweisungsteil
230 INPUT "Sparrate, Zahlungen/Jahr"; S,Z
240 INPUT "Vertragslaufzeit (Jahre)"; V
250 INPUT "Zinssatz (% pro Jahr)    "; P
260 LET K=0 : LET F=1+P/Z/100
270 PRINT : PRINT " Jahr   Monat        Guthaben"

280 FOR I = 1 TO V               'Beginn der aeusseren Schleife
290   FOR J = 1 TO Z             'Beginn der inneren Schleife
300     LET K = (K+S) * F
310     PRINT USING "  ##      ##        #######.##"; I,J,K
320   NEXT J                     'Ende der inneren Schleife
330 NEXT I                       'Ende der aeusseren Schleife

340 PRINT "Ende." : END
```

Die Vorschriften für die Schachtelung von Zählerschleifen mit
FOR..NEXT gelten entsprechend auch für die Schachtelung von
abweisenden Schleifen mit WHILE..WEND.

3.1.4 Programm mit Unterprogramm

Die Verwendung von Unterprogrammen bietet entscheidende Vorteile:
- Ein in Unterprogramme gegliedertes Programm ist stets besser
  l e s b a r als ein ungegliedertes Gesamtprogramm.
- Einen an mehreren Stellen im Programm benötigten Ablauf muß
  man nur e i n m a l als Unterprogramm codieren.
- Oft benötigte Verfahren können gesammelt und bei Bedarf im
  neuen Programm als B a u s t e i n e eingesetzt werden.
- Bei größeren Vorhaben können Teilabläufe von verschiedenen
  Personen g e t r e n n t entwickelt und dann zu einem Pro-
  grammkomplex zusammengesetzt werden.
In MBASIC kann man Unterprogramme durch die Anweisungen GOSUB
und RETURN verwirklichen oder als Funktionen.

3.1.4.1 Unterprogramme mit GOSUB und RETURN

Programm DEMO-UPR demonstriert, wie ein e i n m a l codiertes Unterprogramm (Zeilen 1000, 1010) z w e i m a l aufgerufen wird (Zeilen 140 und 180). Zu trennen ist also die Unter-
programmcodierung (ein oder mehrere Zeilen mit RETURN am Ende)
einerseits und der Unterprogrammaufruf (durch GOSUB) andererseits. In BASIC ist das Unterprogramm immer Teil des Hauptpro-
gramms.
Zweck des Unterprogramms ist es, die jeweilige Tastatureingabe
um 10 zu erhoehen. Da sich die Eingabe im Hauptprogramm zuerst
in X und dann in Y befindet, ist vor jedem Unterprogrammaufruf
die Eingabe einer Variablen namens PAR (Parameter) zuzuweisen,
um dann das Unterprogramm mit GOSUB 1000 aufzurufen, die Er-
höhung mit 1000 LET PAR=PAR+10 auszuführen, mit 1010 RETURN
in die jeweilige Folgezeile 150 bzw. 190 zurückzukehren und im
Hauptprogramm fortzufahren. Die etwas umständliche Anweisungsfolge 'LET PAR=X : GOSUB 1000 : LET X=PAR' ist erforderlich,
da ein Unterprogrammaufruf wie etwa 'GOSUB(X) 1000' mit einer

tatsächlichen Parameterübergabe in MBASIC nicht Standard ist.

Codierung zu DEMO-UPR: PAP zu DEMO-UPR:

```
100 REM ====== Programm DEMO-UPR
110 PRINT "Ein Unterprogramm zweimal aufrufen."
120 INPUT "Wert von X <---"; X
130 ' ****** ERSTER UNTERPROGRAMM-AUFRUF ********
140 LET PAR=X : GOSUB 1000
150 LET X=PAR : PRINT "X um 10 erhoeht --->";X
160 ' ****** ZWEITER UNTERPROGRAMM-AUFRUF *******
170 INPUT "Wert von Y <---"; Y
180 LET PAR=Y : GOSUB 1000
190 LET Y=PAR : PRINT "Y um 10 erhoeht --->";Y
200 PRINT "Ende." : END

210 REM ====== Unterprogramm ERHOEHEN
1000 LET PAR = PAR+10
1010 RETURN
```

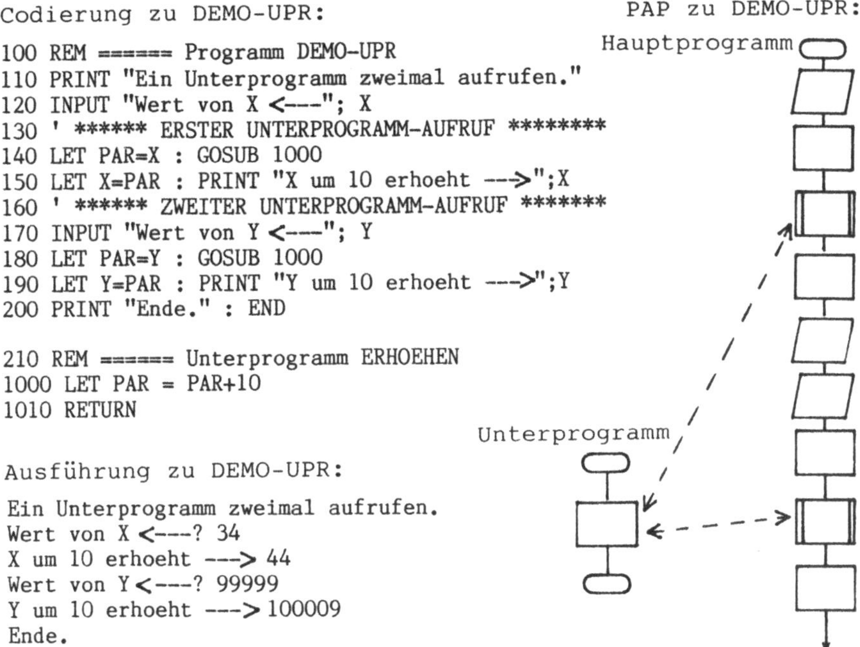

Ausführung zu DEMO-UPR:

Ein Unterprogramm zweimal aufrufen.
Wert von X <---? 34
X um 10 erhoeht ---> 44
Wert von Y <---? 99999
Y um 10 erhoeht ---> 100009
Ende.

Die Anweisung 140 GOSUB 1000 merkt sich die Folgezeile 150 als
Rückkehradresse und verzweigt nach Zeile 1000 zum dort anfang-
enden Unterprogramm. Die Anweisung 1010 RETURN beendet das Unterprogramm und verzweigt zu der (zuletzt) gemerkten Rückkehradresse. Beispiele für Anweisungen zum Unterprogrammaufruf:

- 140 GOSUB 1000   unbedingter Aufruf
- 140 IF A=3 THEN GOSUB 1000   numerisch bedingter Aufruf
- 140 IF B$="JA" THEN GOSUB 1000   Text-bedingter Aufruf
- 140 ON C GOSUB 1000,2000,3000   Fallabfrage mit Aufruf

3.1.4.2 Standardfunktionen und selbstdefinierte Funktionen

Funktionen sind besondere Unterprogramme, die stets mit ihrem
Namen aufgerufen werden. Für häufig wiederkehrende Probleme
sind Funktionen standardmäßig vorgegeben und für spezielle Be-
nutzerprobleme können sie von diesem selbst definiert werden.

Das in Klammern hinter der Funktion geschriebene Argument kann
eine Konstante (INT(9.7)), eine Variable (INT(Z)) oder ein be-
liebiger Ausdruck sein (INT(9.7+Z)).

Das Programm DEMO-FUN stimmt in seiner Ausführung mit Programm
DEMO-UPR überein, nicht aber in der BASIC-Codierung: Das in
DEMO-UPR mittels GOSUB und RETURN geschriebene Unterprogramm
wird in DEMO-FUN über eine benutzerdefinierte Funktion mittels

```
VORGEGEBENE STANDARDFUNKTIONEN AUFRUFEN:
- Numerische Funktionen:
  Ganzzahl:      INT(3.8) ergibt 3, INT(2.1111) ergibt 2
  Betrag:        ABS(-2) ergibt 2, ABS(2) ergibt 2
  Vorzeichen:    SGN(-2) ergibt -1, SGN(2) ergibt +1
  Zufallszahl:   RND ergibt z.B. 0.8724
  Weitere:       ATN, COS, EXP, LOG, SIN, SQR, TAN
  (vgl. Abschnitt 2.2.2.2)

- String-Funktionen bzw. Text-Funktionen:
  ASC, CHR$, INSTR, LEFT$, LEN, MID$, STR$, RIGHT$ und VAL
  (vgl. Abschnitte 2.2.2.2 und 3.3)

- System-Funktionen:
  FRE, PEEK, POKE und USR (vgl. Abschnitt 3.5)


FUNKTIONEN SELBST DEFINIEREN UND AUFRUFEN:
- Definition der Funktion mit Anweisung DEF FN ...
- Aufruf der Funktion durch FN ...
```

Zwei Arten von Funktionen

DEF FN programmiert. In der hierfür vorgesehenen Anweisung
   140 DEF FN ERHOEH(PAR)=PAR+10
schreiben wir hinter FN den Funktionsnamen ERHOEH, gefolgt
von einem Parameter PAR, dem das Ergebnis von PAR+10 zugewiesen wird. PAR vertritt als f o r m a l e r Parameter beim
Unterprogrammaufruf den entspr. a k t u e l l e n Parameter
X (1. Aufruf: FN ERHOEH(X)) sowie Y (2. Aufruf: FN ERHOEH(Y)).

Codierung zu Programm DEMO-FUN: Ausführung zu DEMO-FUN:


```
100 REM ====== Programm DEMO-FUN          Eine Funktion definieren
110 PRINT "Eine Funktion definieren"      und dann zweimal aufrufen.
120 PRINT "und dann zweimal aufrufen."    Wert von X? 34
                                          X um 10 erhoeht ergibt 44
130 ' *** FUNKTION DEFINIEREN ********    Wert von Y? 99999
140 DEF FN ERHOEH(PAR) = PAR+10           Y um 10 erhoeht ergibt 100009
150 ' *** ERSTER FUNKTIONS-AUFRUF ****    Ende.
160 INPUT "Wert von X"; X
170 PRINT "X um 10 erhoeht ergibt"; FN ERHOEH(X)
180 ' *** ZWEITER FUNKTIONS-AUFRUF ************
190 INPUT "Wert von Y"; Y
200 PRINT "Y um 10 erhoeht ergibt"; FN ERHOEH(Y)
210 PRINT "Ende." : END
```


3.2 Drei Beispiele zur Programmiertechnik

Zu den in Abschnitt 1.3.7.4 dargestellten Programmiertechniken
betrachten wir drei Beispiele: Menütechnik, Standardisierung
und Verzweigungstechnik mit Wahrheitswerten.

3.2.1 Strukturiert programmieren: Menütechnik

Bei der Ausführung des Programms MENUE werden dem Benutzer
sieben Wahlmöglichkeiten am Bildschirm angeboten - vergleichbar mit den Gängen eines Menüs auf der Speisekarte. Aus diesem
Grunde spricht man in der DV von der M e n ü t e c h n i k .
Filgende Punkte kennzeichnen diese Technik:
(1) Auswahl einer Tätigkeit aus dem Menü:
    Das Menü wird am Bildschirm gezeigt, bis der Benutzer eine
    gültige Auswahl getroffen hat (Unterprogramme 'GOSUB 1000'
    und 'GOSUB 2000' in Programm MENUE).
(2) Ausführung dieser Tätigkeit in einem Unterprogramm:
    Über eine Mehrseitige Auswahl als Fallabfrage wird ein Un-
    terprogramm aufgerufen (Anweisung 140 ON M GOSUB ...) , um
    die gewählte Tätigkeit dann auszuführen.
(3) Wiederholtes Menüangebot mit Programmende über das Menü:
    Nach dieser Ausführung wird das Menü erneut gezeigt. Abge-
    brochen wird der Programmlauf stets über das Menü (Wahl 7)
    bzw. über das Steuerprogramm (hier Zeile 150), nicht aber
    über ein Unterprogramm.

Die sieben Tätigkeiten KONTOSTAND, EINZAHLUNG,.. werden in den
Zeilen 1030-1040 unter DATA gespeichert. Soll das Menüprogramm
für andere Zwecke verwendet werden, müssen ausschließlich diese Zeilen geändert werden.

Die Anweisungen READ mit DATA dienen der Speicherung programm-
interner Daten. Jede READ-Anweisung rückt dabei einen Lesezeiger um 1 weiter. Die Anweisung RESTORE setzt den Lesezeiger
auf Ausgangsposition 1 zurück. Die Daten können auf beliebig
viele DATA-Anweisungen verteilt werden; wesentlich ist allein
die Reihenfolge: 10 DATA 4,7 entspricht 10 DATA 4   11 DATA 7.

```
1000 READ N                Nach N wird die Ziffer 7 eingelesen.

1010 FOR I=1 TO N          Nach M$ werden 7 Textworte eingelesen
1011    READ M$(I)         (M$ ist ein String-Array).
1012 NEXT I
                                          Inhalt von M$:
1030 DATA 7, KONTOSTAND                   | KONTOSTAND      |
1031 DATA EINZAHLUNG,AUSZAHLUNG           | EINZAHLUNG      |
1032 DATA NEUES KONTO, KONTO LOESCHEN     | AUSZAHLUNG      |
1033 DATA GESAMTLISTE, PROGRAMMENDE       | NEUES KONTO     |
                                          | KONTO LOESCHEN  |
READ weist einer oder mehreren Variablen   | GESAMTLISTE     |
Werte zu, die unter DATA gespeichert sind. | PROGRAMMENDE    |
```

Anweisungen READ und DATA zur Datenspeicherung im Programm

Die Anweisung
   140 ON M GOSUB 3000,4000,5000,6000,7000,8000,9000
ruft für M=1 das Unterprogramm ab Zeile 3000 auf, für M=2 das
Unterprogramm ab Zeile 4000 usw, wobei als Rückkehradresse für
die RETURNs die Zeile 140 gespeichert wird. Durch die Fehler-
abfragen in Zeile 2040-2050 wird sichergestellt, daß in M tatsächlich nur einer der ganzzahligen Werte 1,2,....,7 vorliegt.

In Zeile 2030 wird die Menü-Auswahl des Benutzers bewußt nicht
einer numerischen Variablen W, sondern einer Textvariablen W$
zugewiesen. Damit soll ein 'Aussteigen' des Computers bei feh-
lerhafter Eingabe verhindert werden. Mit dem Funktions-Aufruf
VAL(W$) wird der Text in W$ in einen Zahlenwert umgewandelt.

Codierung zu Programm MENUE: PAP zu MENUE:

```
100 REM ====== Progrmm MENUE
110 PRINT "Menue-Demonstration mit Wahl in DATA."
120 GOSUB 1000
130    GOSUB 2000
140    ON M GOSUB 3000,4000,5000,6000,7000,8000,9000
150    IF M=7 THEN PRINT "Ende." : END
160    INPUT "Weiter mit RETURN"; W$ : HOME: GOTO 130

1000 READ N: DIM M$(N)        'Menue-Angebot nach M$ lesen
1010 FOR I = 1 TO N : READ M$(I) : NEXT I
1020 RETURN
1030 DATA 7,KONTOSTAND,EINZAHLUNG,AUSZAHLUNG,NEUES KONTO
1040 DATA KONTO LOESCHEN, GESAMTLISTE, PROGRAMMENDE

2000 PRINT "-----Menue-Angebot-----"      'Menue selbst
2010 FOR I=1 TO N : PRINT I;"    ";M$(I) : NEXT I
2020 PRINT "-----------------------"
2030 INPUT "Ihre Menue-Auswahl"; W$ : LET M=VAL(W$)
2040 IF M<>INT(M) THEN PRINT "... ganzzahlig":GOTO 2000
2050 IF M<1 OR>M N THEN PRINT "... ausserhalb":GOTO 2000
2060 RETURN

3000 PRINT "Unterprogramm ";M$(M) : RETURN
4000 PRINT "Unterprogramm ";M$(M) : RETURN
5000 PRINT "Unterprogramm ";M$(M) : RETURN
6000 PRINT "Unterprogramm ";M$(M) : RETURN
7000 PRINT "Unterprogramm ";M$(M) : RETURN
8000 PRINT "Unterprogramm ";M$(M) : RETURN
9000 PRINT "Unterprogramm ";M$(M) : RETURN
```

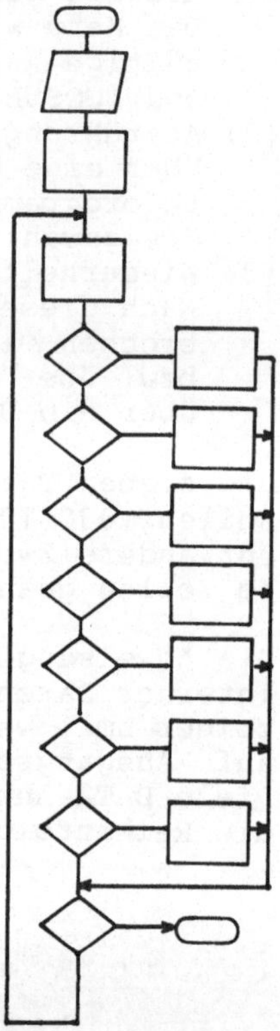

Ausführung zu Programm MENUE:

Menue-Demonstration mit Wahl in DATA.

-----Menue-Angebot-----		-----Menue-Angebot-----	
1	KONTOSTAND	1	KONTOSTAND
2	EINZAHLUNG	2	EINZAHLUNG
3	AUSZAHLUNG	3	AUSZAHLUNG
4	NEUES KONTO	4	NEUES KONTO
5	KONTO LOESCHEN	5	KONTO LOESCHEN
6	GESAMTLISTE	6	GESAMTLISTE
7	PROGRAMMENDE	7	PROGRAMMENDE

```
-----------------------          -----------------------
Ihre Menue-Auswahl? 3            Ihre Menue-Auswahl? 7
Unterprogramm AUSZAHLUNG         Unterprogramm PROGRAMMENDE
Weiter mit RETURN?
                                 Ende.
```

3.2.2 Wirtschaftlich programmieren: Standardisierung

In einer Kundendatei soll für jeden Kunden die NUMMER, der NA-
ME und der UMSATZ gespeichert werden, in einer Artikeldatei zu
jedem Artikel die BEZEICHNUNG, der PREIS und die MENGE, ... Je
nach Dateiart ist das Eingabeproblem ähnlich. Unwirtschaftlich
wäre es, für jedes Problem je ein neues Programm schreiben zu
müssen. Programm STANDARD1 zeigt die Problemlösung über e i n
Programm auf. Z w e i   V a r i a b l e n e b e n e n   werden
dabei unterschieden:

- Variablen mit beschreibenden Daten:
  Die Variablen ND$(), TD$() und LD() nehmen Angaben zu Namen,
  Datentypen und Längen der Daten auf. Diese Daten sind in der
  DATA-Zeile gespeichert. Bei Änderung ist somit nur die DATA-
  Zeile zu überprüfen.
- Variablen mit den eigentlichen Daten:
  Die Variable ID$() steht für den eigentlichen 'Inhalt der zu
  verarbeitenden Daten', z.B. für die drei Artikelangaben '101
  GOLDEN DELICIOUS 3470.50'.

Die Anweisung
  220 DIM ND$(AD)
richtet für die Variable ND$ drei 'Fächer' (da AD=3) zur spä-

Codierung zu Programm STANDARD:

```
100 REM ====== Programm STANDARD
110 PRINT "Demonstration: Programmieren in zwei Variablenebenen."

120 REM ====== Vereinbarungsteil
130 ' AD:    Anzahl der zu beruecksichtigenden Daten
140 ' ND$(): Namen der Daten als Array mit AD Komponenten
150 ' TD$(): Typen der Daten als Text-Array
160 ' LD():  Laengen der Daten als numerischer Array
170 ' ID$(): Inhalt der Daten als Text-Array
180 ' Hinweis: Bei Aenderung der Daten nur DATA-Zeile
190 ' zu aendern (I=Integer/S=String/R=Realzahl)

200 REM ====== Anweisungsteil
210 READ AD                        'Bezeichnungen gespeichert
220 DIM ND$(AD), TD$(AD), LD(AD), ID$(AD)
230 DATA 3, NUMMER,I,3, NAME,S,10, UMSATZ,R,6.2

240 FOR Z=1 TO AD                  'Leseschleife
250   READ ND$(Z), TD$(Z), LD(Z)
260 NEXT Z

270 FOR Z=1 TO AD                  'Eingabeschleife
280   PRINT ND$(Z);"   -   "; : INPUT ID$(Z)
290 NEXT Z

300 FOR Z=1 TO AD                  'Bsp.: String-Laenge pruefen
310   IF TD$(Z)="S" AND LEN(ID$(Z))>LD(Z)
        THEN PRINT "Fehlerhaft: ";ID$(Z);" ueber";LD(Z);"Stellen."
        ELSE PRINT "Fehlerfrei: ";ID$(Z)
320 NEXT Z
330 PRINT "Ende." : END
```

teren Speicherung von drei Strings ein. Diese Dimensionierung mittels DIM erklären wir in Abschnitt 3.7 ausführlich.

Programm STANDARD verdeutlicht das prinzipielle Vorgehen beim Arbeiten mit zwei Variablenebenen und ist je nach Anwendung zu ergänzen: so fehlt z.B. die Prüfung für das UMSATZ-Format 6.2 (6 Stellen, 2 Dezimalstellen).

Ausführung zu Programm STANDARD:

```
Demonstration: Programmieren in zwei Variablenebenen.
NUMMER    -    ? 101
NAME      -    ? GOLDEN DELICIOUS
UMSATZ    -    ? 3470.50
Fehlerfrei: 101
Fehlerhaft: GOLDEN DELICIOUS ueber 10 Stellen.
Fehlerfrei: 3470.50
Ende.
```

3.2.3 Einfach programmieren: Verzweigungstechnik

Das Programm BOOLEAN1 verwendet das Zeichen = zur Zuweisung wie zum Vergleich. Das erste = in Zeile 120 bewirkt eine Wertzuweisung: nach B1 wird das Ergebnis von X=Y zugewiesen. Dabei ist X=Y ein Vergleichsausdruck mit = als Vergleichszeichen und dem Vergleichsergebnis WAHR oder UNWAHR, das dann der Variablen B1 zugewiesen wird. B1 steht für 'Bedingung 1'. Der THEN-Zweig in Zeile 130 wird nur ausgeführt, wenn B1 den Wert WAHR hat.
Variablen, die nur die Werte WAHR (bzw. TRUE) und UNWAHR (bzw. FALSE) annehmen können, nennt man boolesche Variablen. Damit wird der Mathematiker George Boole geehrt, der um 1850 die Logik erforscht hat. MBASIC sieht einen solchen Datentyp BOOLEAN (vgl. Abschnitt 1.3.2.1) explizit nicht vor. Gleichwohl können wir diesen Typ wie in Programm BOOLEAN1 gezeigt verwenden.

Codierung zu BOOLEAN1:   Zwei Ausführungen zu BOOLEAN1:

```
100 REM ====== Programm BOOLEAN1          Zwei Zahlen eingeben? 5,6
110 INPUT "Zwei Zahlen eingeben"; X,Y     Ende.
120 LET B1 = X=Y
130 IF B1 THEN PRINT "Beide Zahlen gleich."   Zwei Zahlen eingeben? 4,4
140 PRINT "Ende." : END                       Beide Zahlen gleich.
                                               Ende.
```

WAHR und UNWAHR wird in MBASIC durch die Zahlen -1 und 0 dargestellt. Programm BOOLEAN2 zeigt dies. Neben = lassen sich auch die Vergleichszeichen >, >=, <, <= und < > einsetzen. 10>6 z.B. ergibt den Wert WAHR bzw. -1.

Codierung zu BOOLEAN2:   Ausführung zu BOOLEAN2:

```
100 REM ====== Programm BOOLEAN2
110 PRINT "Datentyp BOOLEAN als:"         Datentyp BOOLEAN als:
120 PRINT "WAHR bzw. TRUE    -> "; 3=3    WAHR bzw. TRUE    -> -1
130 PRINT "UNWAHR bzw. FALSE -> "; 3=4    UNWAHR bzw. FALSE ->  0
140 PRINT "Ende." : END                   Ende.
```

Das Programm BOOLEAN3 zeigt, wie mehrere Vergleichsbedingungen
durch logische Operatoren (auch boolesche Operatoren genannt)
verknüpft werden können: so durch AND (und), OR (oder) und NOT
(nicht). AND, OR und NOT werden in der Booleschen Algebra zur
Erklärung logischer Zusammenhänge verwendet. Die Grundlage dazu bilden die sogenannten Wahrheitstafeln.

```
1 AND  1 =  1           1 OR  1 =  1              NOT  1 =  0
1 AND  0 =  0           1 OR  0 =  1              NOT  0 =  1
0 AND  1 =  0           0 OR  1 =  1
0 AND  0 =  0           0 OR  0 =  0
```

    Wahrheitstafeln für logisch 'und', 'oder' sowie 'nicht'

Für X=1 und Y=0 ergibt der boolesche Ausdruck X AND Y den
Wert FALSE bzw. 0 und X OR Y den Wert TRUE bzw. 1. Mehrere
boolesche Operatoren können in einem Ausdruck auftreten. Zwei
Beispiele hierzu: NOT(X OR Y) ergibt den Wert FALSE, während
(X>-100)AND(X<100) den Wert TRUE ergibt.

Codierung zu Programm BOOLEAN3:

```
100 REM ====== Programm BOOLEAN3
110 INPUT "Drei Worte eintippen"; A$,B$,C$
120 LET B1 = A$=B$
130 LET B2 = B$=C$
140 IF B1 AND B2 THEN PRINT "Alle drei Worte gleich."
150 IF B1 OR  B2 THEN PRINT "Die ersten oder letzten beiden Worte gleich."
160 IF NOT B2    THEN PRINT "Die letzten beiden Worte ungleich."
190 PRINT "Ende." : END
```

Drei Ausführungen zu Programm BOOLEAN3:

```
Drei Worte eintippen? DM, DM, DM
Alle drei Worte gleich.
Die ersten oder letzten beiden Worte gleich.
Ende.
Drei Worte eintippen? 1,2,2
Die ersten oder letzten beiden Worte gleich.
Ende.
Drei Worte eintippen? MA,ME,MA
Die letzten beiden Worte ungleich.
Ende.
```

Die drei Programmbeispiele BOOLEAN1 - BOOLEAN3 zeigen, daß in
MBASIC neben den Datentypen INTEGER (Ganzzahl), REAL (Dezimal-
zahl) sowie STRING (Text, Zeichenkette) auch der Typ BOOLEAN
(Wahrheitswert) verwendet werden kann. Dabei sind zwei Punkte
festzuhalten:
Das Anweisungswort LET sollte stets beibehalten werden. Sicher
ist 20 LET B1 = X=Y besser lesbar als 20 B1=X=Y. Dennoch beinhalten beide Anweisungen dasselbe: vergleiche X mit Y und weise das Ergebnis WAHR bzw. UNWAHR als -1 bzw. 0 der booleschen
Variablen B1 zu.
Die Verwendung des in MBASIC nur "im Verborgenen vorhandenen"
Datentyps BOOLEAN eröffnet elegante Möglichkeiten zur Ablaufsteuerung über Verzweigungen und Schleifen.

3.3 Textverarbeitung

Mit T e x t v e r a r b e i t u n g ist hier nicht das kaufmännische Standard-Programmpaket gemeint (siehe dazu Abschnitt
1.3.8.3), sondern das Zerlegen und Zusammenfügen einzelner Daten vom Typ 'Text' bzw. 'String'. Man spricht dabei häufig von
S t r i n g v e r a r b e i t u n g.

3.3.1 Stringoperationen im Überblick

MBASIC stellt die Standardfunktionen LEN, LEFT$, RIGHT$, MID$,
INSTR, VAL, STR$, SPACE$, STRING$, CHR$ sowie ASC bereit.

```
- Verkettung von Strings: +                      LET X$="6900"
  X$ + " " + Z$ ergibt 6900 HEIDELBERG           LET Y$="HEIDELBERG"
                                                 LET Z = 6900
- Länge eines Strings: LEN(Y$)
  LEN(X$) ergibt 4;    LEN(Y$) ergibt 10

- Linker Teilstring: LEFT$(Y$,L)
  LEFT$(Y$,5) ergibt HEIDE;    LEFT$(Y$,2) ergibt HE

- Rechter Teilstring: RIGHT$(Y$,L)
  RIGHT$(Y$,4) ergibt BERG;    RIGHT$(X$,2) ergibt 00

- Teilstring von V bis zum Ende: MID$(Y$,V)
  MID$(Y$,7) ergibt BERG;    MID$(X$,2) ergibt 900

- Teilstring von V mit Länge L: MID$(Y$,V,L)
  MID$(Y$,2,3) ergibt EID;    MID$(Y$,6,1) ergibt L

- Erste Stelle von S$ in Y$: INSTR(Y$,S$)
  INSTR(Y$,"DEL") ergibt 4; INSTR(Y$,"C") ergibt 0

- Umwandlung von Zahl in String: STR$(Z)
  STR$(Z) + Y$ ergibt 6900HEIDELBERG;    Z + Y$ ergibt Fehler

- Leerstring (Blancs) mit Länge L: SPACE$(L)
  X$ + SPACE$(10) + Y$ ergibt 10 Blancs zwischen X$ und Y$

- String aus L Zeichen mit ASCII-Codezahl A: STRING$(L,A)
  STRING$(20,61) ergibt 20 "="-Zeichen (61 = Codezahl von "=")

- Umwandlung von String in Zahl: VAL(X$)
  VAL(X$) - 400 ergibt 6500;    X$ - 400 ergibt Fehler

- Umwandlung von Codezahl in Einzelzeichen: CHR$(X)
  CHR$(49) ergibt 1;    CHR$(82) ergibt R         (ASCII-Zeichen)

- Umwandlung von Einzelzeichen in Codezahl: ASC(A$)
  ASC("R") ergibt 82;    ASC("=") ergibt 61       (ASCII-Zeichen)
```

Funktionen zur Verarbeitung von Strings

Diese Stringoperationen wollen wir an Beispielen betrachten.

3.3.2 Einige kleine Programmbeispiele

Programm TEXT0 demonstriert die Funktion INSTR: der Suchstring
Z$ soll im Gesamtstring E$ gesucht und die erste Stelle ausgegeben werden. Das zweite Ausführungsbeispiel zeigt, daß INSTR
mit der Suche abbricht, sobald ein Suchstring (hier "E") gefunden wurde.
INSTR(10,E$,Z$) beginnt erst ab der 10. Stelle von E$ mit der
Suche nach Z$.

Codierung zu Programm TEXT0:

```
100 REM ====== Programm TEXT0
110 PRINT "String in einem Text suchen (mit INSTR)."

120 REM ====== Anweisungsteil
130 ' E$:  Beliebiger Eingabetext (maximal 256 Zeichen lang)
140 ' Z$:  In E$ zu suchender Teilstring (auch einzelnes Zeichen)
150 ' S:   Stelle in E$, an der Z$ beginnt bzw. 0 fuer Fehlanzeige

160 INPUT "Welcher Text"; E$
170 INPUT "Welchen Teilstring suchen"; Z$
180 LET S = INSTR(E$,Z$)
190 IF S=0
        THEN PRINT "... nicht vorhanden."
        ELSE PRINT "... beginnt an Stelle";S;"."
200 PRINT "Ende." : END
```

Drei Ausführungen zu Programm TEXT0:

```
String in einem Text suchen (mit INSTR).
Welcher Text? DISKONTIEREN
Welchen Teilstring suchen? DISKO
... beginnt an Stelle 1 .
Ende.

String in einem Text suchen (mit INSTR).
Welcher Text? DISKONTIEREN
Welchen Teilstring suchen? E
... beginnt an Stelle 9 .
Ende.

String in einem Text suchen (mit INSTR).
Welcher Text? DISKONTIEREN
Welchen Teilstring suchen? SKI
... nicht vorhanden.
Ende.
```

Programm TEXT1 zeigt, wie über die Funktion MID$ ein String Z$
im Gesamtstring E$ gesucht werden kann.
Programmstrukturen: Zählerschleife und Einseitige Auswahl.

Ausführung zu Programm TEXT1:

```
String in einem Text suchen (ohne INSTR).
Welcher Text? MWST INCL.
Welchen Teilstring suchen? INCL.
INCL. beginnt an Stelle 6 .
Ende.
```

Codierung zu Programm TEXT1:

```
100 REM ====== Programm TEXT1
110 PRINT "String in einem Text suchen (ohne INSTR)."

120 INPUT "Welcher Text"; E$
130 INPUT "Welchen Teilstring suchen"; Z$
140 FOR I=1 TO (LEN(E$)-LEN(Z$)+1)
150   IF MID$(E$,I,LEN(Z$))=Z$ THEN LET S=I
160 NEXT I
170 IF S>0
       THEN PRINT Z$;" beginnt an Stelle";S;"."
       ELSE PRINT "... nicht gefunden. Fehlanzeige."
180 PRINT "Ende." : END
```

Programm TEXT2 kehrt den Text T1$ zu T2$ um. Dabei wird in einer Zählerschleife mit Schrittweite -1 das letzte, vorletzte, ... Element von T1$ entnommen und an den String T2$ angehängt. Dazu wird vor dem Schleifeneintritt ein Leerstring T2$ erzeugt (Zeile 200), an den dann wiederholt Zeichen angehängt werden.

Codierung zu Programm TEXT2:

```
100 REM ====== Programm TEXT2
110 PRINT "Demonstration zum Umkehren von Text."

120 REM ====== Vereinbarungsteil
130 ' T1$:     Eingegebener Text
140 ' T2$:     Ausgegebener Umkehrtext
150 ' L:       Laenge von T1$ bzw. T2$
160 ' I:       Laufvariable fuer Zaehlerschleife

170 REM ====== Anweisungsteil
180 INPUT "Welchen Text umkehren"; T1$
190 LET L=LEN(T1$)                        'Laenge des Strings T1$
200 LET T2$=""                            ' T2$ als Leerstring mit Laenge 0
210 FOR I=L TO 1 STEP -1                   'Von L bis 1 hinunterzaehlen
220   LET T2$=T2$+MID$(T1$,I,1)            'Das I. Zeichen an T2$ anhaengen
230   PRINT L-I+1;". Schleifendurchlauf: ";T2$        'Kontrollausgabe
240 NEXT I                                'Naechstes Zeichen nehmen
250 PRINT : PRINT T1$;" umgekehrt zu ";T2$
260 END
```

Ausführung zu Programm TEXT2:

```
Demonstration zum Umkehren von Text.    Demonstration zum Umkehren von Text.
Welchen Text umkehren? MBASIC           Welchen Text umkehren? 124 DM
 1 . Schleifendurchlauf: C               1 . Schleifendurchlauf: M
 2 . Schleifendurchlauf: CI              2 . Schleifendurchlauf: MD
 3 . Schleifendurchlauf: CIS             3 . Schleifendurchlauf: MD
 4 . Schleifendurchlauf: CISA            4 . Schleifendurchlauf: MD 4
 5 . Schleifendurchlauf: CISAB           5 . Schleifendurchlauf: MD 42
 6 . Schleifendurchlauf: CISABM          6 . Schleifendurchlauf: MD 421

MBASIC umgekehrt zu CISABM               124 DM umgekehrt zu MD 421
```

Programm TEXT3 wendet die Funktion STR$ zur Umwandlung einer
Zahl Z in einen String Z$ an, um die einzelnen Ziffern ausein-
anderziehen zu können.
Programm TEXT4 zeigt das Unterstreichen über eine Schleife und
über die Funktion STRING$. Dabei ist 45 die ASCII-Codezahl von
"-". Für STRING$(L,45) kann man auch STRING$(L,"-") schreiben.

Codierung zu Programm TEXT3:   Ausführung zu Programm TEXT3:

```
100 REM ====== Programm TEXT3
110 PRINT "Ziffern auseinanderziehen."
120 INPUT "Welche Zahl"; Z
130 LET Z$ = STR$(Z)
140 FOR I=1 TO LEN(Z$)
150    PRINT MID$(Z$,I,1);" ";
160 NEXT I
170 END
```

```
RUN
Ziffern auseinanderziehen.
Welche Zahl? 12564.8
  1 2 5 6 4 . 8
```

Codierung zu Programm TEXT4:   Ausführung zu Programm TEXT4:

```
100 REM ====== Programm TEXT4
110 PRINT "Text unterstreichen."
120 PRINT "Text eingeben:"
130 INPUT T$ : LET L=LEN(T$)
140 PRINT STRING$(L,45)
150 PRINT T$
160 FOR I = 1 TO L
170    PRINT "-";
180 NEXT I : END
```

```
RUN
Text unterstreichen.
Text eingeben:
? Dieser Text ist unterstrichen

Dieser Text ist unterstrichen
```

Durch Programm TEXT5 wird Text rechtsbündig ausgegeben. Hierzu
wird ein String L$ mit Z Blancs bzw. Leerstellen aufgebaut, an
den der Eingabetext E$ angehängt wird, um mit RIGHT$(G$,Z) die
Z rechtsstehenden Zeichen auszugeben.
Programm TEXT6 erweitert eine Ganzzahl Z% - in einen String Z$
umgewandelt - um führende Nullen.

Codierung zu Programm TEXT5:

```
100 REM ====== Programm TEXT5
110 PRINT "Text mit Leerstellen auffuellen und rechtsbuendig ausgeben."
120 PRINT "Stellenanzahl bzw. Zeilenbreite?" : INPUT Z
130   FOR I=1 TO Z : LET L$=L$+" " : NEXT I
140 PRINT "Texteingabe (unter";Z;"Stellen)?" : INPUT E$
150 LET G$=L$+E$ : LET A$=RIGHT$(G$,Z)
160 PRINT : PRINT "Textausgabe rechtsbuendig:" : PRINT A$
170 END
```

Ausführung zu Programm TEXT5:

```
Text mit Leerstellen auffuellen und rechtsbuendig ausgeben.
Stellenanzahl bzw. Zeilenbreite?
? 30
Texteingabe (unter 30 Stellen)?
? RECHNUNGSBETRAG


Textausgabe rechtsbuendig:
           RECHNUNGSBETRAG
```

Codierung zu Programm TEXT6:

```
100 REM ====== Programm TEXT6
110 PRINT "Zahl um fuehrende Nullen erweitern."
120 INPUT "Anzahl der Stellen insgesamt"; A
130 INPUT "Welche positive ganze Zahl  "; Z%
140 LET Z$=STR$(Z%)                           'Zahl in String umwandeln
150 LET Z$=RIGHT$(Z$,LEN(Z$)-1)               'Vorzeichenstelle weglassen
160 LET Z$=RIGHT$("00000000000000"+Z$,A)      'Nullen voranstellen
170 PRINT Z$
180 PRINT "Ende." : END
```

Ausführung zu Programm TEXT6:

```
Zahl um fuehrende Nullen erweitern.
Anzahl der Stellen insgesamt? 10
Welche positive ganze Zahl  ? 12
0000000012
Ende.
```

Programm TEXT7 demonstriert die Funktion LEFT$, um Text durch
Blancs zu erweitern (Anwendung z.B., um eine feste Datensatz-
länge einer Datei zu erreichen). Dazu setzen wir die Funktion
SPACE$ ein.
Programm TEXT8 geht umgekehrt vor und eliminiert Blancs. Da
INPUT angehängte Blancs nicht annimmt, wird zur Demonstration
die Anweisung LINE INPUT verwendet.

Codierung zu Programm TEXT7:

```
100 REM ====== Programm TEXT7
110 PRINT "String mit Blancs erweitern."
120 INPUT "Welche Gesamtanzahl von Stellen"; A
130 INPUT "Zu erweiternder String        "; S$
140 LET B$=SPACE$(A)                          'A Blancs nach B$
150 LET S$=LEFT$(S$+B$,A)                     'S$ links anordnen
160 PRINT "->";S$;"<-"
170 PRINT "Ende." : END
```

Codierung zu Programm TEXT8:

```
100 REM ====== Programm TEXT8
110 PRINT "Blancs aus String abschneiden."
120 PRINT "String mit Blancs am Ende?"
130 LINE INPUT E$ : LET S$=E$
140 FOR I=LEN(S$) TO 1 STEP -1
150    IF RIGHT$(S$,1)=" "
          THEN LET S$=LEFT$(S$,LEN(S$)-1)
160 NEXT I
170 PRINT "->";E$;"<-" : PRINT "->";S$;"<-"
180 PRINT "Ende." : END
```

Ausführung zu Programm TEXT7:   Ausführung zu Programm TEXT8:

```
String mit Blancs erweitern.            Blancs aus String abschneiden.
Welche Gesamtanzahl von Stellen? 20     String mit Blancs am Ende?
Zu erweiternder String        ? 17150   RECHNUNGSBETRAG
->17150                 <-              -> RECHNUNGSBETRAG         <-
Ende.                                   -> RECHNUNGSBETRAG <-
                                        Ende.
```

Programm TEXT9 sucht über die Funktion INSTR die Stellen (Indices) von Blancs in einem Text.

Codierung und Ausführung zu Programm TEXT9:

```
100 REM ====== Programm TEXT9
110 PRINT "Stellen und Anzahl von Blancs in einem Text feststellen."

120 PRINT "Welchen Text mit Blancs durchsuchen" : INPUT EINTEXT$
130 LET STARTSTELLE = 1  :  LET ANZAHL = 0
140 LET BLANCSTELLE = INSTR (STARTSTELLE, EINTEXT$, " ")
150 PRINT : PRINT "Stellen mit Blancs:"

160 WHILE BLANCSTELLE<>0
170   PRINT BLANCSTELLE;
180   LET ANZAHL = ANZAHL + 1
190   LET STARTSTELLE = BLANCSTELLE + 1
200   LET BLANCSTELLE = INSTR (STARTSTELLE, EINTEXT$, " ")
210 WEND

220 PRINT : PRINT "Anzahl der Blancs:"; ANZAHL
230 PRINT "Ende." : END

RUN
Stellen und Anzahl von Blancs in einem Text feststellen.
Welchen Text mit Blancs durchsuchen
? DER ALTE MANN UND DAS MEER

Stellen mit Blancs:
 4  9  14  18  22
Anzahl der Blancs: 5
Ende.
```

3.3.3 Datumsangaben verarbeiten

Angaben zum Datum werden so oft verarbeitet, daß man fast von
einem eigenen 'Datentyp' sprechen kann. Programm DATUMINT be-
reitet ein Datum zum Sortieren auf: Das Eingabeformat 'Tag-Mo-
nat-Jahr' wird umgekehrt zum Format 'Jahr-Monat-Tag' und könnte so leicht - in eine Ganzzahl umgewandelt - sortiert werden.

Codierung und Ausführung zu Programm DATUMINT:

```
100 REM ====== Programm DATUMINT
110 PRINT "Datum aus String in eine Ganzzahl umwandeln zwecks Sortieren."
120 INPUT "Datum im Format  TT.MM.JJ  eingeben ";D$
130 LET T$=LEFT$(D$,2)          'Tage zuweisen
140 LET M$=MID$(D$,4,2)         'Monate zuweisen
150 LET J$=RIGHT$(D$,2)         'Jahre zuweisen
160 LET D=VAL(J$+M$+T$)         'Datum als Ganzzahl bzw. INTEGER-Zahl D
170 PRINT "Datum als sortierfaehige Ganzzahl :  ";D
180 PRINT "Ende." : END

Datum aus String in eine Ganzzahl umwandeln zwecks Sortieren.
Datum im Format  TT.MM.JJ  eingeben ? 31.08.47
Datum als sortierfaehige Ganzzahl :    470831
Ende.
```

Programm DATUMPRU überprüft, ob ein Datum innerhalb einer vorgegebenen Zeitspanne liegt oder nicht. Dabei wird jedes Datum
mit der Funktion VAL in einen numerischen Wert umgewandelt, um
die Abfragen vornehmen zu können. DATUMPRU weist eine Zählerschleife auf, der eine Fallabfrage (7 Fälle) folgt.

Codierung zu Programm DATUMPRU:

```
100 REM ====== Programm DATUMPRU
110 PRINT "Pruefen, ob ein Datum in einer bestimmten Zeitspanne liegt."

120 REM ====== Vereinbarungsteil
130 DIM D$(3)     '3-Elemente-Stringarray fuer Datumangaben
140 DIM T(3)      '3-Elemente-Integerarray (Ganzzahlarray) fuer Tage
150 DIM M(3)      '3-Elemente-Integerarray fuer Monate
160 DIM J(3)      '3-elemente-Integerarray fuer Jahre

170 REM ====== Anweisungsteil
180 INPUT "Untere Datumgrenze TT.MM.JJ ";D$(1)
190 INPUT "Obere Datumgrenze  TT.MM.JJ ";D$(2)
200 INPUT "Testdatum          TT.MM.JJ ";D$(3)
210 FOR I=1 TO 3
220    LET T(I) = VAL(LEFT$(D$(I),2))
230    LET M(I) = VAL(MID$(D$(I),4,2))
240    LET J(I) = VAL(RIGHT$(D$(I),2))
250 NEXT I

260 IF J(3)>J(2) THEN PRINT "Jahr zu jung." : GOTO 330
270 IF J(3)<J(1) THEN PRINT "Jahr zu alt." : GOTO 330
280 IF J(3)=J(2) AND M(3)>M(2) THEN PRINT "Monat zu jung." : GOTO 330
290 IF J(3)=J(1) AND M(3)<M(1) THEN PRINT "Monat zu alt." : GOTO 330
300 IF J(3)=J(2) AND M(3)=M(2) AND T(3)>T(2) THEN PRINT "Tag zu jung.": GOTO 330
310 IF J(3)=J(1) AND M(3)=M(1) AND T(3)<T(1) THEN PRINT "Tag zu alt.": GOTO 330
320 PRINT "Datum liegt innerhalb der Zeitspanne."
```

Ausführung zu Programm DATUMPRU:

```
Pruefen, ob ein Datum in einer bestimmten Zeitspanne liegt.
Untere Datumgrenze TT.MM.JJ ? 31.01.1983
Obere Datumgrenze  TT.MM.JJ ? 04.03.1983
Testdatum          TT.MM.JJ ? 13.02.1983
Datum liegt innerhalb der Zeitspanne.
```

3.3.4 Teilstrings aufbereiten

Aus Gründen der Speicherplatzersparnis speichert man die Sätze
einer Datei oft als Strings ab, wobei die Satzkomponenten z.B.
durch das Zeichen ";" voneinander getrennt werden. Programm
ETIKETT demonstriert, wie aus dem String S$ die Teilstrings T$
zu einem Drucketikett aufbereitet werden. Das Beispiel bezieht
sich also auf eine Artikeldatei mit Datensätzen (Strings S$),
die aus jeweils 6 Datenfeldern (Teilstrings T$) bestehen. Die
Abfrage in der Zeile 240 vergleicht mit CHR$(59) bzw. mit ";"
(59 als Codezahl für das Semikolon im ASCII); man könnte ebenso schreiben: 240 IF (MID$(S$,I,1)=";") OR ...

Codierung zu Programm ETIKETT:

```
100 REM ======= Programm ETIKETT
110 PRINT "Aus einem String (Datensatz) einzelne Teilstrings"
120 PRINT "(Datenfelder) entnehmen und als Drucketikett ausgeben."

130 REM ======= Vereinbarungsteil
140 ' S$:    Datensatz mit mehreren durch ; voneinander getrennten Datenfeldern
150 ' NS:    Laenge (Anzahl der Zeichen einschliesslich ;) von S$
160 ' T$:    Teilstring zur Aufnahme eines Datenfeldes
170 ' NT:    Laenge von T$

180 REM ======= Anweisungsteil
190 PRINT "Eingabe eines Datensatzes mit ; (Semikolon) als Trennungszeichen:"
200 INPUT S$ : LET NS=LEN(S$)
210 PRINT : PRINT "Ausgabe als Etikett:"

220 WHILE NS <> 0                          'Beginn der aeusseren Schleife
230    FOR I=1 TO NS
240       IF (MID$(S$,I,1)=CHR$(59)) OR (NS=1) THEN LET NT=I : LET I=NS
250    NEXT I

260    LET T$=LEFT$(S$,NT-1)               'Teilstring T$ entnehmen
270    PRINT "    ";T$

280    LET NS=NS-NT                        'String S$ um T$ kuerzen
290    LET S$=RIGHT$(S$,NS)
300 WEND                                   'Ende der aeusseren Schleife
310 PRINT "Ende." : END
```

Ausführung zu Programm ETIKETT:

Aus einem String (Datensatz) einzelne Teilstrings
(Datenfelder) entnehmen und als Drucketikett ausgeben.
Eingabe eines Datensatzes mit ; (Semikolon) als Trennungszeichen:
? 1002;PAPIER;DIN A4;UNLINIERT;100 BLATT;DM 3.50;

Ausgabe als Etikett:
    1002
    PAPIER
    DIN A4
    UNLINIERT
    100 BLATT
    DM 3.50
Ende.

3.3.5 Stringvergleich mit Wildcard-Zeichen

Programm WILDCARD veranschaulicht vier wesentliche Möglichkeiten, einen String "MWST" als Ordnungsbegriff mit je einem weiteren String als Suchbegriff zu vergleichen.
1) Verwendet man das Wildcard-Zeichen = , so wird M=, MW= wie
MWS= jeweils als 'gleich' mit MWST erkannt. Das = ersetzt also
eine Zeichenfolge. Insbesondere bei längeren Strings spart man
sich bei Verwendung des Wildcards = viel Tipparbeit.

2) Das Wildcard-Zeichen ? ersetzt ein Einzelzeichen. MW?T
wie auch M??T werden so als 'gleich' mit MWST erkannt.
3) Der Gesamtvergleich vergleicht beide Strings Zeichen für
Zeichen in voller Länge.
4) Der Teilvergleich faßt den Suchbegriff als Teilmenge auf.

Codierung zu Programm WILDCARD:

```
100 REM ====== Programm WILDCARD
110 PRINT "Demonstration von vier Arten des Stringvergleichs."

120 REM ====== Vereinbarungsteil
130 ' O$: Ordnungsbegriff, mit dem jeweils verglichen wird
140 ' S$: Suchbegriff
150 ' NO: Stellenanzahl von O$
160 ' NS: Stellenanzahl von S$
170 ' S:  Stelle bzw. Merker (Flagge)

180 REM ====== Anweisungsteil
190 INPUT "Welcher Ordnungsbegriff"; O$ : PRINT : LET NO=LEN(O$)

200 INPUT "-> Erster Suchbegriff (999 fuer Ende) ";S$
210 WHILE S$<>"999"
220    LET NS=LEN(S$) : LET S=0     'S als Stelle sowie Flagge
230    '*** GESAMTVERGLEICH ***********************************************
240    LET S1$=LEFT$(S$+"                              ",NO)
250    IF S1$=O$ THEN PRINT "Gesamtvergleich: ";S$;" gleich ";O$
260    '*** TEILVERGLEICH *************************************************
270    IF S$=LEFT$(O$,NS) THEN PRINT "Teilvergleich: ";S$;" links in ";O$
280    '*** VERGLEICH MIT PRAEFIX = ***************************************
290    FOR I=1 TO NS
300      IF "="=MID$(S$,I,1) THEN LET S=I: LET I=NS
310    NEXT I
320    IF S=0 THEN 350
330    IF LEFT$(S$,S-1)=LEFT$(O$,S-1)
          THEN PRINT "Vergleich mit Praefix '=': ";S$;" in ";O$
340    '*** VERGLEICH MIT EGAL ? *****************************************
350    LET S=1     'S als Flagge
360    FOR I=1 TO NO
370      IF "?"=MID$(S$,I,1) THEN 390
380      IF MID$(S$,I,1)<>MID$(O$,I,1) THEN LET S=0 : LET I=NO
390    NEXT I
400    IF S<>0 THEN PRINT "Vergleich mit Egal '?': ";S$;" gleich ";O$
410    INPUT "-> Neuer Suchbegriff (999=Ende) ";S$
420 WEND

430 PRINT "Ende." : END
```

3.3.6 Blocksatz erstellen

Blocksatz als Textdarstellung mit linkem u n d rechtem Randausgleich wird von Programm BLOCKSAT demonstriert. Dabei wird
ein Eingabestring EIN$ der Länge LE durch Hinzufügen von Leer-
zeichen bzw. Blancs zu einem Ausgabestring AUS$ der vorgegebe-
nen Länge LA erweitert. Mehrere Strings AUS$ ergeben dann eine
Textseite mit rechtem Randausgleich bei einer Zeilenlänge LA.

Ausführung zu Programm WILDCARD:

Demonstration von vier Arten des Stringvergleichs.
Welcher Ordnungsbegriff? MWST

—> Erster Suchbegriff (999 fuer Ende) ? MW=
Vergleich mit Praefix '=': MW= in MWST
—> Neuer Suchbegriff (999=Ende) ? MW??
Vergleich mit Egal '?': MW?? gleich MWST
—> Neuer Suchbegriff (999=Ende) ? MW?T
Vergleich mit Egal '?': MW?T gleich MWST
—> Neuer Suchbegriff (999=Ende) ? MW
Teilvergleich: MW links in MWST
—> Neuer Suchbegriff (999=Ende) ? MWST
Gesamtvergleich: MWST gleich MWST
Teilvergleich: MWST links in MWST
Vergleich mit Egal '?': MWST gleich MWST
—> Neuer Suchbegriff (999=Ende) ? MWST DABEI
Gesamtvergleich: MWST DABEI gleich MWST
Vergleich mit Egal '?': MWST DABEI gleich MWST
—> Neuer Suchbegriff (999=Ende) ? 999

Codierung zu Programm BLOCKSAT:

```
100 REM ====== Programm BLOCKSAT
110 PRINT "Demonstration: Automatischer Randausgleich."

120 REM ====== Vereinbarungsteil
130 ' EIN$, LE:    Eingabezeile, Laenge von EIN$
140 ' AUS$, LA:    Ausgabezeile, Laenge von AUS$
150 ' BE:          Anzahl von Blancs (Leerstellen) in EIN$
160 ' BA:          Anzahl von Blancs in AUS$ hinzuzufuegen
170 ' BV:          Anzahl von Blancs gerade verarbeitet
180 ' Z$:          Zeichen zum Hinzufuegen

190 REM ====== Anweisungsteil
200 INPUT "Eingabezeile"; EIN$ : LET LE=LEN(EIN$)
210 INPUT "Laenge fuer Ausgabezeile"; LA : PRINT
220 LET BE=0 : LET BA=LA-LE : LET AUS$=""

230 FOR Z=1 TO LA                'Blancs-Anzahl in Eingabezeile
240    IF MID$(EIN$,Z,1)=" " THEN LET BE=BE+1
250 NEXT Z

260 FOR Z=1 TO LA                'Ausgabezeile zeichenweise aufbauen
270    LET Z$=MID$(EIN$,Z,1)        'Z. Zeichen in EIN$ nehmen
280    LET AUS$=AUS$+Z$             'Z. Zeichen in AUS$ anfuegen
290    IF Z$<>" " THEN 360 ELSE 300
300      LET BV=INT(BA/BE)
310      IF BV<1 THEN 350 ELSE 320
320        FOR X=1 TO BV
330           LET AUS$=AUS$+" " : LET BA=BA-1
340        NEXT X
350      LET BE=BE-1
360 NEXT Z

370 PRINT "12345678901234567890123456789012345678 90"
380 PRINT EIN$ : PRINT AUS$
390 PRINT "12345678901234567890123456789012345678 90"
```

Ausführung zu Programm BLOCKSAT:

Demonstration: Automatischer Randausgleich.
Eingabezeile? DER JUNGE MANN UND DER COMPUTER
Laenge fuer Ausgabezeile? 36

```
12345678901234567890123456789012345678901234567890
DER JUNGE MANN UND DER COMPUTER
DER  JUNGE  MANN  UND  DER  COMPUTER
12345678901234567890123456789012345678901234567890
```

3.3.7 Verschlüsselung zwecks Datenschutz

In Klartext gespeicherte Daten kann jeder lesen, verschlüssel-
te Daten hingegen zumindest nicht so leicht. Die Kryptographie
als Lehre von der Textverschlüsselung kennt drei wichtige Verfahren: Die Umcodierung (z.B. Information im ASCII schreiben),
das Versatz-Verfahren und das Ersetzungs-Verfahren. Versatz
bedeutet, daß das zugrundeliegende Alphabet versetzt und umge-
stellt wird; ein Beispiel haben wir mit dem 'von hinten nach
vorne schreiben' in Programm TEXT2 (Abschnitt 3.3.2) schon behandelt. Bei den Ersetzungs-Verfahren wird das zugrundeliegende Alphabet ersetzt; das folgende Programm GEHEIM zeigt ein
einfaches auf Julius Cäsar zurückgehendes Verfahren. Wie geht
man dabei vor? Jedes Zeichen des Klartextes E$ wird durch das
S%-te nachfolgende Zeichen ersetzt. Dabei geben die Codezahlen des ASCII die Reihenfolge vor. Die ASC-Funktion stellt uns
mit dem Aufruf ASC(MID$(E$,I,1)) die Codezahl des I. Zeichens
im Klartext E$ zur Verfügung; addieren wir S% hinzu, so kommen
wir zur Codezahl des verschlüsselten Zeichens.

 Ausführungen zu Programm GEHEIM:

Textverschluesselung nach dem Verfahren 'Ersetzung Caesar'.
Eingabetext? 1298560 DM BILANZSUMME
Schluessel? 10

1. Verschluesselung: 2. Entschluesselung:
Ausgabetext: Eingabetext jetzt:
;<CB?§:*NW*LSVKXdÜ_WWO   ;<CB?§:*NW*LSVKXdÜ_WWO
                                      Ausgabetext wiederum:
                                      1298560 DM BILANZSUMME
                                      Ende.

Textverschluesselung nach dem Verfahren 'Ersetzung Caesar'.
Eingabetext? KAIER
Schluessel? 2

1. Verschluesselung: 2. Entschluesselung:
Ausgabetext: Eingabetext jetzt:
MCKGT   MCKGT
                                      Ausgabetext wiederum:
                                      KAIER
                                      Ende.

Codierung zu Programm GEHEIM:

```
100 REM ====== Programm GEHEIM
110 PRINT "Textverschluesselung nach dem Verfahren 'Ersetzung Caesar'."

120 REM ====== Vereinbarungsteil
130 ' E$, A$:     Eingabetext und verschluesselter Ausgabetext
140 ' S%:         Ganzzahliger Schluessel zum Ersetzen
150 ' H%:         ASCII-Codezahl

160 REM ====== Anweisungsteil
170 INPUT "Eingabetext"; E$
180 INPUT "Schluessel"; S%
190 PRINT : PRINT "1. Verschluesselung:"
200    GOSUB 1000
210 PRINT "Ausgabetext:" : PRINT A$

220 PRINT : PRINT "2. Entschluesselung:"
230 LET E$=A$ : LET S%=-S%
240 PRINT "Eingabetext jetzt:" : PRINT E$
250    GOSUB 1000
260 PRINT "Ausgabetext wiederum:" : PRINT A$
270 PRINT "Ende." : END

1000 LET A$=""              '*** Beginn Unterprogramm ERSETZUNG ***
1010 FOR I=1 TO LEN(E$)
1020    LET H%=ASC(MID$(E$,I,1))+S%
1030    IF H% > 127 THEN LET H%=H%-127
1040    IF H% < 0   THEN LET H%=H%+127
1050    LET A$ = A$ + CHR$(H%)
1060 NEXT I
1070 RETURN                '*** Ende Unterprogramm ERSETZUNG *****
```

3.3.8 Ein Spiel zum Erraten von Text

Im RATSPIEL muß ein Wort erraten werden, von dem zunächst nur
die Länge bekannt ist. Wird ein passendes Zeichen getippt, so
setzt das Programm dieses Zeichen an die zugehörige Stelle.
Die bei der Ausführung zum Programm RATSPIEL untereinander-
stehenden Buchstaben E,B,A,R,I ... wurden über Tastatur eingetippt. MBASIC-WEGWEISER als zu erratendes Wort wurde der Ein-
fachheit halber eingetippt. Man könnte es z.B. in einer Datei
zusammen mit weiteren Worten speichern und zufällig auswählen.
Zur Codierung von RATSPIEL:
Die Zählerschleife in 120 baut einen Ausgabestring A$ mit zu-
nächst ausschließlich nur Sternchen auf; in 160 ist eine Warte-
schleife programmiert, die sich wiederholt, bis mittels GET E$
ein Zeichen nach E$ eingetippt wird. Je nach Übereinstimmung
dieses Zeichens mit dem ersten, dem letzten oder einem sonsti-
gen Zeichen im Ratewort W$ wird das erste Sternchen (in Zeile
190), das letzte Sternchen (in 200) oder ein mittleres Sternchen (in 210) vom Ausgabetext A$ durch E$ ersetzt, d.h. E$ mit
A$ neu verkettet.

Codierung zu Programm RATSPIEL:

```
100 REM ====== Programm RATSPIEL
110 PRINT "Welches Wort raten?" : INPUT W$ : LET LW=LEN(W$)
120 LET A$="" : FOR I=1 TO LW: LET A$=A$+"*": NEXT I
130 HOME : PRINT "Nun Einzelzeichen tippen:" : PRINT

140 WHILE A$ <> W$
150    PRINT A$;"   ";
160    GET E$ : PRINT E$ : IF E$="" THEN 160
170    FOR I=1 TO LW
180       IF MID$(W$,I,1) <> E$ THEN 220
190       IF I=1 THEN LET A$=E$ + RIGHT$(A$,LW-I) : GOTO 220
200       IF I=LW THEN LET A$=LEFT$(A$,I-1)+E$ : GOTO 220
210       LET A$ = LEFT$(A$,I-1) + E$ + RIGHT$(A$,LW-I)
220    NEXT I
230 WEND
240 PRINT A$;"   Spielende." : END
```

Zwei Ausführungen zu Programm RATSPIEL:

<table>
<tr><td>

Welches Wort raten?
? MBASIC—WEGWEISER
Nun Einzelzeichen tippen:

```
****************   E
********E**E**E*   B
*B******E**E**E*   A
*BA*****E**E**E*   R
*BA*****E**E**ER   I
*BA*I***E**EI*ER   S
*BASI***E**EISER   V
*BASI***E**EISER   W
*BASI**WE*WEISER   M
MBASI**WE*WEISER   C
MBASIC*WE*WEISER   -
MBASIC-WE*WEISER   F
MBASIC-WE*WEISER   G
MBASIC-WEGWEISER   Spielende.
```

</td><td>

Welches Wort raten?
? VIEWEG
Nun Einzelzeichen tippen:

```
******     G
*****G     E
**E*EG     W
**EWEG     A
**EWEG     K
**EWEG     V
V*EWEG     H
V*EWEG     I
VIEWEG     Spielende.
```

</td></tr>
</table>

3.4 Gestaltung von Eingabe und Ausgabe

3.4.1 Bildschirmverwaltung (Screen Handling)

3.4.1.1 Steuerung des Cursors am Bildschirm

Programm CURSORPO demonstriert, wie der Cursor als blinkendes
Zeichen am Bildschirm frei positioniert werden kann. Das Aus-
führungsbeispiel positioniert das Zeichen "+" in Zeile 4 und
Spalte 23.
Die Zeichen zur Cursorsteuerung sind von System zu System ver-
schieden. Sie sind in DATA angegeben und leicht zu verändern.

Codierung zu Programm CURSORPO:

```
100 REM ====== Programm CURSORPO
110 PRINT "Demonstration zur Positionierung des Cursors."

120 READ L1%,L2%                  'Bildschirm loeschen
130 PRINT "Bildschirm loeschen -> Taste " : LET A$=INPUT$(1)
140 LET LOESCHEN$ = CHR$(L1%) + CHR$(L2%)
150 PRINT LOESCHEN$

160 READ P1%,P2%,P3%,P4%          'Cursor positionieren
170 INPUT "Welche Zeile  (1,2,3,... oben  -> unten) ";Z%
180 INPUT "Welche Spalte (1,2,3,... links -> rechts)";S%
190 PRINT CHR$(P1%)+CHR$(P2%)+CHR$(P3%+Z%)+CHR$(P4%+S%); "+"
200 PRINT "Zeichen + markiert Cursorposition."

210 DATA 27,42 :          'Steuerzeichen Bildschirm loeschen
220 DATA 27,61,31,31 :    'Steuerzeichen Cursor positionieren
230 PRINT "Ende." : END   '(Beispiel fuer ZENITH-Bildschirm)
```

Ausführung zu Programm CURSORPO:

Demonstration zur Positionierung des Cursors.
Bildschirm loeschen -> Taste

Welche Zeile (1,2,3,... oben -> unten) ? 4
Welche Spalte (1,2,3,... links -> rechts)? 23
                    +
Zeichen + markiert Cursorposition.
Ende.

Zu unterscheiden sind die auf Bildschirm und Drucker sichtba-
ren bzw. druckbaren Zeichen von solchen Zeichen, die eine ganz
bestimmte Funktion zur Steuerung eines Ausgabegerätes auslösen
(Zeichen CHR$(13) mit ASCII-Codezahl 13 löst RETURN aus), oder
die der internen Kontrolle dienen (CHR$(205) = AND-Operator).

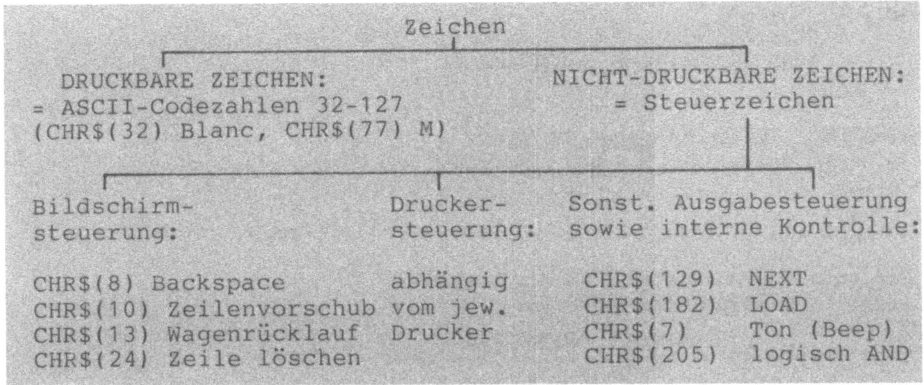

Druckbare Zeichen und Steuerzeichen mit Beispielen

3.4.1.2 Sichere Eingaberoutine

Programm EINGABEB zeigt folgende Maßnahmen für eine sichere
Tastatureingabe auf:
- Die maximale Anzahl von Eingabestellen wird mit Punkten mar-
  kiert. Jedes eingegebene Zeichen ersetzt den nächsten Punkt.
- Hat der Benutzer diese Maximalzahl erreicht (hier 25), endet
  das Programm automatisch (Zählerschleife 280 FOR I=1 TO LM).
- Eingabe-/Warteschleife mit GET E$ in Zeile 300.
- Abfrage der RETURN-Taste CHR$(13) in Zeile 310.
Die Ausführung zu EINGABEB ist nur unvollständig ausdruckbar.

Zur Steuerung des Cursors dient hier eine benutzerdefinierte
Funktion namens FNCURSOR$() mit Strings als Parametern.

Codierung zu Programm EINGABEB:

```
100 REM ====== Programm EINGABEB

110 REM ====== Vereinbarungsteil
120 ' LM:       Laenge maximal
130 LET LE=0 ' Laenge eingegeben ueber Tastatur
140 ' E$:       Eingegebener Text
150 LET B$="" 'Beruecksichtigter Eingabetext
160 ' FNCURSOR$(Z,S): Funktion zur Cursorsteuerung auf Position
                  mit Zeile Z und Spalte S
170 DEF FNCURSOR$(Z,S)=CHR$(27)+CHR$(61)+CHR$(31+Z)+CHR$(31+S)
180 LET RET$=CHR$(13)   ' Return-Taste
190 LET LOESCHEN$=CHR$(27)+CHR$(42)   'Bildschirm loeschen
200 ' I:        Laufvariable

210 REM ====== Anweisungsteil
220 PRINT LOESCHEN$
230 PRINT "Markierte Begrenzung der Tastatureingabe."
240 INPUT "Laenge Ihrer Tastatureingabe"; LM
250 PRINT FNCURSOR$(6,1)
260 PRINT "Tastatureingabe: ";
270 FOR I=1 TO LM : PRINT "."; : NEXT I
280 FOR I=1 TO LM
290    PRINT FNCURSOR$(6,17+I);
300    GET E$ : PRINT E$ : IF E$="" THEN 300
310    IF E$=RET$
          THEN LET I=LM
          ELSE LET B$=B$+E$ : LET LE=LE+1
320 NEXT I

330 PRINT : PRINT "Eingabe: "; B$
340 PRINT "Laenge der Eingabe: "; LE
350 END
```

Ausführung zu Programm EINGABEB (nur teilweise druckbar):

```
Markierte Begrenzung der Tastatureingabe.
Laenge Ihrer Tastatureingabe? 25
%                   MBASIC-WEGWEISER
Tastatureingabe: ........................

Eingabe: MBASIC-WEGWEISER
Laenge der Eingabe: 16
```

3.4.1.3 Bildschirmmaske aufbauen

Eine Bildschirmmaske ist ein Blankoformular, in das an vorge-
zeigte Stellen Eingaben getippt werden können. Das Programm
BILDMASK zeigt den kolonnenweisen Aufbau einer solchen Maske
(Kolonne = senkrechte Spalte).
Als erste Kolonne wird die Numerierung 1-5 untereinander aus-
gegeben, als zweite Kolonne folgen dann die Bezeichnungen (die
Überlagerung ist nicht druckbar). In einem dritten Schritt er-
folgen die fünf Tastatureintragungen - wiederum untereinander.

Codierung zu Programm BILDMASK:

```
100 REM ====== BILDMASK
110 PRINT "Aufbau einer Bildschirmmaske in Einzelschritten."

120 REM ====== Vereinbarungsteil
130 DIM K$(5)   ' Fuenf Datenfelder eines Kundensatzes
140 LET LOESCHEN$=CHR$(27)+CHR$(42)
150 DEF FNCURSOR$(Z,S)=CHR$(27)+CHR$(61)+CHR$(31+Z)+CHR$(31+S)
160 LET RET$=CHR$(13)

170 REM ====== Anweisungsteil
180 PRINT "Schritt 1: Numerierung der Datenfelder \RET\":E$=INPUT$(1)
190 PRINT LOESCHEN$ : PRINT FNCURSOR$(3,1);
200 PRINT "Eingabe eines Kundensatzes:" : PRINT
210 PRINT LOESCHEN$ : PRINT FNCURSOR$(5,1)
220 FOR I=1 TO 5 : PRINT FNCURSOR$(5+I,3);I : NEXT I

230 PRINT "Schritt 2: Bezeichnungen in Datenfelder \RET\":E$=INPUT$(1)
240 PRINT FNCURSOR$(6,6); " Kundennummer:"
250 PRINT FNCURSOR$(7,6); " Kundenname:"
260 PRINT FNCURSOR$(8,6); " Kontostand:"
270 PRINT FNCURSOR$(9,6); " Umsatz:"
280 PRINT FNCURSOR$(10,6); " Letzte Rechnung:"

290 PRINT "Schritt 3: Eintrage in Datenfelder tippen \RET\":E$=INPUT$(1)
300 FOR I=1 TO 5
310   PRINT FNCURSOR$(5+I,24);
320   LET E$=""
330   WHILE E$<>RET$
340     GET E$ : IF E$="" THEN 340
350     PRINT E$; : LET K$(I)=K$(I)+E$
360   WEND
370 NEXT I

380 PRINT:PRINT "Kundensatz K$ enthaelt jetzt diese 5 Eintraege:"
390 FOR I=1 TO 5: PRINT K$(I) : NEXT I
400 END
```

Aufbau einer Bildschirmmaske in Einzelschritten.
Schritt 1: Numerierung der Datenfelder \RET\

1	Kundennummer:	101	
2	Kundenname:	KAIER	
3	Kontostand:	100	Schrittweise Überlagerung im
4	Umsatz:	125	Ausdruck nicht darstellbar.
5	Letzte Rechnung:	15.3.1984	

3.4.1.4 Langsame Bildschirmausgabe

Programm LANGSAM verwendet eine Zählerschleife, um vier Worte
am Bildschirm langsam Wort für Wort auszugeben.

Codierung zu Programm LANGSAM: Ausführung zu Programm LANGSAM:

```
100 REM ====== Programm LANGSAM
110 PRINT "Langsame Bildschirmausgabe."

120 FOR Z=1 TO 4
130    READ T$
140    PRINT T$;" ";
150    FOR ZEIT=1 TO 500
160       REM ZEIT-Schleife ohne Anweisung
170    NEXT ZEIT
180 NEXT Z

190 DATA Vier, Worte, langsam, ausgeben.
200 PRINT: PRINT "Programmende." : END
```

```
RUN
Langsame Bildschirmausgabe.
Vier Worte langsam ausgeben.
Programmende.
```

3.4.2 Ausgabeformatierung

3.4.2.1 Ausgabezeile mit PRINT

Programm DEMO-PRI veranschaulicht die Wirkung der Trennungszeichen "," und ";" , der fünf Funktionen TAB (Tabulator), SPC
(Space, Leerschritt), WIDTH (Druckbreite), POS (Druckposition)
und SPACE$ (Leerstellen) sowie der Anweisung WRITE (auch alle
Trennungszeichen drucken) auf die Ausgabezeile.

```
Demonstration zur Ausgabeformatierung mit PRINT.
Zahl eintippen? 7821.5
Text eintippen? MBASIC
12345678901234567890123456789012345678901234567890
MBASIC          7821.5
MBASIC                          7821.5
MBASIC 7821.5
MBASIC-7821.5
 23464.5 MBASIC
 7821.5 MBASIC
7821.5," ","MBASIC"
    MBASIC           7821.5
     MBASIC                       7821.5
                                    MBASIC
12345678901234567890123456789012345678901234567890
MBASICMBASICMBASICMBASICMBASICMBASICMBASIC
MBASICMBASICMBASIC
MBASICMBASICMBASIC
MBASIC
12345678901234567890
12345678901234567890
1234567890
***********************
***********************
12345678901234567890123456789012345678901234567890
```

Ausführung zu Programm DEMO-PRI

Codierung zu Programm DEMO-PRI:

```
100 REM ====== Programm DEMO-PRI
110 PRINT "Demonstration zur Ausgabeformatierung mit PRINT."

120 INPUT "Zahl eintippen"; R  :  INPUT "Text eintippen"; R$
130 LET S$="12345678901234567890123456789012345678901234567890"
140 PRINT S$
150 PRINT R$,R
160 PRINT R$,,R
170 PRINT R$;R
180 PRINT R$;-R
190 PRINT R*3;R$
200 PRINT R;" ";R$
210 WRITE R;" ";R$
220 PRINT TAB(5);R$;TAB(20);R
230 PRINT SPC(5);R$;SPC(20);R
240 LET R1$=SPACE$(40)+R$  :  PRINT R1$
250 PRINT S$
260 FOR I=1 TO 7 : PRINT R$; : NEXT I
270 WIDTH 20
280 FOR I=1 TO 7 : PRINT R$; : NEXT I
290 PRINT S$
300 WIDTH 80
310 FOR I=1 TO 50
320    PRINT "*"; : IF POS(1)>25 THEN PRINT
330 NEXT I
340 PRINT S$  :  END
```

3.4.2.2 Verwendung des Füllstrings

Mit einem Füllstring können wir die Druckzeile mit Leerstellen
bzw. Blancs auf eine gewünschte Länge bringen. Bei der Ausführung zu Programm FUELLSTR hat die Zeile 25 Zeichen. In Programmzeile 160 wird ein Füllstring B$ der Länge R aufgebaut,
der mit T1$ und T2$ auf 25 Stellen Länge verkettet wird.

Codierung zu FUELLSTR: Ausführung zu FUELLSTR:

```
100 REM ====== Programm FUELLSTR
110 PRINT "Text rechtsbuendig mittels"
120 PRINT "Fuellstring ausgeben."

130 INPUT "1. Textzeile ";T1$
140 INPUT "2. Textzeile ";T2$
150 INPUT "Rechte Begrenzung "; R
160 FOR I=1 TO R:LET B$=B$+" ":NEXT I
170 LET T1$=RIGHT$(B$+T1$,R)
180 LET T2$=RIGHT$(B$+T2$,R)
190 PRINT T1$ : PRINT T2$ : END
```

```
RUN
Text rechtsbuendig mittels
Fuellstring ausgeben.
1. Textzeile ? MBASIC-WEGWEISER
2. Textzeile ? JETZT NEU
Rechte Begrenzung ? 25
        MBASIC-WEGWEISER
              JETZT NEU
```

3.4.2.3 Zahlen kaufmännisch runden

Der Kaufmann fordert eine gerundete und formatierte Zahlenausgabe. Das Runden einer Zahl Z auf S Dezimalstellen genau kann in e i n e r Anweisung als 100 LET Z = (Z*10↑S+0.5)/(10↑S) geschrieben werden (10↑S für '10 hoch S'). Daraus erhalten wir für das Runden auf 2 Stellen 100 LET Z = (Z*100+0.5)/100. Das Programm RUNDZAHL löst den Rundungsablauf in vier Teilschritte auf und gibt sie zur Veranschaulichung aus.

Codierung zu RUNDZAHL: Ausführung zu RUNDZAHL:

```
100 REM ====== Programm RUNDENZA        RUN
110 PRINT "Zahl zur Ausgabe runden."    Zahl zur Ausgabe runden.
120 INPUT "Zu rundende Zahl"; Z         Zu rundende Zahl? 39.766
130 INPUT "Kommastellen     "; S        Kommastellen    ? 2
140 LET Z = Z*10↑S    : PRINT Z            3976.6
150 LET Z = Z+.5      : PRINT Z            3977.1
160 LET Z = INT(Z)    : PRINT Z            3977
170 LET Z = Z/(10↑S)  : PRINT Z            39.77
180 PRINT "Ende." : END                 Ende.
```

3.4.2.4 Ausgabezeile mit PRINT USING

Die Anweisung PRINT USING dient der formgerechten Ausgabe von Zahlen (INTEGER, REAL) und Text (STRING).
Programm DEMO-USI demonstriert die grundlegenden Eigenschaften dieser Anweisung.

```
100 REM ====== Programm DEMO-USI
110 PRINT "Demonstration zur Ausgabeformatierung mit PRINT USING."
120 PRINT USING "####"; 12
130 PRINT USING "####"; 1200
140 PRINT USING "####"; 12345
150 PRINT USING "#####.##"; 750.45
160 PRINT USING "#####.##"; 843.745
170 PRINT USING "############,.##"; 72501286#
180 PRINT USING "**####.#"; 4
190 PRINT USING "###.##"; 222.8, 10, 432.57
200 PRINT USING "###.## "; 222.8, 10, 432.57
210 PRINT USING "#  #.#  ##.#  "; 1, 2, 3, 4, 5, 6, 7
220 PRINT USING "####.##   DM fuer ### KG"; 2750.4, 300
230 LET M$="##.### % Rabatt ab ### Stueck"
240 LET R=20 : LET M=450
250 PRINT USING M$; 4.5, 100
260 PRINT USING M$; 7.125, 50
270 PRINT USING M$; R,M
280 PRINT USING "!"; "Francs"
290 PRINT USING "&"; "DM"; "Francs"
300 PRINT USING "\      \"; "DM"; "Francs"
310 LET M1$="###.## \      \ gleich ###.## \     \."
320 PRINT USING M1$; 320, "Francs", 100, "DM"
330 PRINT USING M1$; 31.25, "DM", 100, "Francs"
340 PRINT "Ende" : END
```

```
- Maskenteil und Ausgabeteil als Bestandteile:

  120 PRINT USING "#####"; 12        Anweisungszeile

                  └──────────┬───────── Maskenteil (Druckmaske,
                             │          Formatstring, Formatangabe)
                             └───────── Ausgabeteil (Ausgabeliste,
                                        Variablenliste)


- Formatierung von Zahlen (numerischen Daten):
  #       Numerus-Zeichen reserviert Platz für eine Ziffer.
  .       Dezimalpunkt mit Rundung.
  **      Sternchen anstelle von führenden Leerstellen.
  ,       Komma links vom . zur Bildung von Dreiergruppen.

- Formatierung von Text (Zeichenketten, STRINGs):
  !       Nur das erste Zeichen eines Textes ausgeben.
  &       Feldlänge variabel entsprechend dem Text.
  \   \ Hier: 3+2=5 als Feldlänge (allgemein: N+2).
```

           Grundlegende Eigenschaften der Anweisung PRINT USING

Ausführung zu Programm DEMO-USI:

Demonstration zur Ausgabeformatierung mit PRINT USING.
```
   12
1200
%12345
   750.45
   843.75
    72,501,286.00
*****4.0
222.80 10.00432.57
222.80  10.00 432.57
1 2.0   3.0  4  5.0    6.0  7
2750.40  DM fuer 300 KG
 4.500 % Rabatt ab 100 Stueck
 7.125 % Rabatt ab  50 Stueck
20.000 % Rabatt ab 450 Stueck
F
DMFrancs
DM      Francs
320.00 Francs gleich 100.00 DM    .
 31.25 DM      gleich 100.00 Francs.
Ende
```


3.4.3 Druckersteuerung

Die Steuerung eines Druckers können wir entweder im jeweiligen
Anwenderprogramm oder über eine gesonderte Routine vornehmen.
Die Steuerzeichen für Schrifttypen und Druckabstände sind von
Druckertyp zu Druckertyp verschieden und dem jeweiligen Hand-
buch zu entnehmen.
Programm DRUCKSTE stellt eine einfache Routine dar und bezieht
sich auf die Steuerung des Druckertyps 'Brother HR-15'.
Es zeigt, wie der Drucker als 'Schreibmaschine' genutzt werden
kann (Wahl 2: jedes getippte Zeichen wird direkt gedruckt) und
wie zwei Schrifttypen angesteuert werden (Wahl 3 und 4).

```
100 REM ====== Programm DRUCKSTE
110 PRINT "Steuerung des Druckers 'Brother HR-15'."

120 PRINT " 1 - Beenden"
130 PRINT " 2 - Direkt drucken"
140 PRINT " 3 - Unterstreichen"          Codierung zu Programm DRUCKSTE
150 PRINT " 4 - Fettschrift"
160 INPUT "Wahl ";W%
170 ON W%-1 GOSUB 1000,2000,3000
180 PRINT "Ende." : END

1000 PRINT "Drucker als Schreibmaschine bis END:"
1010 INPUT DR$ : IF DR$="END" THEN RETURN
1020 LPRINT DR$;
1030 GOTO 1010

2000 PRINT "Das Wort MWST 2mal unterstreichen:"
2010 LPRINT "Die ";CHR$(27);"E";"MWST";CHR$(27);"R";CHR$(27);"X";" incl."
2020 LET S1$=CHR$(27)+"E" : LET S2$=CHR$(27)+"R"+CHR$(27)+"X"
2030 LPRINT "Die ";S1$;"MWST";S2$;" incl."
2040 RETURN

3000 PRINT "Das Wort MWST in Fettschrift (Schattenschrift):"
3010 LET F1$=CHR$(27)+"W" : LET F2$=CHR$(27)+"B"+CHR$(27)+"X"
3020 LPRINT "Die ";F1$;"MWST";F2$;" incl."
3030 RETURN


Ausführung zu Programm DRUCKSTE:

Steuerung des Druckers 'Brother HR-15'.
 1 - Beenden
 2 - Direkt drucken
 3 - Unterstreichen
 4 - Fettschrift
Wahl ? 3
Das Wort MWST 2mal unterstreichen:
Die MWST incl.
Die MWST incl.
Ende.
```

3.5 Maschinennahe Programmierung

Arbeiten wir mit der Programmiersprache MBASIC, dann bewegen
wir uns auf einer 'mittleren' Sprachebene zwischen unserer Um-
gangssprache einerseits und der 011011001...-Sprache des Computers andererseits, also der Maschinensprache.
Wenden wir uns einer Programmiersprache wie PASCAL zu, so entfernen wir uns noch mehr vom Computerkern: PASCAL ist stärker
strukturiert und hat komplexere Sprachelemente als BASIC. Wenden wir uns umgekehrt der Maschinensprache (Assembler) zu, so
befinden wir uns auf der 'untersten' Sprachebene des PCs, d.h.
auf der Ebene seiner aus Bitmustern wie 01101011 bestehenden
'Muttersprache'.

In diesem Abschnitt wollen wir einen kleinen Schritt in Richtung auf die 'unterste' Sprachebene wagen: wir betrachten die
Zeichendarstellung und -codierung, die bitweise Verarbeitung,
den unmittelbaren Zugriff auf Speicherplatzinhalte und den Umgang mit Maschinenprogrammen.

3.5.1 Zeichendarstellung im ASCII

Alle Zeichen - seien es Ziffern, Buchstaben oder auch Sonderzeichen - werden im ASCII dargestellt, d.h. es wird z.B. nicht
der Buchstabe A gespeichert, sondern dessen ASCII-Codezahl 65.
Die Funktion CHR$ haben wir bereits in Abschnitt 3.3 (Textver-
arbeitung) verwendet; sie gibt uns für eine Codezahl zwischen
0 und 255 das zugehörige ASCII-Zeichen an. Programm CHR$-TE
ermöglicht es uns, diese Funktion zu testen. In der Ausführung
zu CHR$-TE werden alle Zeichen von Codezahl 32 bis Codezahl
80 ausgegeben ; für Codezahl 7 ertönt nur ein 'Beep'.

	0	1	2	3	4	5	6	7	8	9	10	11	12	13	14	15
0	von 0-31 Steuerzeichen,															
16	z.B. RETURN für CHR$(13).															
32	⎵	!	"	#	$	%	&	'	(	)	*	+	,	–	.	/
48	0	1	2	3	4	5	6	7	8	9	:	;	<	=	>	?
64	@	A	B	C	D	E	F	G	H	I	J	K	L	M	N	O
80	P	Q	R	S	T	U	V	W	X	Y	Z	[	\	]	↑	–
96	'	a	b	c	d	e	f	g	h	i	j	k	l	m	n	o
112	p	q	r	s	t	u	v	w	x	y	z	{	¦	}	~	DEL

Bsp: Codezahl 64+1=65 für A; Codezahl 48+13=61 für =

ASCII-Zeichenvorrat mit 128 Zeichen von 0 bis 127

Codierung und zwei Ausführungen zu Programm CHR$-TE:

```
100 REM ====== Programm CHR$-TE
110 PRINT "Test der Funktion CHR$()."
120 INPUT "A,E tippen fuer CHR$(A,..,E)"; A,E
130   FOR I=A TO E: PRINT CHR$(I); : NEXT I
140   PRINT
150   FOR I=A TO E : PRINT RIGHT$(STR$(I),1); : NEXT I
160 END
```

```
Test der Funktion CHR$().
A,E tippen fuer CHR$(A,..,E)? 32,80
 !"#$%&'()*+,-./0123456789:;<=>?§ABCDEFGHIJKLMNOP
2345678901234567890123456789012345678901234567890
```

```
Test der Funktion CHR$().
A,E tippen fuer CHR$(A,..,E)? 7,7
```


Funktion ASC liefert als Umkehrung der Funktion CHR$ die ent-
sprechende Codezahl. Das Zeichen ! wird als Codezahl 33 und
das Zeichen 0 als Codezahl 48 intern gespeichert. Das ! kommt
vor der 0, es gilt !<0 . Die Wertigkeiten der Codezahlen be-

stimmen   demnach die Sortierfolge; wir werden bei den Sortierverfahren in Abschnitt 3.9 darauf zurückkommen.
Das Programm ASCII-TE dient dem Testen der Funktion ASC.

Codierung zu Programm ASCII-TE:

```
100 REM ====== Programm ASCII-TE
110 PRINT "Test der ASCII-Werte fuer beliebige Zeichen (O=Ende)."
120 INPUT "Welches Zeichen"; Z$
130 PRINT "Darstellung von ";Z$;" im ASCII intern: ";ASC(Z$)
140 IF ASC(Z$)<>48 THEN 120
150 PRINT "Testende." : END
```

Ausführung zu Programm ASCII-TE:

```
Test der ASCII-Werte fuer beliebige Zeichen (O=Ende).
Welches Zeichen? !
Darstellung von ! im ASCII intern:  33
Welches Zeichen? 1
Darstellung von 1 im ASCII intern:  49
Welches Zeichen? #
Darstellung von # im ASCII intern:  35
Welches Zeichen? 0
Darstellung von 0 im ASCII intern:  48
Testende.
```

3.5.2 Umwandlung dezimal, binär und hexadezimal

Das Programm DEZDUAL1 wandelt eine Dezimalzahl D in eine Bi-
närzahl B um, die als 16-Elemente-Array vereinbart ist (Anweisung 140 DIM B(16) reserviert für B genau 16 Zahlkomponenten).
Zur Umwandlung in der Schleife 160 FOR I ... 190 NEXT I wird
D wiederholt halbiert, um bei Teilbarkeit ohne Rest eine 0 und
sonst eine 1 nach B zu schreiben. Diese Binärzeichen 0 bzw. 1
schreibt DEZDUAL1 in der Richtung der höheren Wertigkeit von
rechts nach links nach B; deshalb auch die Schrittweite STEP-1
in der FOR-Anweisung (Stelle 16, 15, 14, ...).

Codierung zu Programm DEZDUAL1:

```
100 REM ====== Programm DEZDUAL1
110 PRINT "Umwandlung einer Dezimalzahl in eine Dualzahl"
120 PRINT "(Methode: Wiederholtes Halbieren."
130 PRINT "Ergebnis: Binaermuster als 16-Elemente-Array)."

140 DIM B(16) : INPUT "Welche Ganzzahl"; D
150 IF D>65536! THEN PRINT "... kleinere Zahl." : GOTO 140
160 FOR I=16 TO 1 STEP -1
170    IF D/2 = INT(D/2)
          THEN LET B(I)=0
          ELSE LET B(I)=1
180    LET D=INT(D/2)
190 NEXT I
200 PRINT "Umwandlung als 16-stellige Dualzahl:"
210 FOR I=1 TO 16 : PRINT B(I); : NEXT I
220 END
```

Ausführungen zu Programm DEZDUAL1:

Umwandlung einer Dezimalzahl in eine Dualzahl
(Methode: Wiederholtes Halbieren.
Ergebnis: Binaermuster als 16-Elemente-Array).
Welche Ganzzahl? 65535
Umwandlung als 16-stellige Dualzahl:
 1 1 1 1 1 1 1 1 1 1 1 1 1 1 1 1

RUN
Umwandlung einer Dezimalzahl in eine Dualzahl
(Methode: Wiederholtes Halbieren.
Ergebnis: Binaermuster als 16-Elemente-Array).
Welche Ganzzahl? 51
Umwandlung als 16-stellige Dualzahl:
 0 0 0 0 0 0 0 0 0 0 1 1 0 0 1 1

Das Programm DUALDEZ unterscheidet sich in zweifacher Hinsicht
vom Programm DEZDUAL1: Einerseits erfolgt die Umwandlung umgekehrt, andererseits liegt das Binärmuster als die Eingabegroße
als String B$ vor, nicht aber als Array B( ). Mit MID$(B$,I,1)
nimmt man das jeweils nächste Zeichen von B$; da es stets eine
0 oder 1 ist, kann dieses Zeichen mit VAL in einen numerischen
Wert verwandelt und nach S zugewiesen werden (S für Stellenin-
halt). Dann wird 'S mal (2 hoch (L-I))' multipliziert und der
so errechnete Stellenwert in Zeile 170 zur Dezimalzahl D hinzuaddiert.

Codierung zu Programm DUALDEZ:

```
100 REM ====== Programm DUALDEZ
110 PRINT "Umwandlung 'binaer - dezimal'"
120 PRINT "(Binaermuster als String)."

130 PRINT "Binaermuster tippen:":INPUT B$
140 LET D=0 : LET L=LEN(B$)
150 FOR I=1 TO L
160    LET S = VAL(MID$(B$,I,1))
170    LET D = D + S * (2°(L-I))
180 NEXT I
190 PRINT "Umwandlung dezimal:"; D
200 PRINT "Ende." : END
```

Umwandlung 'binaer - dezimal'
(Binaermuster als String).
Binaermuster tippen:
? 1111111111111111
Umwandlung dezimal: 65535
Ende.

Umwandlung 'binaer - dezimal'
(Binaermuster als String).
Binaermuster tippen:
? 110011
Umwandlung dezimal: 51
Ende.

Hexadezimalziffern sind 0,1,2,3,4,5,6,7,8,9,A,B,C,D,E,F. Diese
16 Ziffern werden auch kurz Hex-Ziffern oder Sedezimal-Ziffern
genannt (vgl. Abschnitt 1.2.3.2)..
Das Programm HEXDEZ veranschaulicht den Umwandlungsvorgang von
hex nach dez. In Teil 1 von HEXDEZ prüfen wir, ob die Eingabe
in H1$ nur aus den 16 Hex-Zeichen 0123456789ABCDEF besteht. In
Teil 2 findet die Umwandlung statt: Die Hex-Zeichen A-F werden
durch die Dez-Zeichen 10-15 ersetzt und in Z abgelegt. Darauf-
hin wird Z mit den jeweiligen Stellenwerten 1 (=16 hoch 0), 16
(=16 hoch 1), 256 (=16 hoch 2), ... multipliziert und zur Dezimalzahl D hinzuaddiert.

Codierung zu Programm HEXDEZ:

```
100 REM ====== Programm HEXDEZ
110 PRINT "Umwandlung von HEX in DEZIMAL:"

120 REM ====== Vereinbarungsteil
130 ' HO$, H1$: 16 Hexadezimalzeichen, umzuwandelnder Eingabetext
140 ' L, Z$:    Laenge von H1$, Naechstes Zeichen in H1$
150 ' D:        Dezimales Ergebnis
160 ' RICHTIG:  Wahrheitswert fuer Schleifenende

170 LET HO$="0123456789ABCDEF"         '16 HEX-Zeichen
180 INPUT "Hexadezimaler Wert"; H1$ : LET L=LEN(H1$)

190 PRINT : PRINT "Pruefung auf Gueltigkeit:"
200 LET RICHTIG = -1
210 FOR I=1 TO L
220    IF INSTR( HO$, MID$(H1$,I,1) )
          THEN PRINT I;". Zeichen in ";H1$;" korrekt."
          ELSE LET RICHTIG=0 : LET I=L
230 NEXT I
240 IF NOT RICHTIG THEN PRINT "... falsches Zeichen." : GOTO 410

250 PRINT: PRINT "Umwandlung:"
260 FOR I=1 TO L
270 LET Z$ = MID$(H1$,(L-I+1),1)       'I. Zeichen nehmen
280 IF Z$ <= "9" THEN LET Z=VAL(Z$)  'Fall 'Hex gleich Dez'
290 IF Z$  = "A" THEN LET Z=10
300 IF Z$  = "B" THEN LET Z=11
310 IF Z$  = "C" THEN LET Z=12
320 IF Z$  = "D" THEN LET Z=13
330 IF Z$  = "E" THEN LET Z=14
340 IF Z$  = "F" THEN LET Z=15
350 LET Z = Z*(16↑(I-1))               'Stellenwert multiplizieren
360 PRINT "Fuer ";Z$;":"; D; "um"; Z; "erhoeht."
370 LET D = D+Z                        'Dezimalzahl aufaddieren
380 NEXT I

390 PRINT : PRINT "Ergebnis:"
400 PRINT H1$;" HEX ergibt"; D; "DEZIMAL."
410 PRINT "Ende." : END
```

Ausführungen zu Programm HEXDEZ:

Umwandlung von HEX in DEZIMAL:
Hexadezimaler Wert? 64

Pruefung auf Gueltigkeit:
 1 . Zeichen in 64 korrekt.
 2 . Zeichen in 64 korrekt.

Umwandlung:
Fuer 4: 0 um 4 erhoeht.
Fuer 6: 4 um 96 erhoeht.

Ergebnis:
64 HEX ergibt 100 DEZIMAL.
Ende.

Umwandlung von HEX in DEZIMAL:
Hexadezimaler Wert? FFFF

Pruefung auf Gueltigkeit:
 1 . Zeichen in FFFF korrekt.
 2 . Zeichen in FFFF korrekt.
 3 . Zeichen in FFFF korrekt.
 4 . Zeichen in FFFF korrekt.

Umwandlung:
Fuer F: 0 um 15 erhoeht.
Fuer F: 15 um 240 erhoeht.
Fuer F: 255 um 3840 erhoeht.
Fuer F: 4095 um 61440 erhoeht.

Ergebnis:
FFFF HEX ergibt 65535 DEZIMAL.
Ende.

Das Programm DEZHEX wandelt umgekehrt Dezimalzahlen in Hexade-
zimalzahlen um und demonstriert dazu zwei Methoden:
1) Die Funktion HEX$(DEZ) wandelt die Dezimalzahl DEZ in das
16er-Zahlensystem um.
2) Zusätzlich wird die Umwandlung anhand des in der Abbildung
wiedergegebenen 'Vorgehen 2' schrittweise aufgezeigt.
Zur Bestimmung der Hexadezimalziffer HZI$ gehen wir dabei wie
folgt vor: Hat HZI einen Wert 0,1,2,...,9, erhalten wir mit

```
VORGEHEN1: HEX-ZIFFERN FALLEN IN RICHTIGER FOLGE 5C8F AN

                  3           2           1           0
23695 = 5*16     + 12*16     + 8*16      + 15*16       5C8F hex
                                                       abgelesen

      = 5*4096   + 12*256    + 8*16      + 15*1

      = 20480    + 3072      + 128       + 15


VORGEHEN 2: HEX-ZIFFERN FALLEN IN UMGEKEHRTER FOLGE F8C5 AN

DEZ   = (TEIL=INT(DEZ/16) * 16)   +   HZI=DEZ-(TEIL*16)    HE$

23695 =          (1480      * 16) +              15         F
 1480 =          (  92      * 16) +               8         8
   92 =          (   5      * 16) +              12         C
    5 =          (   0      * 16) +               5         5
```

      Zwei Vorgehensweisen zur Umwandlung von 23695 dez in 5C8F hex
            ohne Anwendung der BASIC-Funktion HEX$

Codierung zu Programm DEZDEX: Ausführungen zu Programm DEZHEX:

```
100 REM ====== Programm DEZHEX
110 PRINT "Umwandlung von DEZ in HEX:"

120 REM ====== Vereinbarungsteil
130 ' DEZ, HE$:  Dezimalzahl, Hexadezimalzahl
140 ' HZI, HZI$: Hexadezimalziffer num./Zeichen
150 ' TEIL:      Ganzzahl-Teil von DEZ
160 ' CODE:      ASCII-Codezahl fuer 0 bzw. 7

170 REM ====== Anweisungsteil
180 INPUT "DEZimalzahl"; DEZ : LET HE$=""
190 PRINT "Probe mit Funktion HEX$:"
200 PRINT DEZ; "ergibt "; HEX$(DEZ)

210 PRINT "Umwandlung schrittweise:"
220 WHILE DEZ > 0
230    LET TEIL=INT(DEZ/16)
240    LET HZI =DEZ-(TEIL*16)
250    IF HZI>9 THEN CODE=55 ELSE CODE=48
260    LET HZI$=CHR$(CODE+HZI)
270    PRINT " HEX-Ziffer: ";HZI$
280    LET HE$ =HZI$+HE$ : LET DEZ=TEIL
290 WEND
300 PRINT "HEXadezimalzahl: ";HE$ : END
```

```
Umwandlung von DEZ in HEX:
DEZimalzahl? 23695
Probe mit Funktion HEX$:
 23695 ergibt 5C8F
Umwandlung schrittweise:
  HEX-Ziffer: F
  HEX-Ziffer: 8
  HEX-Ziffer: C
  HEX-Ziffer: 5
HEXadezimalzahl: 5C8F


Umwandlung von DEZ in HEX:
DEZimalzahl? 266
Probe mit Funktion HEX$:
 266 ergibt 10A
Umwandlung schrittweise:
  HEX-Ziffer: A
  HEX-Ziffer: 0
  HEX-Ziffer: 1
HEXadezimalzahl: 10A
```

CHR$(48+HZI) die entspr. Ziffer 0,1,2,...9. Hat HZI aber einen
Wert zwischen 10 und 15, ermittelt CHR$(55+HZI) die zugehörige
Ziffer A,B,..,F. Beispiele: CHR$(55+11) ergibt CHR$(66) ergibt
B; CHR$(48+4) ergibt CHR$(52) ergibt 4. Dabei wird berücksich-
tigt, daß die Dezimalziffern im ASCII mit Codezahl 48 beginnen
und die Großbuchstaben mit Codezahl 65. Die Variable CODE enthält deshalb 48 oder aber 55 (55+10 für A ergibt dann 65).

3.5.3 Daten Bit für Bit verarbeiten

Ergänzend zu Programm DEZDUAL1 wollen wir zur "Umwandlung von
Dezimalzahlen in Dualzahlen" die Programme DEZDUAL2, DEZDUAL3
und DEZDUAL4 betrachten. Diese drei Programme zeigen, wie wir
den logischen Operator AND zur Verarbeitung einzelner B i t s
verwenden können.

Im Ausführungsbeispiel zu Programm DEZDUAL2 wird die Zahl 200
in die Dualzahl 11001000 umgewandelt. Die Codierung zeigt, daß
die Umwandlung in einer WHILE..WEND-Schleife über die Anweisungsfolge
    170 WHILE I ungleich 1
    180   LET I=I/2
    190   PRINT ABS((I AND D) = I);
    200 WEND
mit den Zahlen D=200 und I=256 als Anfangswerten erfolgt. Die
Anweisung 190 führt mit I AND D eine logische Operation über
"logisch UND" durch. Dabei werden die INTEGER-Zahlen in I und
D binär dargestellt und Bit für Bit mit AND (logisch UND) verknüpft. Für die Anfangswerte I=128 und D=200 wird demnach die
Operation (I AND D) als (128 AND 200) computerintern binär als
(10000000 AND 11001000) bitweise ausgeführt. Nur die 8. Stelle
ergibt 1 als Stellenergebnis (1 AND 1 ergibt 1), während alle
anderen Stellenergebnisse 0 ergeben. (10000000 AND 11001000)
ergibt somit 10000000 bzw. 128 als Ergebnis.
In Zeile 190 wird jetzt der Vergleich (128=128)? ausgeführt
mit dem Ergebnis WAHR bzw. TRUE bzw. -1.
Dann wird in 190 der Absolutbetrag ABS(-1) gleich 1 ermittelt
und mit PRINT 1; ausgegeben.
Diese bitweise Manipulation mittels AND wiederholt sich bis
I den Wert 1 erreicht hat. Die ersten drei Schleifendurchläufe
werden durch die Abbildung wiedergegeben.

```
100 REM ====== Programm DEZDUAL2
110 PRINT "Umwandlung einer Dezimalzahl in eine Dualzahl"
120 PRINT "(Methode: Vergleichen mit logische UND."
130 PRINT "Ergebnis: Binaermuster als 8 Einzelzahlen)."

140 INPUT "Ganzzahl < 256"; D
150 LET I=256
160 PRINT D;" als 8-stellige Dualzahl:"
170 WHILE I<>1
180    LET I=I/2
190    PRINT ABS( (I AND D) = I);
200 WEND
210 PRINT : PRINT "Ende." : END
```

Ausführung zu Programm DEZDUAL2:

Umwandlung einer Dezimalzahl in eine Dualzahl
(Methode: Vergleichen mit logische UND.
Ergebnis: Binaermuster als 8 Einzelzahlen).
Ganzzahl < 256? 200
 200 als 8-stellige Dualzahl:
 1 1 0 0 1 0 0 0
Ende.

```
Schleifendurchlauf:              Bitweise Verknüpfung (I AND D):

1. DURCHLAUF: I=128 und D=200.   1 0 0 0 0 0 0 0      =128
(I AND D) ergibt I               1 1 0 0 1 0 0 0      =200
(I = I) ergibt -1 bzw. TRUE.     -----------------------------
ABS(-1) ergibt 1.                1 0 0 0 0 0 0 0      =128

2. DURCHLAUF: I=64 und D=200.    0 1 0 0 0 0 0 0      = 64
(I AND D) ergibt I.              1 1 0 0 1 0 0 0      =200
(I = I) ergibt -1 bzw. TRUE.     -----------------------------
ABS(-1) ergibt 1.                0 1 0 0 0 0 0 0      = 64

3. DURCHLAUF: I=32 und D=200.    0 0 1 0 0 0 0 0      = 32
(I AND D) ergibt 0.              1 1 0 0 1 0 0 0      =200
(0 AND I) ergibt 0 bzw. FALSE.   -----------------------------
ABS(0) ergibt 0.                 0 0 0 0 0 0 0 0      =  0

Anweisung  190 PRINT ABS((I AND D)=I);  von Programm DEZDUAL2
```

Beispiel zur bitweisen Verknüpfung mittels AND

Die logische Operation (I AND D) wird in einer Schleife wiederholt ausgeführt. Dabei bleibt D=200 konstant, während I die
8 Werte 128=10000000, 64=01000000, 32=00100000, 16=00010000,
8=00001000, 4=00000100, 2=00000010 und 00000001 annimmt.
I wirkt wie ein F i l t e r , der mittels UND bei jedem neuen
Schleifendurchlauf eine ggf. vorhandene "1" in einer anderen
Bitposition herausfiltert: in Position 8, 7, 6, ..., 1.
Ebenso kann man I als M a s k e auffassen, die über eine zu
prüfende Variable (hier über D) gelegt wird.

Codierung zu Programm DEZDUAL3:

```
100 REM ====== Programm DEZDUAL3
110 PRINT "Umwandlung einer Dezimalzahl in eine Dualzahl"
120 PRINT "(Methode: Exponent und logisch UND."
130 PRINT "Ergebnis: Binaermuster als 8 Einzelzahlen)."

140 INPUT "Ganzzahl unter 256"; D
150 PRINT "8-stellige Dualzahl:"
160 FOR I=7 TO 0 STEP -1
170   PRINT SGN(D AND 2↑I);
180 NEXT I
190 PRINT : PRINT "Ende." : END
```

Programm DEZDUAL3 dient demselben Zweck wie Programm DEZDUAL2,
nur wird hier die AND-Operation
  170 PRINT SGN(D AND (2 hoch I));
geschrieben. Als Filter bzw. Maske dient wieder 128 (2 hoch
7 ergibt 128), 64 (2 hoch 6 ergibt 64), ...

Die Programme DEZDUAL2 und DEZDUAL3 konnten nur Dezimalzahlen
bis maximal 256 in Binärzahlen umwandeln. Programm DEZDUAL4
hebt die Begrenzung von 256 (=2 hoch 8) auf und wandelt Zahlen
bis maximal 65536 (=2 hoch 16) um.

Ausführung zu Programm DEZDUAL3:

Umwandlung einer Dezimalzahl in eine Dualzahl
(Methode: Exponent und logisch UND.
Ergebnis: Binaermuster als 8 Einzelzahlen).
Ganzzahl unter 256? 200
8-stellige Dualzahl:
 1 1 0 0 1 0 0 0
Ende.

Codierung zu Programm DEZDUAL4:

```
100 REM ====== Programm DEZDUAL4
110 PRINT "Umwadlung einer Dezimalzahl in eine Dualzahl"
120 PRINT "(Methode: Exponent und logisch UND; Zerlegen."
130 PRINT "Ergebnis: Binermuster als 16 EInzelzahlen)."

140 INPUT "Ganzzahl unter 65536"; ZAHL : PRINT
150 BYTELINKS = INT (ZAHL/256)
160 PRINT "Hoeherwertiges linkes Byte"; BYTELINKS
170 PRINT "als Dualzahl: ";
180 LET D=BYTELINKS : GOSUB 1000
190 LET BYTERECHTS = ZAHL - BYTELINKS*256 : PRINT

200 PRINT "Niederwertiges rechtes Byte"; BYTERECHTS
210 PRINT "als Dualzahl: ";
220 LET D=BYTERECHTS : GOSUB 1000
230 END

1000 FOR I=7 TO 0 STEP -1          'Dualzahl bilden
1010    PRINT SGN(D AND 2↑I);
1020 NEXT I
1030 RETURN
1040 INPUT "Ganzzahl unter 65536"; ZAHL
```


Ausführung zu Programm DEZDUAL4:

Umwadlung einer Dezimalzahl in eine Dualzahl
(Methode: Exponent und logisch UND; Zerlegen.
Ergebnis: Binermuster als 16 EInzelzahlen).
Ganzzahl unter 65536? 32267

Hoeherwertiges linkes Byte 126
als Dualzahl: 0 1 1 1 1 1 1 0
Niederwertiges rechtes Byte 11
als Dualzahl: 0 0 0 0 1 0 1 1

3.5.4 Unmittelbarer Zugriff auf Speicherinhalte

3.5.4.1 Stufe 1: Freien Speicherplatz überprüfen

Der wiedergegebene direkte Dialog gibt ein Beispiel, wie durch
Anwendung der Funktion FRE(0) der noch freie Speicherplatz ab-
gefragt werden kann.
Vor dem Laden unseres Programms VERBRAU sind noch 26483 Bytes
frei, danach nur noch 26366 Bytes. Nach der Ausführung bleiben
noch 26342 Bytes übrig.
Die sieben Anweisungen von Programm VERBRAU (Abschnitt 3.1.1)
nehmen also 117 Bytes in Anspruch und die drei bei der Ausführung mit den Werten 60, 346 und 17.341 belegten Variablen T,
K und D beanspruchen 24 Bytes.

Direkter Dialog zur Demonstration der Funktionen FRE und PEEK:

```
PRINT FRE(0)                    Ok
 26483                          PRINT &HFFFE
Ok                              -2
LOAD "VERBRAU"                  Ok
Ok                              PRINT &HD000
PRINT FRE(0)                    -12288
 26366                          Ok
Ok                              PRINT PEEK(-12288)
RUN                              15
Eingabe: Gefahrene km          Ok
? 346                           PRINT PEEK(&HD000)
Ausgabe: Liter/100 km           15
 17.341                         Ok
Ok                             -12288+65536
PRINT FRE(0)                    Syntax error
 26342                          Ok
Ok                              PRINT -12288+65536
PRINT 239859118                 53248
 239859118                     Ok
Ok                              PRINT PEEK(53248)
PRINT &HE                        15
 14                            Ok
Ok                              PRINT FRE(0)
PRINT &H64                       26342
 100                           Ok
Ok
PRINT &HFFFF
-1
```

3.5.4.2 Stufe 2: Einzelne Speicherplatzinhalte mit PEEK lesen

PEEK(53248) gibt den Inhalt des Speicherplatzes mit der Adresse 53248 wieder: mit PRINT PEEK(53248) als Direktanweisung
oder aber mit 20 PRINT "INHALT VON PLATZ 53248: ";PEEK(53248)
als Programmanweisung.
Die Anweisung 50 LET F=PEEK(53248) ordnet den Wert der Variablen F zu und 70 IF PEEK(53248)=9 THEN.. fragt den Wert ab.

Der Dialog zeigt, daß PEEK(53248) die gleiche Bedeutung wie
PEEK(-12288) und wie PEEK(&HD000) hat. &HD000 als Hexadezimal-

konstante (vgl. Abschnitt 2.2.1.1) ergibt -12288 als dezimale
Adresse. -12288 als Komplement zu 65536 ergibt wieder 53248.
Anmerkung: Negative Adressen legt das System als komplementäre
Zahlen zu 65536 als der größten durch ein Byte (8 Bits) dar-
stellbaren Zahl an.

Die Zählerschleife
   10 FOR I=2048 TO 3071 : PRINT I;": ";PEEK(I); ; NEXT I
gibt den Inhalt der Speicherplätze 2048 bis 3071 aus. Dieser
dezimalen Adressenangabe entspricht die hexadezimale Angabe
von 800 bis BFF, die zur Unterscheidung auch als &H800 - &HBFF
geschrieben wird (vgl. Abschnitt 2.2.1.1). Lassen wir die Zählerschleife ablaufen, dann werden ASCII-Codezahlen zwischen 0
und 255 ausgegeben. Warum? 255 dezimal = &HFF ist die größte
in einem Byte bzw. einem Speicherplatz unterzubringende Zahl.

Die Zählerschleife
   30 FOR Z=1 TO 7: LET A(Z)=PEEK(767+Z) : NEXT Z
speichert die Inhalte der Speicherplätze 768, 769, ... in den
Array A() ab.

3.5.4.3 Stufe 3: Zusammengehörige Speicherplatzinhalte lesen

Programm DATPEEK wendet die Funktionen PEEK und VARPTR an, um
Daten wie z.B. den String "WEGWEISER" nicht über ihre Namen zu
lesen, sondern unmittelbar über ihre Internspeicher-Adressen.

Codierung zu Programm DATPEEK:

```
100 REM ====== Programm DATPEEK
110 PRINT "Daten nicht ueber Angabe ihres Namens lesen,"
120 PRINT "sondern direkt ueber ihre Speicheradressen.": PRINT

130 INPUT "Welche Ganzzahl (Datentyp INTEGER)"; Z%
140 LET ADR%=VARPTR(Z%)
150 PRINT "Ganzzahl Z% belegt 2 Bytes ab Adresse:"; ADR%
160 LET DAT1=PEEK(ADR%) : LET DAT2=PEEK(ADR%+1)
170 PRINT "Unter Adresse"; ADR%; "gespeichert:"; DAT1
180 PRINT "Unter Adresse"; ADR%+1; "gespeichert:"; DAT2
190 PRINT "Probe: 256 *";DAT2;" +";DAT1;"ergibt";256*DAT2 + DAT1

200 PRINT: INPUT "Welcher Text (Datentyp STRING)"; T$
210 LET ADR%=VARPTR(T$)
220 LET LAENG%=PEEK(ADR%): NIEDB%=PEEK(ADR%+1): HOEHB%=PEEK(ADR%+2)
230 PRINT "Unter Adresse"; ADR%; "als Laenge gespeichert:"; LAENG%
240 PRINT "Unter Adresse"; ADR%+1;"als niedriges Adressbyte:"; NIEDB%
250 PRINT "Unter Adresse"; ADR%+2;"als hoeheres Adressbyte:"; HOEHB%
260 LET ADRSTRING = 256*HOEHB% + NIEDB%
270 PRINT "Speicheradresse des Strings:"; ADRSTRING
280 FOR I=0 TO LAENG%-1
290   PRINT "Unter Adresse";ADRSTRING+I;"gespeichert: ";CHR$(PEEK(ADRSTRING+I)
300 NEXT I
310 PRINT "Ende." : END
```

Ausführung zu Programm DATPEEK mit Prüfung durch PEEK:

Daten nicht ueber Angabe ihres Namens lesen,
sondern direkt ueber ihre Speicheradressen.

Welche Ganzzahl (Datentyp INTEGER)? 513
Ganzzahl Z% belegt 2 Bytes ab Adresse: 26225
Unter Adresse 26225 gespeichert: 1
Unter Adresse 26226 gespeichert: 2
Probe: 256 * 2 + 1 ergibt 513

Welcher Text (Datentyp STRING)? WEGWEISER
Unter Adresse 26258 als Laenge gespeichert: 9
Unter Adresse 26259 als niedriges Adressbyte: 252
Unter Adresse 26260 als hoeheres Adressbyte: 201
Speicheradresse des Strings: 51708
Unter Adresse 51708 gespeichert: W
Unter Adresse 51709 gespeichert: E
Unter Adresse 51710 gespeichert: G
Unter Adresse 51711 gespeichert: W
Unter Adresse 51712 gespeichert: E
Unter Adresse 51713 gespeichert: I
Unter Adresse 51714 gespeichert: S
Unter Adresse 51715 gespeichert: E
Unter Adresse 51716 gespeichert: R
Ende.
Ok
PRINT PEEK(51708)
 87
Ok
PRINT PEEK(26259)
 252
Ok

Die Umrechnung von HEX nach DEZ kann mit der umseitig wiedergegebenen Tabelle wie folgt vorgenommen werden:
  1. Beispiel: &HFF69 - dezimal 65385
     FF (Zeile unten, Spalte rechts) ergibt 65280 als unteren
        Tabellenwert, da FF das 1. Ziffernpaar ist.
     69 (Zeile 6 und Spalte 9) ergibt 105 als oberen Wert,
        da 69 das 2. Paar ist.
     65280+105 ergibt dezimal 65385.

  2. Beispiel: &H800 - dezimal 2048
     08 (obere Zeile 0 und Spalte 8) ergibt 2048 als unteren
        Tabellenwert, da 08 das 1. Paar ist.
     00 (obere Zeile und linke Spalte) ergibt 0.
     2048+0 ergibt dezimal 2048.

3.5.4.4 Stufe 4: Speicherplatzinhalte mit POKE schreiben

PEEKen können wir Speicherplätze des RAM wie des ROM, während
umgekehrt nur Speicherplätze des RAM gePOKEt und damit neu beschrieben werden können.

0	1	2	3	4	5	6	7	8	9	A	B	C	D	E	F
0	1	2	3	4	5	6	7	8	9	10	11	12	13	14	15
0	256	512	768	1024	1280	1536	1792	2048	2304	2560	2816	3072	3328	3584	3840
16	17	18	19	20	21	22	23	24	25	26	27	28	29	30	31
4096	4352	4608	4864	5120	5376	5632	5888	6144	6400	6656	6912	7168	7424	7680	7936
32	33	34	35	36	37	38	39	40	41	42	43	44	45	46	47
8192	8448	8704	8960	9216	9472	9728	9984	10240	10496	10752	11008	11264	11520	11776	12032
48	49	50	51	52	53	54	55	56	57	58	59	60	61	62	63
12288	12544	12800	13056	13312	13568	13824	14080	14336	14592	14848	15104	15360	15616	15872	16128
64	65	66	67	68	69	70	71	72	73	74	75	76	77	78	79
16384	16640	16896	17152	17408	17664	17920	18176	18432	18688	18944	19200	19456	19712	19968	20224
80	81	82	83	84	85	86	87	88	89	90	91	92	93	94	95
20480	20736	20992	21248	21504	21760	22016	22272	22528	22784	23040	23296	23552	23808	24064	24320
96	97	98	99	100	101	102	103	104	105	106	107	108	109	110	111
24576	24832	25088	25344	25600	25856	26112	26368	26624	26880	27136	27392	27648	27904	28160	28416
112	113	114	115	116	117	118	119	120	121	122	123	124	125	126	127
28672	28928	29184	29440	29696	29952	30208	30464	30720	30976	31232	31488	31744	32000	32256	32512
128	129	130	131	132	133	134	135	136	137	138	139	140	141	142	143
32768	33024	33280	33536	33792	34048	34304	34560	34816	35072	35328	35584	35840	36096	36352	36608
144	145	146	147	148	149	150	151	152	153	154	155	156	157	158	159
36864	37120	37376	37632	37888	38144	38400	38656	38912	39168	39424	39680	39936	40192	40448	40704
160	161	162	163	164	165	166	167	168	169	170	171	172	173	174	175
40960	41216	41472	41728	41984	42240	42496	42752	43008	43264	43520	43776	44032	44288	44544	44800
176	177	178	179	180	181	182	183	184	185	186	187	188	189	190	191
45056	45312	45568	45824	46080	46336	46592	46848	47104	47360	47616	47872	48128	48384	48640	48896
192	193	194	195	196	197	198	199	200	201	202	203	204	205	206	207
49152	49408	49664	49920	50176	50432	50688	50944	51200	51456	51712	51968	52224	52480	52736	52992
208	209	210	211	212	213	214	215	216	217	218	219	220	221	222	223
53248	53504	53760	54016	54272	54528	54784	55040	55296	55552	55808	56064	56320	56576	56832	57088
224	225	226	227	228	229	230	231	232	233	234	235	236	237	238	239
57344	57600	57856	58112	58368	58624	58880	59136	59392	59648	59904	60160	60416	60672	60928	61184
240	241	242	243	244	245	246	247	248	249	250	251	252	253	254	255
61440	61696	61952	62208	62464	62720	62976	63232	63488	63744	64000	64256	64512	64768	65024	65280

POKE 768,1 speichert die 1 in den Speicherplatz mit der Adresse 768 ab. Man sagt: "poke die 1 nach 768" (nicht schön, aber
kurz). Das zweite Argument muß zwischen 0 und 255 liegen. Die
Anweisung POKE PLATZ,ZAHL speichert den Inhalt von ZAHL an die
Adresse PLATZ ab. Die Ausgabeschleife
    100 FOR I=1 TO 7 : READ C : POKE (767+Z),C : NEXT I
    110 DATA 101,6,101,6,133,8,96
speichert die 7 in der DATA-Zeile angegebenen Zahlen in die
Speicherplätze unter den Adressen 768,769,... ab.

Vor jedem Poken muß überlegt werden, ob nicht Speicherinhalte
verändert werden, die für die Ablaufsteuerung wichtig sind.

3.5.4.5 Stufe 5: Aufruf von Maschinenprogrammen mit CALL

Mit der Anweisung
    200 CALL ROUTINE1(Z)
rufen wir (to call) ein Maschinenprogramm auf, dessen Startbe-
fehl im Speicherplatz unter Adresse &HD000 bzw. dezimal 53248
abgelegt ist. Dem Aufruf des Maschinenprogramms ROUTINE1 muß
z.B. folgende Anweisungsfolge vorausgehen:
    180 LET Z=12345
    190 LET ROUTINE = &HD000
Damit wird nach Z eine Zahl 1345 zugewiesen, die beim späteren
Aufruf dann an das Maschinenprogramm übergeben wird (in 180).
Außerdem wird der Wert 53248 (=&HD000) der Variablen ROUTINE
als Startadresse des Maschinenprogramms zugewiesen.

Auf das Erstellen von Maschinenprogrammen in Assembler können
wir in dieser MBASIC-Einführung nicht eingehen.

3.5.4.6 Stufe 6: Maschinenroutinen mit DEF USR definieren

Wir haben bereits zwei Arten von selbstdefinierten Funktionen
kennengelernt:
Funktionen mit REAL-Zahlen als Parametern (Funktion FNERHOEH
in Abschnitt 3.1.4.2).
Funktionen mit STRINGs als Parametern (Funktion FNCURSOR$ in
Abschnitt 3.4.1.2).
Mit der Anweisung DEF USR4 kann man in MBASIC eine spezielle
Funktion (mit Nummer 4) vereinbaren, die es ermöglicht, später
beim Funktionsaufruf mittels USR4 zu der Speicheradresse zu
verzweigen, die mittels DEF USR vereinbart worden ist.

3.6 Programme überprüfen und Programme verbinden

3.6.1 Programme auf Fehler überprüfen

3.6.1.1 Programmtest und Fehlersuche

Es gibt zwei Arten von Programmtests:
Auf der einen Seite den S c h r e i b t i s c h t e s t bzw.
'Trockentest', bei dem der Programmlauf gedanklich ohne Computer durchgespielt wird und bei dem man dabei die Variablenwerte 'auf einem Stück Papier' notiert.
Auf der anderen Seite den Computertest, bei dem man das Programm mit Testwerten laufen läßt. Wir wenden uns dem Computertest zu.

Nach Beendigung des Testlaufes kann man sich die Variablenwerte (z.B. die Werte von D und D$) zeigen lassen, in dem man in
Direktausführung
    PRINT D, D$
eintippt. Soll während der Ausführung angehalten werden, damit
die Variablenwerte kontrolliert werden können, kann man STOP-
Anweisungen einfügen.
    171 STOP
    180 ... Zeile, in der ein Fehler vermutet wird ...
    181 STOP
Die Ausführung hält vor und nach Zeile 180 an: wir können wieder PRINT D,D$ eintippen, um zu sehen, was sich in Zeile 180
ereignet hat. Mit CONT setzen wir dann die Ausführung fort.
Auf diese Weise können wir uns von einem STOP zum anderen vortasten.

Mit dem Trace-Lauf gibt uns MBASIC die Zeilennummern am Bildschirm aus, die bei der Programmausführung gerade durchlaufen
werden. Mit
    TRON (für TRace ON)
schalten wir diese Betriebsart ein und mit
    TROFF (für TRace OFF)
wieder aus.

Trace-Lauf zu Programm KAPITAL1 von Abschnitt 3.1.3.1:

```
RUN
[100][110]Kapitalien bis zur Verdopplung.
[120][130][140][150][160][170]Eingesetztes Kapital? 50000
[180]Jahreszinssatz:      ? 9
[190][200][210][220]    54500
[230][210][220]    59405
[230][210][220]    64751.5          160 REM ====== Anweisungsteil
[230][210][220]    70579.1          170 INPUT "Eingesetztes Kapital"; K
[230][210][220]    76931.2          180 INPUT "Jahreszinssatz:      "; P
[230][210][220]    83855            190 LET KE = 2*K
[230][210][220]    91402
[230][210][220]    99628.1          200 WHILE K<KE          'Schleifenbeginn
[230][210][220]    108595           210    LET K = K+K*P/100
[230][240]Ende nach Verdopplung.    220    PRINT "   "; K
Ok                                  230 WEND              'Schleifenende

                                    240 PRINT "Ende nach Verdopplung." : END
```

3.6.1.2 Fehlerbehandlung

Tippen wir an der Tastatur 20 LET A="100" ein und lassen wir
dieses Ein-Zeilen-Programm mit RUN laufen, erscheint am Bildschirm die Fehlermeldung "Type mismatch in 20" mit sofortigem
Abbruch der Programmausführung. Tippen wir dann PRINT ERR, so
erscheint als Antwort die Meldung "13" als Fehlernummer bzw.
Fehlercode.
Wir wollen dieses 'Herausfliegen aus dem Programm' verhindern
und den Fehler innerhalb des Programms selbst behandeln:

```
10 ON ERROR GOTO 500
20 LET A="100"
30 ...
...
80 ON ERROR GOTO 0
90 END


500 IF ERR<>13 THEN 600
510 PRINT "Fehler: STRING einer REAL-Variablen zugewiesen."
520 RESUME NEXT
...
600 PRINT "Fehlercode: "; ERR
610 PRINT "Zeilennummer mit Fehlerursache: "; ERL
620 PRINT "Weiter mit RETURN" : LET E$=INPUT$(1)
630 RESUME 80
```

Nach Ausführung der Anweisung ON ERROR GOTO wird beim Auftreten eines Fehlers nach Zeile 500 verzweigt, in welcher die
Fehlerbehandlungs-Routine beginnt. MBASIC stellt in einer Variablen ERR (ERR für ERRor) den jeweiligen Fehlercode zur
Verfügung (wichtige Fehlercodes sind in Abschnitt 3.6.1.3 angeführt). Ist ERR=13 , geben wir in 510 eine Mitteilung aus,
um über 520 RESUME NEXT mit der nächsten Zeile nach der Fe-
hlerzeile fortzufahren, also mit Zeile 30.
Ist ERR ungleich 13, geben wir den in ERR stehenden Fehlercode (Zeile 600) sowie die in ERL stehende Nummer der fehler-
verursachenden Zeile (ERL für ERror Line) aus. Dann wird nach
Durchlaufen eines Wartepunktes (Zeile 620) über die Anweisung
630 RESUME 80 der Ablauf mit Zeile 80 fortgesetzt.

```
1) Fehlerbehandlung eröffnen:
   10 ON ERROR GOTO 500

2) Fehlerbehandlungsroutine ab Zeile 500 ...
   Fehlercode in ERR abfragen.
   Fehlerzeile in ERL abfragen.
   Fehlerhinweise ausgeben.

3) Programmablauf fortsetzen mit RESUME:
   RESUME NEXT   Folgezeile nach fehlerverursachender Zeile.
   RESUME 80     Angegebene Zeilennummer.
   RESUME        Fehlerverursachende Zeile selbst.

4) Fehlerbehandlung schließen:
   80 ON ERROR GOTO 0
```

Fehlerbehandlung über das Anwenderprogramm in vier Schritten

Vor END schließt die Anweisung 80 ON ERROR GOTO 0 die Fehlerbehandlung wieder.

Mit der Anweisung ERROR können wir selbst Fehlercodes festlegen. Die Anweisung

    200 INPUT E$: IF E$="JA" THEN ERROR 150

weist im Falle der Tastatureingabe von "JA" der Variablen ERR den Fehlercode 150 zu und verzweigt in die Fehlerbehandlungs-Routine.

3.6.1.3 Fehlermeldungen

Im folgenden werden wichtige Fehlermeldungen in MBASIC mit ihren Fehlercodes in ERR wiedergegeben.

ERR: Meldung:

ERR	Meldung
1	Next without for (Zählerschleife)
2	Syntax Error (Schreibfehler)
3	Return without gosub (Unterprogramm)
4	Out of data (DATA zu kurz bei READ)
5	Illegal function call (Funktionsaufruf falsch)
6	Overflow (Überlauf, da Zahl zu groß)
7	Out of memory (Hauptspeicher zu klein)
8	Undefined line (Angesprochene Zeilennummer fehlt)
9	Subscript out of range (Array zu klein dimensioniert)
10	Redimensioned array (Array zum 2. Mal dimensioniert)
11	Division by zero (Division durch Null versucht)
12	Illegal direct (Direktanweisung nicht erlaubt)
13	Type mismatch (Angesprochener Datentyp stimmt nicht)
14	Out of string space (String zu umfangreich)
15	String too long (String länger als 256 Zeichen)
16	String formula too complex (Vergleichsausdruck zu lang)
17	Can't continue (Ausführung nicht fortsetzbar)
18	Undefined user function (DEF USR-Anweisung fehlt)
19	No resume (RESUME-Anweisung fehlt)
20	Resume without error (RESUME ohne Fehler erreicht)
21	Unprintable error (Fehler ohne Fehlercode)
22	Missing operand (In Ausdruck fehlt ein Operand)
23	Line buffer overflow (Eingegebene Zeile zu lang)
26	For without Next (Zählerschleife)
29	While without Wend (Abweisende Schleife)
30	Wend without while (Abweisende Schleife)
50	Field overflow (Dateipuffer zu klein bei "R"-Datei)
51	Internal error (MBASIC-Maschinenprogramm-Fehler)
52	Bad file number (Dateinummer (z.B. #6) fehlerhaft)
53	File not found (Dateiname nicht auf Diskette)
54	Bad file mode (Dateityp "I", "O" oder "R" falsch)
55	File already open (Datei schon geöffnet)
57	Disk I/O error (Lese-/Schreibfehler auf Diskette)
58	File already exists (Dateiname bereits vergeben)
61	Disk full (Kein Platz mehr auf Diskette)
62	Input past end (Ende der seq. Eingabedatei erreicht)
63	Bad record number (Satznummer bei PUT/GET falsch)
64	Bad file name (Dateiname nicht zulässig)
66	Direct statement in file (Zeilennummer fehlt)
67	To many files (Zu viele Dateien auf Diskette)

3.6.2 Programme zu einem Programm-System verbinden

MBASIC stellt die Anweisungen MERGE, CHAIN und COMMON bereit,
um Programme zu einem Programm-System bzw. zu einer Programm-
Bibliothek zu verbinden.
Die Grundlagen hierzu wollen wir an einfachen Programmbeispielen darstellen.

Dialog zum Mischen von MODULNEU nach MODULALT:

```
LOAD "MODULALT"
Ok
LIST
100 REM ======MODULALT
110 PRINT "Beginn Programm MODULALT."
120 PRINT "ALT$, ALT, ZAHL: ";ALT$;ALT;ZAHL
130 LET ALT$="Text alt": ALT=111: ZAHL=111
140 PRINT "NEU$, NEU: ";NEU$;NEU
150 PRINT "ALT$, ALT, ZAHL: ";ALT$;ALT;ZAHL
160 PRINT "Ende Programm MODULALT."
Ok
RUN
Beginn Programm MODULALT.
ALT$, ALT, ZAHL:  0  0
NEU$, NEU:  0
ALT$, ALT, ZAHL: Text alt 111   111
Ende Programm MODULALT.
Ok


LOAD "MODULNEU"
Ok
RUN
Beginn Programm MODULNEU.
NEU$, NEU, ZAHL:  0  0
PRINT ALT$, ALT:  0
NEU$, NEU, ZAHL: Text neu 999   999
Ende Programm MODULNEU.
Ok
LIST
1000 REM ====== Programm MODULNEU
1010 PRINT "Beginn Programm MODULNEU."
1020 PRINT "NEU$, NEU, ZAHL: ";NEU$;NEU;ZAHL
1030 PRINT "PRINT ALT$, ALT: ";ALT$;ALT
1040 LET NEU$="Text neu": NEU=999: ZAHL=999
1050 PRINT "NEU$, NEU, ZAHL: ";NEU$;NEU;ZAHL
1060 PRINT "Ende Programm MODULNEU." : END
```

```
LOAD "MODULNEU"                   RUN
Ok                                Beginn Programm MODULALT.
SAVE "MODULNEU",A                 ALT$, ALT, ZAHL:  0  0
Ok                                NEU$, NEU:  0
LOAD "MODULALT"                   ALT$, ALT, ZAHL: Text alt 111   111
Ok                                Ende Programm MODULALT.
MERGE "MODULNEU"                  Beginn Programm MODULNEU.
Ok                                NEU$, NEU, ZAHL:  0  111
                                  PRINT ALT$, ALT: Text alt 111
                                  NEU$, NEU, ZAHL: Text neu 999   999
                                  Ende Programm MODULNEU.
```

3.6.2.1 Programme mit MERGE einmischen

Mit der Anweisung MERGE wird ein im Hauptspeicher befindliches
Programm durch ein auf Diskette abgelegtes Programm wie folgt
überlagert:
- Zeilen mit gleichen Zeilennummern werden überschrieben, d.h.
  durch Zeilen des Diskettenprogramms ersetzt.
- Zeilen mit ungleichen Nummern werden hinzugefügt.

Zu MERGE ein Beispiel in drei Schritten:
1) Wir laden das Programm MODULALT und lassen es ausführen:
die Variablen ALT$, ALT und ZAHL erhalten die Werte "Text alt"
bzw. 111 zugewiesen.
2) Jetzt laden wir das Programm MODULNEU. Die Ausführung zeigt
uns , daß durch diesen Ladevorgang alle bislang im Hauptspeicher verfügbaren Variablenwerte zerstört werden.
3) Nun speichern wir das Programm MODULNEU mit der Anweisung
SAVE "MODULNEU",A im ASCII-Code (deshalb der Parameter A) ab.
Dann mischen wir durch die Anweisungsfolge
    LOAD "MODULALT"
    MERGE "MODULNEU"
das Programm MODULNEU zusätzlich zum Programm MODULALT in den
Hauptspeicher ein.
Die Ausführung zeigt zwei Wirkungen von MERGE:
- Im Hauptspeicher stehen die Anweisungen 100-160 (MODULALT),
  gefolgt von den Anweisungen 1000-1060 (MODULNEU). Zeilen mit
  ungleichen Zeilennummern werden durch MERGE demnach hinzugefügt.
- Vom Programm MODULALT erzeugte Variablenwerte werden vom da-
  zugemischten Programm MODULNEU 'verstanden'; hier sind dies
  die Variablen ZAHL, ALT$ UND ALT.

Bei gleicher Zeilennumerierung der Programme MODULALT und MO-
DULNEU wäre nach Ausführung von MERGE das gesamte Programm MO-
DULALT überschrieben worden und damit 'verloren' gegangen.

Gemeinsam mit RENUM können wir MERGE benutzen, um oft benötig-
te Routinen wie Druckersteuerung, Bildschirmgestaltung usw. in
neue Programme hinzuzufügen:
- Vor dem Speichern einer ROUTINE wird diese z.B. mittels
  RENUM 30000 'hoch' durchnumeriert.
- Mittels MERGE "ROUTINE" fügen wir die ROUTINE in das ru-
  fende Programm an.
- Durch GOSUB 30000 können wir die ROUTINE dann als neues
  Unterprogramm zur Ausführung bringen.

3.6.2.2 Programme mit CHAIN verketten

Mittels CHAIN kann ein Programm während des Programmlaufs ein
anderes Programm von Diskette in den Hauptspeicher laden. Das
Ausführungsbeispiel zeigt, daß mit Ausführung der Anweisung
    170 CHAIN "MODULNEU"
das Programm MODULNEU geladen, ausgeführt und das rufende Programm MODULALT gelöscht wird. Die Variablen ALT$, ALT und ZAHL
sind im Programm MODULNEU unbekannt. Es findet demnach keine
Ü b e r g a b e   v o n   V a r i a b l e n w e r t e n statt.

Dialogprotokoll zu CHAIN ohne Variablenübergabe:

```
LOAD "MODULNEU"                    RUN
Ok                                 Beginn Programm MODULALT.
SAVE "MODULNEU"                    ALT$, ALT, ZAHL:  0  0
Ok                                 NEU$, NEU:  0
LOAD "MODULALT"                    ALT$, ALT, ZAHL: Text alt 111  111
Ok                                 Ende Programm MODULALT.
170 CHAIN "MODULNEU"               Beginn Programm MODULNEU.
                                   NEU$, NEU, ZAHL:  0  0
                                   PRINT ALT$, ALT:  0
                                   NEU$, NEU, ZAHL: Text neu 999  999
                                   Ende Programm MODULNEU.
LIST
1000 REM ====== Programm MODULNEU
1010 PRINT "Beginn Programm MODULNEU."
1020 PRINT "NEU$, NEU, ZAHL: ";NEU$;NEU;ZAHL
1030 PRINT "PRINT ALT$, ALT: ";ALT$;ALT
1040 LET NEU$="Text neu": NEU=999: ZAHL=999
1050 PRINT "NEU$, NEU, ZAHL: ";NEU$;NEU;ZAHL
1060 PRINT "Ende Programm MODULNEU." : END
```

3.6.2.3 Gemeinsame Variablen mit COMMON vereinbaren

Mit der COMMON-Anweisung können wir vereinbaren, welche Variablenwerte vom rufenden an das gerufene Programm zu übergeben sind.
Wie unser Beispiel zeigt, werden durch die Anweisungsfolge
```
   170 COMMON ZAHL,ALT$
   180 CHAIN "MODULNEU"
```
die Werte der Variablen ZAHL und ALT$ von MODULALT an MODULNEU übergeben, während die Variable ALT unbekannt bleibt.

CHAIN bietet zahlreiche weitere Möglichkeiten (wie ALL: alle Variablen übergeben, MERGE, DELETE, ZeilenNR, ...), auf die wir hier nicht eingehen können.

Dialogprotokoll zu CHAIN und COMMON:

```
LOAD "MODULALT"                    RUN
Ok                                 Beginn Programm MODULALT.
170 COMMON ZAHL, ALT$              ALT$, ALT, ZAHL:  0  0
180 CHAIN "MODULNEU"               NEU$, NEU:  0
                                   ALT$, ALT, ZAHL: Text alt 111  111
                                   Ende Programm MODULALT.
                                   Beginn Programm MODULNEU.
                                   NEU$, NEU, ZAHL:  0  111
                                   PRINT ALT$, ALT: Text alt 0
                                   NEU$, NEU, ZAHL: Text neu 999  999
LIST                               Ende Programm MODULNEU.
1000 REM ====== Programm MODULNEU
1010 PRINT "Beginn Programm MODULNEU."
1020 PRINT "NEU$, NEU, ZAHL: ";NEU$;NEU;ZAHL
1030 PRINT "PRINT ALT$, ALT: ";ALT$;ALT
1040 LET NEU$="Text neu": NEU=999: ZAHL=999
1050 PRINT "NEU$, NEU, ZAHL: ";NEU$;NEU;ZAHL
1060 PRINT "Ende Programm MODULNEU." : END
```

3.7 Tabellenverarbeitung (Felder, Arrays)

Mit der Tabellenverarbeitung wenden wir uns einer komplexeren
Datenstruktur zu, die als Tabelle, Feld, Array, Bereich, Liste
oder Matrix/Vektor bezeichnet wird.

3.7.1 Tabellenverarbeitung im Überblick

In Abschnitt 1.3.2.2 hatten wir als wichtige Datenstruktur den
Array kennengelernt. Einen Array können wir uns als Regal mit
mehreren Schubfächern als Elementen vorstellen.

Implizit können Arrays durch die Typzeichen %, !, # sowie $
vereinbart werden (vgl. Abschnitt 2.2.1): Je nach dem Inhalt
der Fächer gibt es den Integer-Array (Ganzzahl; Name endet mit
%-Zeichen wie M%), den Real-Array (Dezimalzahl; Name wie M!
bzw. M mit einfacher oder wie M# mit doppelter Genauigkeit)
und den String-Array (Text; Name endet mit $-Zeichen wie M$).
Eine am Programmbeginn stehende DIM-Anweisung legt den Array-
Typ fest (durch %, ! bzw. # am Ende des Namens) sowie die Aus-
dehnung bzw. Dimension. In MBASIC sind bis zu 255 Dimensionen erlaubt. DIM M(4) richtet einen Array mit 5 Elementen zur
späteren Aufnahmen von Dezimalzahlen ein, wobei die Fächer mit
M(0), M(1), M(2), M(3), M(4) durchnumeriert sind.

Die explizite Vereinbarung geschieht wie bei einfachen Datentypen über die Anweisungen DEFINT, DEFSNG, DEFDBL und DEFSTR.

```
                    Arrays (Felder, Bereiche)
           ┌──────────────────────┼──────────────────────┐
    Integer-Array M%:     Real-Array M:        String-Array M$:

        DIM M%(4)             DIM M(4)              DIM M$(4)
        ----------            ---------             ----------
         121  M%(0)            65.01  M(0)          ZANGE   M$(0)
         105  M%(1)             3.25  M(1)          HAMMER  M$(1)
Eine     199  M%(2)            12.50  M(2)          MEISEL  M$(2)
Dimen-    50  M%(3)             7.752 M(3)          KELLE   M$(3)
sion:   2508  M%(4)            99.00  M(4)          BOHRER  M$(4)


        DIM M%(3,2)           DIM M(3,2)            DIM M$(3,2)
        -----------           ----------            -----------
Zwei      1   2   3          1.4  2.5  1.1       HANS  MAX   EMIL
Dimen-    9   9   9         17.1  0.7  1.0       EVA   KLAUS CARLA
sionen:  34   5   9          0.3  7.5  8.75      ERNST MARIA JULIA
          1  11   7         11.1  0.1  0.3       MAX   LENA  TILL

Anmerkung zu Real-Arrays: M! mit einfacher Genauigkeit, M# mit
doppelter Genauigkeit, M (ohne Datentypzeichen) wie M!
```

Drei Grundtypen von Arrays

3.7.2 Eindimensionale Tabellen

Eine eindimensionale Tabelle kann man sich waagerecht als Zeile o d e r senkrecht als Spalte angeordnet vorstellen, also immer in einer Richtung ausgedehnt. Man spricht dabei auch von Feld, Bereich, Vektor, Liste und natürlich Array. Das Programm LAGREGAL veranschaulicht uns diese Datenstruktur:
Mit 130 DIM R(7) vereinbaren wir ein Regal mit 8 Regalfächen 0,1,...,7. Das 0. Fach lassen wir unberücksichtigt (man reserviert es -wie später im Programm ABTABELL gezeigt wird- meist für ganz besondere Eintragungen). Über die Eingabeschleife von Zeile 180 bis 210 geben wir mittels 200 INPUT R(I) der Reihe nach 7 Zahlen in die Fächer 1,2,..,7 ein; dies können z.B. die Absatzmengen an den Wochentagen sein.
Die Variable I bezeichnet man als indizierende Variable oder I n d e x variable, da sie das jeweilige Element des Arrays R

Index:	R(0)	R(1)	R(2)	R(3)	R(4)	R(5)	R(6)	R(7)
Wert:	0	12	23	11	88	24	17	5

leer   Fächer 1-7 mit je einer Zahl als Wert (Inhalt)

```
- 140 DIM R(7)      Reserviere 8 Fächer für einen Array R.
- 149 LET R(2)=23   Weise die Zahl 23 ins 2. Regalfach zu.
- 159 PRINT R(4)    Gib die 88 als Wert des 4. Faches aus.
- 169 INPUT R(6)    Weise die Tastatureingabe ins 6. Fach zu.
- 230 INPUT R(I)    Weise die Tastatureingabe ins I. Fach zu,
                    wenn I den Wert 3 hat, dann ins 3. Fach.
- 291 LET M=M+R(Z)  Erhöhe M um den Wert des Z. Faches.
```

Eindimensionale Tabelle bzw. Vektor R() als Beispiel

Codierung zu LAGREGAL:

```
100 REM ====== Programm LAGREGAL
110 PRINT "Eindim. Array (Lagerregal)."

120 REM ====== Vereinbarungsteil
130 DIM R(7): 'ARRAY(1..7) als Regal
140 ' I:       Lauf- bzw. Indexvariable
150 ' M:       Summe der 7 Faecher

160 REM ====== Anweisungsteil
170 PRINT : PRINT "Eingabe in Regalfaecher:"
180 FOR I=1 TO 7
190   PRINT "Menge fuer Fach"; I;
200   INPUT R(I)
210 NEXT I

220 PRINT : PRINT "Fach:        Menge:"
230 FOR I=1 TO 7
240   PRINT I, R(I) : LET M = M + R(I)
250 NEXT I
260 PRINT "Summe:" , M  :  END
```

Ausführung zu LAGREGAL:

```
Eindim. Array (Lagerregal).

Eingabe in Regalfaecher:
Menge fuer Fach 1 ? 12
Menge fuer Fach 2 ? 23
Menge fuer Fach 3 ? 11
Menge fuer Fach 4 ? 88
Menge fuer Fach 5 ? 24
Menge fuer Fach 6 ? 17
Menge fuer Fach 7 ? 5
```

Fach:	Menge:
1	12
2	23
3	11
4	88
5	24
6	17
7	5
Summe:	180

anzeigt. R(I) bedeutet: I. Stelle von R, I. Element von R bzw.
R an der Stelle I. I ist zugleich auch Laufvariable der Zählerschleife 180 FOR I=1 TO 7.
Über die Schleife von Zeile 230 bis 250 wird als Übersicht die
jeweilige Fachnummer (Index) samt der im Fach abgelegten Menge
(Inhalt des Array-Elements) ausgegeben, wobei jeder Fachinhalt
nach M aufsummiert wird.

Das folgende Programm VOKABELD weist wie das Programm LAGREGAL
eine eindimensionale Tabelle auf.
In den Fächern werden keine Zahlen aufbewahrt (Real-Array M),
sondern Vokabeln als Texte (String-Arrays D$ und F$). Außerdem richtet die Anweisung 140 DIM D$(A) keine feste Zahl von
Fächern ein, sondern soviele, wie über die vorausgegangene Anweisung 130 INPUT A durch Tastatureingabe festgelegt wurde.
In der Ausführung sind es A=3 Fächer für je drei deutsche und
französische Vokabeln (Fächer 0 bleiben leer). Man bezeichnet
INPUT A: DIM D$(A) als d y n a m i s c h e Dimensionierung.

Das Drillprogramm VOKABELD ist natürlich erweiterungsbedürftig
(Zufallsauswahl von Vokabeln; Antwortanalyse für Fehlerhinweis
und Ablaufmodifikation; Ablage von Vokabeln in Dateien; ...).
Vielleicht versuchen Sie es einmal mit einer Erweiterung?

Codierung zu VOKABELD: Ausführung zu VOKABELD:

```
100 REM ====== Programm VOKABELD          RUN
110 PRINT "Drill Franzoesisch-Deutsch."   Drill Franzoesisch-Deutsch.
                                          Anzahl der Vokabeln? 3
120 REM ====== Vereinbarungsteil          Paarweise tippen: D, F
130 INPUT "Anzahl der Vokabeln"; A        ? MANN,HOMME
140 DIM D$(A): 'String-Array fuer D       ? FRAU,FEMME
150 DIM F$(A): 'String-Array fuer F       ? KIND,ENFANT
160 ' A$:      Jeweilige Antwort
                                          Beginn der Uebung:
170 REM ====== Anweisungsteil             MANN heisst ? HOMME
180 PRINT "Paarweise tippen: D, F"        Gut.
190 FOR I=1 TO A                          FRAU heisst ? FEME
200    INPUT D$(I), F$(I)                  Falsch. FRAU heisst FEMME
210 NEXT I                                KIND heisst ? L'ENFANT
220 PRINT : PRINT "Beginn der Uebung:"    Falsch. KIND heisst ENFANT
230 FOR I=1 TO A                          Ende.
240    PRINT D$(I);" heisst "; : INPUT A$
250    IF A$ = F$(I)
          THEN PRINT "Gut."
          ELSE PRINT "Falsch. ";D$(I);" heisst ";F$(I)
260 NEXT I
270 PRINT "Ende." : END
```


3.7.3 Zweidimensionale Tabellen

Eine zweidimensionale Tabelle dehnt sich waagerecht in Zeilen
und senkrecht in Spalten aus. Am Beispiel der durch DIM R(Z,S)
dynamisch vereinbarten Tabelle wollen wir im Programm ABTABELL
diese Datenstruktur näher betrachten.

R(5,4) kann man sich vorstellen als Schrank zur Aufnahme der
Absatzmengen von 5 Kunden (=Zeilen 1 bis 5) in den 4 Quartalen
(=Spalten 1 bis 4). So hat Kunde 5 im 1. Jahresquartal 50 Stk.
gekauft und Kunde 3 im 3. Quartal 90 Stk.
Die Tastatureingabe der 5*4=20 Absatzmengen vollzieht sich in
den Zeilen 210-270 über zwei geschachtelte Zählerschleifen mit

```
   210 FOR I=1 TO Z     Äussere Schleife 'Kunden 1,2,3,4,5'
   230    FOR J=1 TO S     Innere Schleife  'Quartale 1,2,3,4'
   250       INPUT R(I,J)    Eingabe nach Fach Zeile I, Spalte J
   260    NEXT J            Innere Schleife beenden
   270 NEXT I            Äussere Schleife beenden
```

```
100 REM ====== Programm ABTABELL
110 PRINT "Tabellenverarbeitung: Absatztabelle Kunde/Vierteljahr"
120 PRINT "als zweidimensionaler Array (bzw. Feld, Bereich, Matrix)."

130 REM ====== Vereinbarungsteil
140 INPUT "Anzahl der Zeilen (waagerecht)"; Z
150 INPUT "Anzahl der Spalten (senkrecht)"; S
160 ' A$:      Jeweilige Antwort

170 DIM R(Z,S)      'Regal dynamisch dimensioniert

180 PRINT "Paarweise tippen: D, F"
190 REM ====== Anweisungsteil                Codierung zu ABTABELL
200 PRINT : PRINT "Eingabe zeilenweise:"
210 FOR I=1 TO Z
220    PRINT "Naechste Zeile, naechster Kunde:"
230    FOR J=1 TO S
240       PRINT "Kunde";I;", Vierteljahr";J;
250       INPUT R(I,J)
260    NEXT J
270 NEXT I

280 FOR I=1 TO Z               'Zeilenweise summieren nach Spalte 0
290    FOR J=1 TO S
300       LET R(I,0) = R(I,0) + R(I,J)
310    NEXT J
320 NEXT I

330 FOR I=1 TO Z               'Gesamtsumme nach R(0,0) bringen
340    LET R(0,0) = R(0,0) + R(I,0)
350 NEXT I

360 FOR J=1 TO S               'Spaltenweise summieren nach Zeile 0
370    FOR I=1 TO Z
380       LET R(0,J) = R(0,J) + R(I,J)
390    NEXT I
400 NEXT J

410 PRINT : PRINT "Uebersicht: ";Z;"Zeilen,";S; "Spalten:"
420 FOR I=0 TO Z
430    FOR J=0 TO S
440       PRINT USING "##### "; R(I,J);
450    NEXT J
460    PRINT
470 NEXT I                     'Schleifenschachtelung typisch fuer
480 PRINT "Emde." : END        'die Tabellenverarbeitung (Arrays)
```

viermaligem Durchlaufen der inneren Schleife für jeden Kunden.
Das Verarbeiten von zweidimensionalen Tabellen (auch Matrizen
genannt) führt stets zur Schleifenschachtelung .
Die Fächer mit 0 als Index werden häufig zur Ablage besonderer
Werte verwendet. Bei Programm ABTABELL werden in der Zeile 0
die Quartalssummen 150,300,450,600 abgelegt, also die 4 Spal-
tensummen. In Spalte 0 finden wir die Kundenabsatzmengen 100,
200,300,400,500 als die 5 Zeilensummen. Im Fach R(0,0) ist die
Gesamtjahresabsatzmenge 1500 gespeichert. Das zeilen- wie auch
das spaltenweise Summieren läuft wieder über Schleifenschach-
telungen ab.

R(0,0) 1500	R(0,1) 150	R(0,2) 300	R(0,3) 450	R(0,4) 600
R(1,0) 100	R(1,1) 10	R(1,2) 20	R(1,3) 30	R(1,4) 40
R(2,0) 200	R(2,1) 20	R(2,2) 40	R(2,3) 60	R(2,4) 80
R(3,0) 300	R(3,1) 30	R(3,2) 60	R(3,3) 90	R(3,4) 120
R(4,0) 400	R(4,1) 40	R(4,2) 80	R(4,3) 120	R(4,4) 160
R(5,0) 500	R(5,1) 50	R(5,2) 100	R(5,3) 150	R(5,4) 200

DIM R(5,4) richtet
Tabelle mit 6 Zeilen
(waagerecht) und 5
Spalten (senkrecht)
ein, also 20 Fächer.

R als Regalschrank.

LET R(4,3)=120 weist
dem Fach in Zeile 4
und Spalte 3 die 120
zu.

PRINT R(I,2) gibt
Spalte 2 aus, wenn I
von 0 bis 5 läuft.

Zweidimensionale Tabelle bzw. Matrix R(,) als Beispiel

Ausführung zu ABTABELL:

Tabellenverarbeitung: Absatztabelle Kunde/Vierteljahr
als zweidimensionaler Array (bzw. Feld, Bereich, Matrix).
Anzahl der Zeilen (waagerecht)? 5
Anzahl der Spalten (senkrecht)? 4
Paarweise tippen: D, F

Eingabe zeilenweise:
Naechste Zeile, naechster Kunde:
Kunde 1 , Vierteljahr 1 ? 10
Kunde 1 , Vierteljahr 2 ? 20
Kunde 1 , Vierteljahr 3 ? 30
Kunde 1 , Vierteljahr 4 ? 40
Naechste Zeile, naechster Kunde:
Kunde 2 , Vierteljahr 1 ? 20
Kunde 2 , Vierteljahr 2 ? 40
Kunde 2 , Vierteljahr 3 ? 60
Kunde 2 , Vierteljahr 4 ? 80
Naechste Zeile, naechster Kunde:
Kunde 3 , Vierteljahr 1 ? 30
Kunde 3 , Vierteljahr 2 ? 60
Kunde 3 , Vierteljahr 3 ? 90

Kunde 3 , Vierteljahr 4 ? 120
Naechste Zeile, naechster Kunde:
Kunde 4 , Vierteljahr 1 ? 40
Kunde 4 , Vierteljahr 2 ? 80
Kunde 4 , Vierteljahr 3 ? 120
Kunde 4 , Vierteljahr 4 ? 160
Naechste Zeile, naechster Kunde:
Kunde 5 , Vierteljahr 1 ? 50
Kunde 5 , Vierteljahr 2 ? 100
Kunde 5 , Vierteljahr 3 ? 150
Kunde 5 , Vierteljahr 4 ? 200

Uebersicht: 5 Zeilen, 4 Spalten:
1500	150	300	450	600
100	10	20	30	40
200	20	40	60	80
300	30	60	90	120
400	40	80	120	160
500	50	100	150	200

3.7.4 Dreidimensionale Tabellen

Dreidimensionale Tabellen können wir uns gut am Beispiel eines
Zauberwürfels (Rubik's Cube) mit 4*4*4=64 kleinen, verschieb-
baren Würfeln veranschaulichen. Wir vereinbaren als Würfel A:

```
10 DIM A(4,4,4)      Würfel als Tabelle mit 3 Dimensionen
                     1. Index für Zeilen (oben, unten)
                     2. Index für Spalten (links, rechts)
                     3. Index für Tiefe (vorne, hinten)
```

Legen wir einen Würfel vor uns auf den Tisch, benennt A(1,1,1)
den Würfel bzw. Punkt (oben,links,vorne) und A(4,4,4) den ent-
gegengesetzten Punkt (unten,rechts,hinten). Programm DREIDIM1
ist ein Auskunftprogramm für die Lage von Würfelpunkten.

Codierung zu Programm DREIDIM1:

```
100 REM ====== Programm DREIDIM1
110 PRINT "Koordinaten testen eines mit"
120 PRINT "DIM A(4,4,4) vereinbarten "
130 PRINT "dreidimensionalen Arrays A."

140 PRINT:PRINT "Schleifenende: X=777"
150 WHILE X <> 777
160    PRINT "Welcher Punkt (X,Y,Z)"
170    INPUT X,Y,Z
180    IF X=1
          THEN LET X$="oben,"
          ELSE IF X=4 THEN LET X$="unten,"
                      ELSE LET X$="Mitte,"
190    IF Y=1
          THEN LET Y$="links"
          ELSE IF Y=4 THEN LET Y$="rechts"
                      ELSE LET Y$="Mitte"
200    IF Z=1
          THEN LET Z$=",vorne"
          ELSE IF Z=4 THEN LET Z$=",hinten"
                      ELSE LET Z$=",Mitte"
210    PRINT "Punkt: (";X$;Y$;Z$;")"
220 WEND
230 PRINT "Ende." : END
```

Ausführung zu DREIDIM1:

```
RUN
Koordinaten testen eines mit
DIM A(4,4,4) vereinbarten
dreidimensionalen Arrays A.

Schleifenende: X=777
Welcher Punkt (X,Y,Z)
? 1,4,1
Punkt: (oben,rechts,vorne)
Welcher Punkt (X,Y,Z)
? 2,3,1
Punkt: (Mitte,Mitte,vorne)
Welcher Punkt (X,Y,Z)
? 4,4,2
Punkt: (unten,rechts,Mitte)
Welcher Punkt (X,Y,Z)
? 777,0,0
Punkt: (Mitte,Mitte,Mitte)
Ende.
```

Im Programm DREIDIM2 wird eine dreidimensionale Tabelle als
String-Array B$ mit 18 Zeilen (18 Vereinen), 7 Spalten (7 An-
gaben:Vereinsname, Spiele, gewonnen, verloren, remis, Torever-
hältnis, Punkteverhältnis) sowie 34 Einträgen in der Tiefe (34
Spieltage) vereinbart. Die kompletten 34 Ligatabellen der Vor-
und Rückrunde können so in e i n e m Array gespeichert werden. Ob dies in Bezug auf den Speicherplatz auch günstig ist,
bleibt zu bedenken (nur Vereinsname String, übrige Eintragung-
en numerisch). Die Ausführung zum Programm DREIDIM2 zeigt uns
drei Zugriffsbeispiele zum 2. Spieltag auf; die Zählerschleife
verdeutlicht, daß in der 1. Spalte derzeit keine Vereine eingetragen sind außer dem FSV FRANKFURT.

Codierung zu Programm DREIDIM2:

```
100 REM ====== Programm DREIDIM2
110 PRINT "Eintragung testen einer Bundesliga-Tabelle, die"
120 PRINT "als dreidimensionaler Array (Wuerfel) vereinbart ist."

130 DIM B$(18,7,34)  'String-Array fuer 18*7*34 = 4284 Eintragungen
140 INPUT "Verein, 5. Rang, 2. Spieltag"; V$ : LET B$(5,1,2)=V$
150 PRINT "Torverhaeltnis von ";V$; : INPUT T$ : LET B$(5,6,2)=T$

160 PRINT "I. Zeile, 1. Spalte, 2. Tiefe der Tabelle:"
170    FOR I=1 TO 18 : PRINT I;B$(I,1,2); : NEXT I
180 PRINT : PRINT "Ende." : END
```

Ausführung zu Programm DREIDIM2:

```
NEW
Ok
PRINT FRE(0)              Anmerkung:
 26483                    Der Test mittels Funktion FRE(0) zeigt,
Ok                        daß der dreidimensionale Array B$(18,7,34)
LOAD "DREIDIM2"           genau 16031 Bytes an Speicherplatz
Ok                       beansprucht.
PRINT FRE(0)
 26031
Ok
RUN
Eintragung testen einer Bundesliga-Tabelle, die
als dreidimensionaler Array (Wuerfel) vereinbart ist.
Verein, 5. Rang, 2. Spieltag? FSV FRANKFURT
Torverhaeltnis von FSV FRANKFURT? 35-28
I. Zeile, 1. Spalte, 2. Tiefe der Tabelle:
 1  2  3  4  5 FSV FRANKFURT 6  7  8  9  10  11  12  13  14  15  16  17  18
Ende.
Ok

PRINT FRE(0)
 10000
```

Mehr als drei Dimensionen lassen sich grafisch nicht darstellen. Wie die folgende Erweiterung des Regals von LAGTABELL zu
einem vierdimensionalen Array zeigt, können solche Datenstrukturen dennoch demonstriert werden:

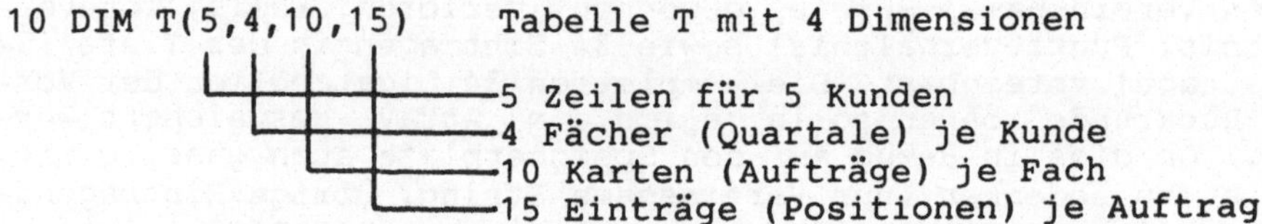

Der Wert von T(2,1,9,4) gibt demnach Auskunft über den 9. Auftrag des Kunden 2 im 1. Jahresquartal, und zwar genau über die
4. Position dieses Auftrags.

3.8 Grafikverarbeitung

3.8.1 Grafik im Überblick

Die Darstellung von Grafik wird durch MBASIC nicht direkt unterstützt. Gleichwohl werden für die meisten PCs Grafikpakete als Zusatz angeboten. Die Vereinbarungen dazu sind leider von System zu System sehr verschieden.
Als Beispiel wollen wir GBASIC betrachten - eine BASIC-Version von Microsoft, die den Befehlsvorrat von MBASIC um die drei Grafik-Darstellungsformen TEXT, GR und HGR erweitert.

```
1. TEXT        24 Zeilen waagerecht mit je 40 Spalten senk-
               recht; 24*40=960 Zeichen; Erweiterung auf 80
               Spalten bei 80-Zeichen-Karte.

2. GR          40 Zeilen mit je 40 Blöcken als Grafikteil
               oben sowie 4 Zeilen mit je 40 Zeichen als
               Textteil unten; 40*40=1600 Blöcke als Bild-
               punkte; bei Abschalten des Textteils 48*40=
               1920 Bildpunkte; GR für GRaphic (auch Block-
               grafik, Grafik mit niedriger Auflösung bzw.
               Low Resolution Graphics genannt).

3. HGR         160 Zeilen mit je 280 Spalten als Grafikteil
               oben sowie 4 Zeilen mit je 40 Zeichen als
               Textteil unten; 160*280=44800 Bildpunkte; bei
               Abschalten des Textteils 192*280=53760 Punkte;
               HGR für hochauflösende Grafik bzw. High Resolu-
               tion Grafics.
```

Bildschirmaufteilung der Grafik-Darstellungsformen in GBASIC

Die Bildschirmaufteilung unterstreicht, daß Computergrafik immer sehr viel Speicherplatz erfordert. So braucht man zum Ablegen eines Schwarz-Weiß-Rasterbildes mit 192*280 Bildpunkten bzw. P i x e l n in HGR über 50 KBit an Speicherplatz; farbige Bilder oder gar bewegte Objekte lassen den Speicherbedarf weiter steigen.
Wir gehen auf die zahlreichen Grafik - Programmpakete, die komfortabel Linien-, Säulen- und Kuchengrafik (Pie-Chart) darstellen (vgl. Abschnitt 1.3.8.3), in diesem Buch nicht ein.
Die folgenden elementaren Beispiele sollen einen ersten Eindruck vermitteln, Probleme grafisch zu veranschaulichen. Dabei verwendet nur das Programm PARABEL die hochauflösende Grafik.

3.8.2 Balkendiagramm zeichnen

Das Programm BALKENDI löst das Problem der grafischen Veranschaulichung von Meßwerten als Balkendiagramm bestimmt nicht sehr elegant und trickreich, hoffentlich jedoch klar und verständlich.
Die Eingabeschleife (200-250) stellt in MAX und MIN die extremen Meßwerte fest, damit sich die Grafikausgabe (280-310) über die Balkenausdehnung BA daran ausrichten kann.

Codierung zu Programm BALKENDI:

```
100 REM ====== Programm BALKENDI
110 PRINT "Erstellen eines Balkendiagramms."

120 REM ====== Vereinbarungsteil
130 DIM M(20): 'Numerischer Array fuer maximal 20 Messwerte
140 'ANZ:        Anzahl der eingetippten Messwerte
150 'MAX, MIN:   Maximaler bzw. minimaler Wert
160 'B$:         Balken zur Darstellung eines Messwertes
170 'BA, BL:     Balkenausdehnung, Balkenlaenge pro Zeile

180 LET MAX=-9999999999# : LET MIN=9999999999#
190 LET B$="##################"
200 FOR I=1 TO 20
210    PRINT I;". Messwert (0=Ende)"; : INPUT M(I)
220    IF M(I)=0 THEN LET ANZ=I : LET I=20 : GOTO 250
230    IF M(I)<MIN THEN LET MIN=M(I) : GOTO 250
240    IF M(I)>MAX THEN LET MAX=M(I)
250 NEXT I
260 PRINT
270 LET BA = (MAX-MIN)/19
280 FOR I=1 TO ANZ-1
290    LET BL = INT (((M(I)-MIN)/BA)) + 1
300    PRINT I; TAB(4); LEFT$(B$,BL)
310 NEXT I
320 PRINT "Maximum:"; MAX ; " Minimum:"; MIN
330 PRINT "Ende." : END
```

Ausführung zu Programm BALKENDI:

```
Erstellen eines Balkendiagramms.        Erstellen eines Balkendiagramms.
 1 . Messwert (0=Ende)? 103               1 . Messwert (0=Ende)? 12000
 2 . Messwert (0=Ende)? 67                2 . Messwert (0=Ende)? 14000
 3 . Messwert (0=Ende)? 95                3 . Messwert (0=Ende)? 11500
 4 . Messwert (0=Ende)? 15                4 . Messwert (0=Ende)? 10000
 5 . Messwert (0=Ende)? 187               5 . Messwert (0=Ende)? 14000
 6 . Messwert (0=Ende)? 0                 6 . Messwert (0=Ende)? 13500
                                          7 . Messwert (0=Ende)? 0

1 #########                              1 #########
2 ######                                 2 ##################
3 #########                              3 #######
4 #                                      4 #
5 ##################                     5 ##################
Maximum: 187  Minimum: 15                6 ###############
Ende.                                    Maximum: 14000  Minimum: 10000
                                         Ende.
```

3.8.3 Kurvendiagramme zeichnen

Zur grafischen Darstellungen von mathematischen Kurven werden
die Achsen oft vertauscht: x-Achse nach unten gerichtet sowie
y-Achse nach rechts. Die Funktion TAB() hat dabei die Aufgabe,
die Werte der Geraden richtig zu positionieren.

Codierung zu Programm GERADE:

```
100 REM ====== Programm GERADE
110 PRINT "Gerade z = m*x + b  zeichnen."

120 INPUT "Geradensteigung m   "; M
130 INPUT "y-Achsenabschnitt b"; B
140 INPUT "x-Achse: von .?. bis .?."; X0,X1 : PRINT
150 PRINT " 0123456789012345678901234567890123456789012345678 y"
160 FOR X=X0 TO X1
170    LET Y = M*X + B
180    PRINT X; TAB(Y+2); "*"
190 NEXT X
200 PRINT : PRINT " x"
210 PRINT "Ende." : END
```

```
Gerade z = m*x + b  zeichnen.
Geradensteigung m  ? 2
y-Achsenabschnitt b? 3
x-Achse: von .?. bis .?.? 0 , 13

 0123456789012345678901234567890123456789012345678 y
 0  *
 1    *
 2      *
 3        *
 4          *
 5            *
 6              *
 7                *
 8                  *
 9                    *
10                      *
11                        *
12                          *
13                            *

 x
Ende.
```

Das Programm PARABEL demonstriert die hochauflösende Grafik
HGR von GBASIC am Beispiel des Zeichnens von Parabeln der Form
  $Y = A * X + B * X + C$,
wobei die Parameter A,B und C für beliebig viele Polynome über
die Tastatur eingegeben werden können. Im wiedergegebenen Ausführungsbeispiel werden vier Parabeln gezeichnet.

Zur Codierung von PARABEL (die natürlich speziell auf die Anweisungen der Sprache GBASIC Bezug nimmt): 180 HCOLOR=3 setzt
'Farbe = weiß'; HCOLOR kommt bei farbiger Grafik zum Einsatz
mit einer Skala von 1 bis 7. In Zeile 140 wird der Nullpunkt
des Koordinatenkreuzes (X0,Y0) auf (139,89) gesetzt, also etwa
in die Mitte des Bildschirmes, der bei HGR 192 Zeilen und 280
Spalten umfaßt.
Die Anweisung HPLOT ("H" wie hochauflösend;"PLOT" für zeichnen
oder plotten) zeichnet einen oder mehrere Punkte. So würde die

Anweisung HPLOT(139,89) den Nullpunkt in Spalte 139 und Zeile 89 einzeichnen. Die Anweisung 190 HPLOT 0,YO TO 279,YO hingegen zeichnet eine waagerechte Linie (x-Achse), die von Punkt (0,YO) bis zum Punkt (279,YO) verläuft. Mit HPLOT kann man somit einzelne Punkte wie auch Linien zwischen zwei (und mehreren) Punkten zeichnen. Nach Ausführung des Programms PARABEL bis zur Zeile 200 steht also ein Koordinatenkreuz ohne Eintragungen auf dem Bildschirm.
Die FOR-Schleife in den Zeilen 220 - 280 ist die eigentliche Zeichenschleife.

```
100 REM ====== Programm PARABEL
110 PRINT "Parabel y = a * x°2 + b*x + c zeichnen unter Verwendung"
120 PRINT "der hochaufloesenden Grafik HGR von GBASIC."

130 HGR                                          'Hochaufloesende Grafik
140 LET XO=139 : LET YO=89                       'Nullpunkt
150 INPUT "Parameter A,B,C (A=777=Ende)";A,B,C
160 WHILE A<>777
170    LET A=A/20 : LET C=C*20
180    HCOLOR=3
190    HPLOT 0,YO TO 279,YO                       'Koordinatensystem
200    HPLOT XO,0 TO XO,179
210    LET FLAGGE=0
220    FOR X = -XO TO XO                          'Parabel zeichnen
230      LET Y = A*X*X + B*X + C
240      IF Y>YO OR Y<-YO THEN 280
250      IF FLAGGE=0
            THEN LET X1=XO+X: LET Y1=YO-Y : LET FLAGGE=1

260      HPLOT X1,Y1 TO XO+X,YO-Y
270      LET X1=XO+X : LET Y1=YO-Y
280    NEXT X
290    INPUT "Parameter A,B,C"; A,B,C
300 WEND
310 TEXT                                          'Grafik aus
320 PRINT "Ende." : END
```

Ausführung zu Programm PARABEL:

Parabel y = a * x↑2 + b*x + c zeichnen unter Verwendung
der hochaufloesenden Grafik HGR von GBASIC.
Parameter A,B,C (A=777=Ende)? 0,1,1
Parameter A,B,C? 1,0,0
Parameter A,B,C? -1,0,0
Parameter A,B,C? 0.25,1,-1
Parameter A,B,C? 777,0,0

3.9 Suchen, Sortieren, Mischen und Gruppieren von Daten

3.9.1 Verfahren im Überblick

Legt man einen größeren Datenbestand als D a t e i auf einem
Externspeicher ab, dann stellen sich immer wieder Probleme des
Suchens, Sortierens, Mischens sowie Gruppierens von Datensätz-
en der Datei. Aus diesem Grunde bezeichnet man diese vier Verfahren auch als Hilfmittel der Dateiverarbeitung. Ob man Sätze
einer Datei sortiert oder Komponenten eines Arrays - am jeweiligen zu demonstrierenden Verfahren ändert dies meist nichts;
aus diesem Grunde verarbeiten die folgenden Beispiele Arrays.

```
SUCHEN:        Absatzmengen Mo - So: 45,100,95,78,90,76,80.
               An welchem Tag wurden 78 Stück abgesetzt?

SORTIEREN:     Absatzmengen in aufsteigende Sortierfolge
               45,76,78,80,90,95,100 bringen.

MISCHEN:       Mengen 45,76,78,80,90,95,100 von Filiale 1 und
               Mengen 30,47,55,57,61,80,103 von Filiale 2 zu
               30,45,47,55,57,61,76,78,80,80,90,95,100,103
               als Gesamtliste mischen.

GRUPPIEREN: Gruppensummen MO-MI=240 und DO-SO=324 bilden.
```

Vier Hilfsverfahren der Dateiverarbeitung

3.9.2 Suchverfahren

Das einfachste Suchverfahren besteht darin, die Datei Satz für
Satz in der Reihenfolge der Speicherung zu durchsuchen. Dieses
s e r i e l l e Suchen ist typisch für die Datentäger Magnetband bzw. Kassette. Eine Adreßdatei nach ZIMMERMANN zu durchsuchen kann ggf. sehr lange dauern. Im Programm namens SUCHBIN
wird das b i n ä r e Suchen als schnelles Suchverfahren dargestellt. Um die Menge 90 zu suchen, wird zunächst die 80 als
Mitte genommen; der Vergleich 80<90 zeigt, daß in der oberen
Hälfte 90,95,100 weiterzusuchen ist. Man nimmt wieder die Mitte, der Vergleich 95>90 zeigt, daß jetzt in der unteren Hälfte
weiterzusuchen ist. Weil diese Hälfte nur noch den Suchbegriff
90 enthält, ist die Suche 'positiv' beendet. Bei diesem kleinen Beispiel mag das binäre Suchen umständlich wirken. Die Bedeutung aber zeigt folgendes Beispiel: Um aus den über 60 Mio
Bundesbürgern e i n e n Namen herauszufinden, benötigt dieses Suchverfahren im Schnitt nur 26 Zugriffe.
Das Wort 'binär bzw. zweiwertig' deutet an, daß man stets die
Hälfte bildet und dann die linke und rechte Hälfte als 2 Teile
vergleicht.
Das binäre Suchen setzt dabei voraus, daß die Daten sortiert
und auf einem Direktzugriff-Speicher vorliegen.
Zur Codierung von SUCHBIN: In der rechten Hälfte wird weiter-
gesucht, indem man die Hälfte-Grenze UNTEN auf die MITTE vor-
rückt (in Zeile 270). Die Variable GEFUNDEN dient der Ablaufsteuerung; ist in Zeile 290 S gleich D(MITTE), dann wird die 1

als Vergleichsergebnis 'wahr' nach GEFUNDEN zugewiesen. Im anderen Fall behält GEFUNDEN den Wert 0.

Codierung zu Programm SUCHBIN: PAP zu SUCHBIN:

```
100 REM ====== Programm SUCHBIN
110 PRINT "'Binaeres Suchen' als Suchmethode."

120 REM ====== Vereinbarungsteil
130 'A:          Anzahl der Daten
140 'D(A):       Array mit A Daten als Suchgegenstand
150 'GEFUNDEN:1 oder 0 fuer Suchergebnis
160 'UNTEN,MITTE,OBEN: Grenzen fuer Such-Haelften
170 REM ====== Anweisungsteil
180 INPUT "Anzahl der Daten"; A : DIM D(A)
190 PRINT A;"Daten einzeln eintippen:"
200 FOR I=1 TO A : INPUT D(I) : NEXT I
210 LET GEFUNDEN=0 : LET UNTEN=1 : LET OBEN=A
220 INPUT "Welchem Wert suchen"; S
230 PRINT : PRINT "Suchprotokoll zum Halbieren:"

240 WHILE (UNTEN<=OBEN) AND (GEFUNDEN=0)
250   LET MITTE = INT((UNTEN+OBEN)/2)
260   PRINT "Unten:";UNTEN;", Mitte";MITTE;", Oben";OBEN
270   IF S>D(MITTE) THEN LET UNTEN=MITTE+1
280   IF S<D(MITTE) THEN LET OBEN=MITTE-1
290   LET GEFUNDEN = S=D(MITTE)
300 WEND

310 PRINT : PRINT "Suchergebnis: ";
320 IF GEFUNDEN
      THEN PRINT S;"gefunden."
      ELSE PRINT S;"nicht gefunden."
330 PRINT "Ende." : END
```

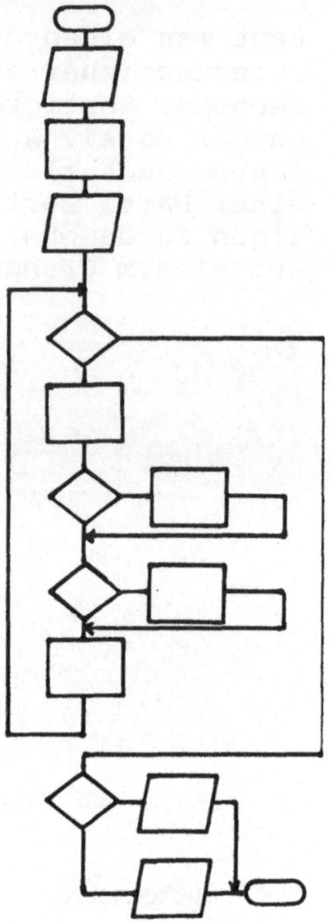

Ausführungen zu Programm SUCHBIN:

'Binaeres Suchen' als Suchmethode.   'Binaeres Suchen' als Suchmethode.
Anzahl der Daten? 7   Anzahl der Daten? 5

 7 Daten einzeln eintippen: 5 Daten einzeln eintippen:
? 45   ? 100
? 76   ? 200
? 78   ? 300
? 80   ? 500
? 90   ? 900
? 95   Welchem Wert suchen? 100
? 100
Welchem Wert suchen? 90   Suchprotokoll zum Halbieren:
                            Unten: 1 , Mitte 3 , Oben 5
Suchprotokoll zum Halbieren: Unten: 1 , Mitte 1 , Oben 2
Unten: 1 , Mitte 4 , Oben 7
Unten: 5 , Mitte 6 , Oben 7   Suchergebnis: 100 gefunden.
Unten: 5 , Mitte 5 , Oben 5   Ende.

Suchergebnis: 90 gefunden.
Ende.

3.9.3 Sortierverfahren

Die ersten Programme der Datenverarbeitung sollen Sortierprogramme gewesen sein. Dies unterstreicht die Bedeutung des Sortierens gerade für die kaufmännische DV. Es läßt aber auch erahnen, wie raffiniert heutige Sortieralgorithmen sein können.

```
Sortieren ...:              ... bedeutet:

INTERN - EXTERN             Daten im Internen Speicher (HS)
                            oder auf einem Externen Speicher.

NUMERISCH - STRING          Daten als Zahlen (1 < 4 < 8.5)
                            oder als Text ($ < DM < LIRE).

DATEN - ADRESSEN            Daten selbst sortieren oder nur
                            deren Adressen bzw. Speicherplätze.

EINFACH - KOMPLEX           Einfache Sortierverfahren wie Aus-
                            wahl, Bubble Sort, Einfügen oder
                            komplexe Verfahren wie Sortieren
                            durch Mischen, Binär-Baum-Sort
                            Quick Sort mittels Rekursion.
```

              Vier Begriffspaare zum Sortieren

Die folgenden Beispiele gehen weder auf das Externe Sortieren ein (erforderlich, wenn Datenumfang den Speicherplatz des Internspeichers übersteigt) noch auf komplexere Sortierverfahren (eine Ausnahme: das Sortieren über einen Binärbaum wird im Zusammenhang mit der Dateiverarbeitung gestreift.

3.9.3.1 Zahlen unmittelbar sortieren

'Unmittelbar' heißt, daß wir die zu sortierenden Zahlen selbst umordnen und nicht - wie im nächsten Abschnitt - ihre Plätze. Das Programm SORTDAT1 wendet das Sortierverfahren "Austausch nach Auswahl" an.

```
PROBLEM: 6 Zahlen in Array D() sortieren.
ABLAUF:
 1) Suche das Minimum in D() und speichere es in STELLEMIN
 2) Tausche D(I) mit D(STELLEMIN) aus.
 3) Weiter mit 1), aber jetzt mit D(I+1) beginnen.
WERTE IN D():
102    101    109    106    104    105    Beginn: In D() 6 Zahlen
101 I 102    109    106    104    105    I=1: Tausch 102-101
101    102 I 109    106    104    105    I=2: Kein Tausch
101    102    104 I 106    109    105    I=3: Tausch 109 - 104
101    102    104    105 I 109    106    I=4: Tausch 105 - 106
101    102    104    105    106 I 109    I=5: Tausch 109 - 106
```

 Sortierverfahren "Austausch nach Auswahl" an einem Beispiel

Die Markierung "I" soll anzeigen, daß bei jedem Durchlauf mit
D(I+1) begonnen wird, daß D() also verkürzt wird; programmiert
wird das Verkürzen durch den Anfangswert I+1 in der Anweisung
  190 FOR J = I+1 TO 6 .
Das Tauschen von D(I) mit D(STELLEMIN) vollzieht sich über die
Anweisung 260 SWAP D(I),D(STELLEMIN).
Ohne Verwendung der SWAP-Anweisung müßte man das Austauschen
nach der 'Methode des Dreieckstauschs' über eine Hilfsvariable
vornehmen.

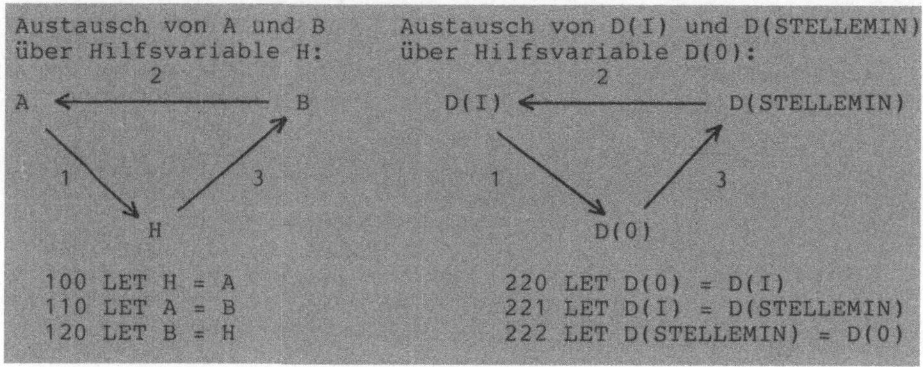

Methode des Dreieckstausches an zwei Beispielen

Struktogramm zu Programm SORTDAT1:

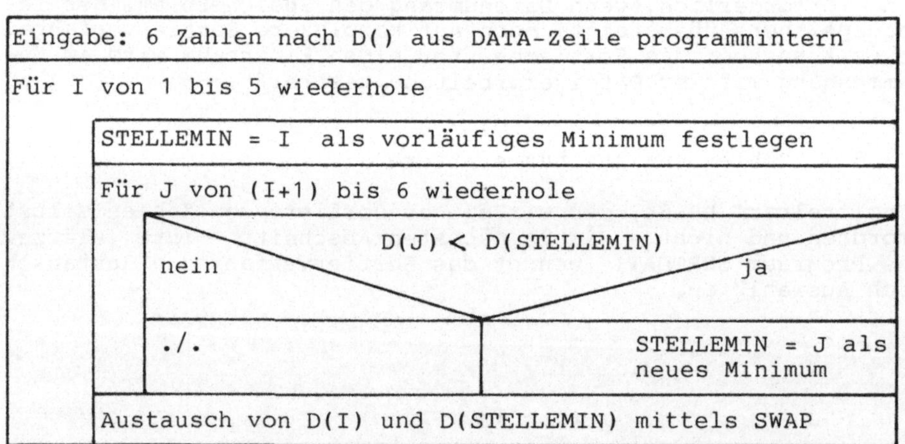

Ausführung zu SORTDAT1:

Sortieren nach dem Verfahren 'Austausch nach Auswahl'
(numerische Daten selbst sortieren, nicht Zeiger).

Sortierprotokoll der 6 Daten: Datenflußplan zu SORTDAT1:
 102 101 109 106 104 105
 101 102 109 106 104 105
 101 102 109 106 104 105
 101 102 104 106 109 105
 101 102 104 105 109 106
Ende.

Codierung zu Programm SORTDAT1:

```
100 REM ====== Programm SORTDAT1
110 PRINT "Sortieren nach dem Verfahren 'Austausch nach Auswahl'"
120 PRINT "(numerische Daten selbst sortieren, nicht Zeiger)."

130 REM ====== Vereinbarungsteil
140 'STELLEMIN: Stelle mit vorlaeufigem Minimum
150 DIM D(6):    '6 unter DATA im Programm gespeicherte Daten

160 REM ====== Anweisungsteil
170 FOR I=1 TO 6: READ D(I): NEXT I
180 DATA 102, 101, 109, 106, 104, 105

190 PRINT:PRINT "Sortierprotokoll der 6 Daten:"
200 FOR I=1 TO 5
210   FOR Y=1 TO 6 : PRINT D(Y); : NEXT Y : PRINT
220   LET STELLEMIN = I
230   FOR J=I+1 TO 6
240     IF D(J)<D(STELLEMIN) THEN LET STELLEMIN=J
250   NEXT J
260   SWAP D(I),D(STELLEMIN)
270 NEXT I
280 PRINT "Ende." : END
```


3.9.3.2 Zahlen über Zeiger sortieren

Im Programm SORTDAT1 haben wir sechs Zahlen selbst mehrfach
umgeordnet. Bei umfangreicheren Datenbeständen kann es günsti-
ger sein, nur die Speicherplätze dieser Zahlen über Zeigerva-
riablen bzw. P o i n t e r zu sortieren, die Zahlen selbst
unbewegt zu lassen. Programm SORTZEIG demonstriert dies mit
denselben Daten und demselben Sortierverfahren von SORTDAT1.

```
Unsortierter Array:                      Sortierter Array:

   D(1) = 102                               D(1) = 101
   D(2) = 101                               D(2) = 102
   D(3) = 109        Unmittelbares          D(3) = 104
   D(4) = 106      ===============>         D(4) = 105
   D(5) = 104          Sortieren            D(5) = 106
   D(6) = 105                               D(6) = 109


Sortierter                               Sortierter Array
Zeiger-Array:                            (über Zeiger):

   Z(1) = 2                                  D(Z(1)) = 101
   Z(2) = 1                                  D(Z(2)) = 102
   Z(3) = 5         Sortieren über           D(Z(3)) = 104
   Z(4) = 6       ===============>           D(Z(4)) = 105
   Z(5) = 4            Zeiger                D(Z(5)) = 106
   Z(6) = 3                                  D(Z(6)) = 109
```

Unmittelbares Sortieren sowie Sortieren über Zeiger

Codierung zu Programm SORTZEIG:

```
100 REM ===== Programm SORTZEIG
110 PRINT "Sortieren nach dem Verfahren 'Austausch nach Auswahl'"
120 PRINT "(numerische Daten ueber Zeiger sortieren)."

130 REM ===== Vereinbarungsteil
140 'STELLEMIN: Stelle mit vorlaeufigem Minimum
150 DIM Z(6):    '6 Zeiger bzw. Pointer
160 DIM D(6):    '6 unter DATA im Programm gespeicherte Daten

170 REM ===== Anweisungsteil
180 FOR I=1 TO 6 : LET Z(I)=I : NEXT I
190 PRINT: PRINT "6 Daten unsortiert:"
200 FOR I=1 TO 6 : READ D(I) : PRINT D(I); : NEXT I
210 DATA 102, 101, 109, 106, 104, 105

220 PRINT:PRINT "Sortierprotokoll der 6 Zeiger:"
230 FOR I=1 TO 5
240    FOR Y=1 TO 6 : PRINT Z(Y); : NEXT Y : PRINT
250    LET STELLEMIN = I
260    FOR J=I+1 TO 6
270      IF D(J)<D(Z(STELLEMIN)) THEN LET STELLEMIN=J
280    NEXT J
290    SWAP Z(I),Z(STELLEMIN)
300 NEXT I
310 PRINT "6 Daten ueber Zeiger sortiert:"
320 FOR I=1 TO 6 : PRINT D(Z(I)); : NEXT I
330 PRINT : PRINT "Ende." : END
```

Ausführung zu SORTZEIG:

Sortieren nach dem Verfahren 'Austausch nach Auswahl'
(numerische Daten ueber Zeiger sortieren).

```
6 Daten unsortiert:
 102  101  109  106  104  105
Sortierprotokoll der 6 Zeiger:
  1  2  3  4  5  6
  2  1  3  4  5  6
  2  1  3  4  5  6
  2  1  5  4  3  6
  2  1  5  6  3  4
6 Daten ueber Zeiger sortiert:
 101  102  104  105  106  109
Ende.
```

3.9.3.3 Strings unmittelbar sortieren

Programm SORTDAT2 veranschaulicht das Sortieren von Strings
anhand des "Sortierens durch paarweisen Austausch", das häufig
auch Bubble Sort genannt wird. Die zu sortierenden Namen sind
im String-Array N$() abgelegt und werden paarweise verglichen,
um bei falscher Sortierfolge ausgetauscht zu werden. Dazu das

erste Ausführungsbeispiel zu SORTDAT2: MAX<MARIA falsch und
Austausch, MAX<TILLMANN wahr, TILLMANN<LENA falsch und Austausch. Jetzt MARIA,MAX,LENA,TILLMANN gespeichert. Wie Blasen
(=bubble) werden Worte 'hochgesprudelt', d.h. an das Ende des
Arrays N$() gerückt.
Die Variable UNSORTIERT steuert als boolesche Variable den Ablauf. Die Schleife wird solange durchlaufen, bis UNSORTIERT 0
bleibt, d.h. kein Austauschen erfolgte.
Wie die zweite Ausführung zu SORTDAT2 zeigt, kann Text mit
beliebigen Zeichen sortiert werden. Warum kommt z.B. String
"%-SAETZE" vor String "126 DM"? Da im ASCII Codezahl 37 für %
vor Codezahl 49 für 1 kommt.

Codierung zu Programm SORTDAT2:

```
100 REM ====== Programm SORTDAT2
110 PRINT "Sortieren nach dem Verfahren 'Paarweiser Austausch'"
120 PRINT "bzw. 'Bubble Sort' (Sortieren von Strings selbst)."

130 REM ====== Vereinbarungsteil
140 ' N$(A), A:   A Namen in String-Array N$ gespeichert
150 ' UNSORTIERT: Wahrheitswert mit 0=unsortiert, 1=sortiert

160 REM ====== Anweisungsteil
170 PRINT : INPUT "Anzahl der Namen"; A
180 DIM N$(A)
190 PRINT A;"Namen einzeln eintippen:"
200    FOR I=1 TO A : INPUT N$(I) : NEXT I
210 PRINT: PRINT "Kontrollausgabe zum Sortiervorgang:"
220 LET UNSORTIERT=1

230 WHILE UNSORTIERT
240    LET UNSORTIERT=0
250    FOR Y=1 TO A : PRINT N$(Y);" "; : NEXT Y : PRINT
260    FOR I=1 TO A-1
270      IF N$(I)<=N$(I+1) THEN 300 ELSE 280
280        SWAP N$(I),N$(I+1)
290        LET UNSORTIERT=1
300    NEXT I
310 WEND
320 PRINT : PRINT "Programmende.": END
```

Ausführungen zu Programm SORTDAT2:

Sortieren nach dem Verfahren 'Paarweiser Austausch'
bzw. 'Bubble Sort' (Sortieren von Strings selbst).

```
Anzahl der Namen? 4
 4 Namen einzeln eintippen:
? MAX
? MARIA
? TILLMANN
? LENA

Kontrollausgabe zum Sortiervorgang:
MAX   MARIA   TILLMANN   LENA
MARIA   MAX   LENA   TILLMANN
MARIA   LENA   MAX   TILLMANN
LENA   MARIA   MAX   TILLMANN
```

Sortieren nach dem Verfahren 'Paarweiser Austausch'
bzw. 'Bubble Sort' (Sortieren von Strings selbst).

Anzahl der Namen? 5
 5 Namen einzeln eintippen: 2. Ausführung zu Programm SORTDAT2:
? 126 DM
? FILTER MIT EINSATZ
? §28 VERORDNUNG
? 25500 LIRE
? %-SAETZE FUER RABATT

Kontrollausgabe zum Sortiervorgang:
126 DM FILTER MIT EINSATZ §28 VERORDNUNG 25500 LIRE %-SAETZE FUER RABATT
126 DM §28 VERORDNUNG 25500 LIRE %-SAETZE FUER RABATT FILTER MIT EINSATZ
126 DM 25500 LIRE %-SAETZE FUER RABATT §28 VERORDNUNG FILTER MIT EINSATZ
126 DM %-SAETZE FUER RABATT 25500 LIRE §28 VERORDNUNG FILTER MIT EINSATZ
%-SAETZE FUER RABATT 126 DM 25500 LIRE §28 VERORDNUNG FILTER MIT EINSATZ

Struktogramm zu SORTDAT2:

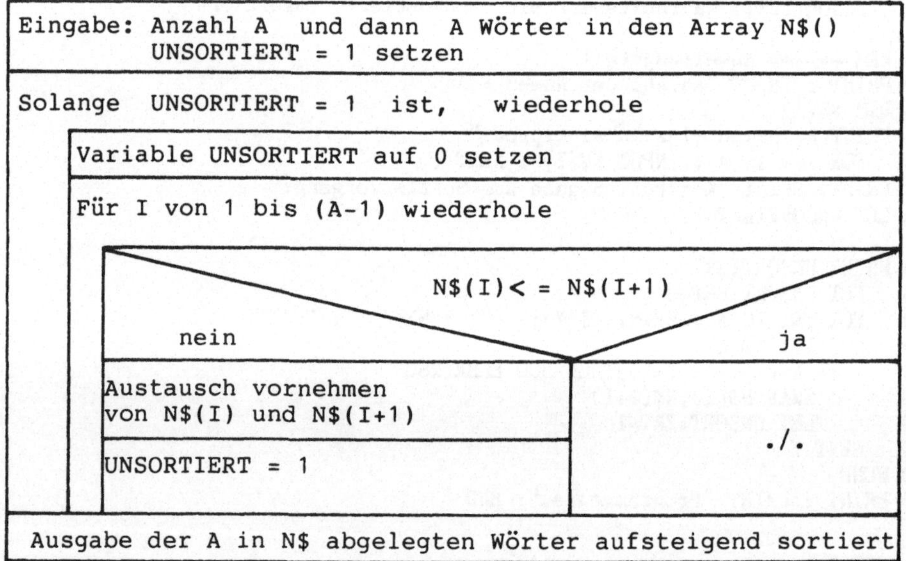

3.9.4 Zwei Arrays mischen

Mischen heißt, Daten unter Berücksichtigung ihrer Sortierfolge
zu e i n e r Datenstruktur zusammenzufügen. Im Beispielpro-
gramm MISCHDAT wird der 5-Elemente-Array X() und der 4-Ele-
mente-Array Y() zum 9-Elemente-Array Z() gemischt. Ein Problem
beim Mischen besteht in der Ende-Verarbeitung, wenn ein Array
bereits vollständig eingemischt ist. In MISCHDAT wird dann
in ein zusätzliches 6. (für X) bzw. 5. (für Y) Element die 999
als große Zahl gespeichert, um den Array für das weitere Einmischen zu sperren. Die Anweisung dazu heißt:
   LET X(6) = ABS(999 * (I=6))
Hat I den Wert 6, so wird der Vergleich I=6? zu -1 (also wahr)

und X(6) erhält den Wert ABS(999*-1), d.h. 999. Für die übri-
gen Werte von I bleibt X(6) Null, da der Vergleich I=6? zu 0
(also unwahr) führt.

Codierung zu Programm MISCHDAT:

```
100 REM ====== Programm MISCHDAT
110 PRINT "Arrays X und Y zu einem Array Z mischen."

120 REM ====== Vereinbarungsteil
130 DIM X(6), Y(5), Z(9) : 'Drei numerische Arrays

140 REM ====== Anweisungsteil
150 PRINT : PRINT "Datenbestand 1:"
160 FOR I=1 TO 5 : READ X(I) : PRINT X(I); : NEXT I
170 DATA 10,20,30,40,50 :          'Datenbestand 1 nach X
180 PRINT : PRINT "Datenbestand 2:"
190 FOR I=1 TO 4 : READ Y(I) : PRINT Y(I); : NEXT I
200 DATA 15,20,25,45 :             'Datenbestand 2 nach Y

210 LET I=1: LET J=1: LET K=1
220 WHILE NOT ((X(I)=999) AND (Y(J)=999))
230    IF X(I)<=Y(J)
          THEN LET Z(K)=X(I):
               LET I=I+1:
               LET X(6)=ABS(999*(I=6))
          ELSE LET Z(K)=Y(J):
               LET J=J+1:
               LET Y(5)=ABS(999*(J=5))
240    LET K=K+1
250 WEND

260 PRINT:PRINT "Datenbestaende 1 und 2 gemischt:"
270 FOR K=1 TO 9 : PRINT Z(K); : NEXT K
280 END
```

Ausführung zu MISCHDAT:

**Arrays X und Y zu einem Array Z
                    mischen.**
Datenbestand 1:
 10 20 30 40 50
Datenbestand 2:
 15 20 25 45
Datenbestaende 1 und 2 gemischt:
 10 15 20 20 25 30 40 45
                                50

Struktogramm zu Programm MISCHDAT:

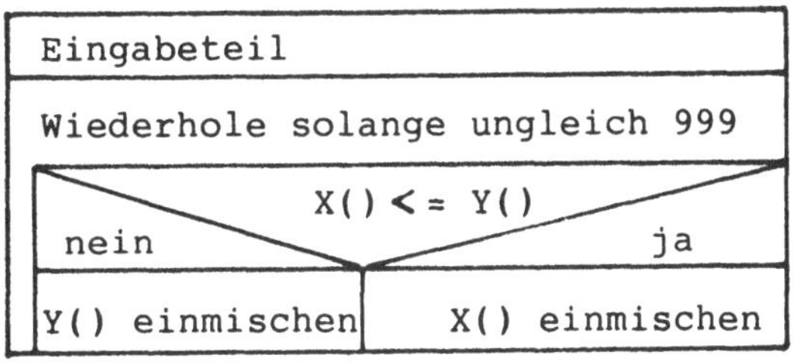

Eingabeteil	
Wiederhole solange ungleich 999	
X( ) < = Y( )	
nein / ja	
Y( ) einmischen	X( ) einmischen

Datenflußplan zu Programm MISCHDAT:

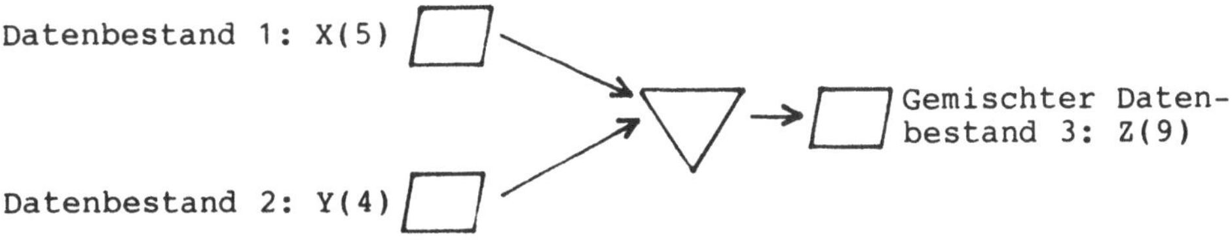

Datenbestand 1: X(5)

Datenbestand 2: Y(4)

Gemischter Daten-
bestand 3: Z(9)

3.9.5 Gruppieren von Daten (Gruppenwechsel)

Das Programm GRUPPDAT erwartet über die Tastatur die Mengen-
angaben zu Aufträgen, um bei Wechsel der Auftragsnummer deren
Summe auszugeben. Aufträge mit gleicher Nummer werden zu Gruppen zusammengefaßt, um bei Gruppenwechsel deren Summe auszugeben. Solche Probleme bezeichnet man als V e r d i c h t e n
von Daten oder als G r u p p e n w e c h s e l . Wie wird der
Gruppenwechsel in GRUPPDAT festgestellt?   Wir unterscheiden
A2 für 'Auftrag neu' und A1 für 'Auftrag alt', um für (A2³³A1)
dann die jeweils nach S1 aufaddierte Summe auszugeben und mit
240 LET S1=0 : LET A1=A2   zum nächsten Datensatz überzugehen.

Codierung zu GRUPPDAT: Ausführung zu GRUPPDAT:

```
100 REM ====== Programm GRUPPDAT        RUN
110 PRINT "Einstufiger Gruppenwechsel." Einstufiger Gruppenwechsel.
                                        Menge, Auftrag? 221,10
120 REM ====== Vereinbarungsteil        Auftrag, Menge? 221,35
130 'A2,M:  Datensatz mit Auftrag, Menge  Auftrag, Menge? 221,14
140 'A1,S1: Auftrag 'alt', Summe        Auftrag, Menge? 229,3
                                         221 mit Gruppensumme 59
150 REM ====== Anweisungsteil           Auftrag, Menge? 230,75
160 INPUT "Menge, Auftrag"; A2,M         229 mit Gruppensumme 3
170 LET A1=A2                           Auftrag, Menge? 230,9
                                        Auftrag, Menge? 0,0
180 WHILE A2<>0                          230 mit Gruppensumme 84
190   WHILE A2=A1                       Ende.
200     LET S1=S1+M
210     INPUT "Auftrag, Menge"; A2,M
220   WEND
230   PRINT A1;"mit Gruppensumme"; S1
240   LET S1=0 : LET A1=A2
250 WEND
260 PRINT "Ende." : END
```

Im Programm GRUPPDAT liegt ein einstufiger Gruppenwechsel vor.
Daneben können Gruppenwechsel auch m e h r s t u f i g sein.
Dazu dieses Beispiel: Es wird nicht nur nach Aufträgen gleicher Nummer gruppiert (=Untergruppe), sondern zusätzlich noch
nach Vertreternummern (=Hauptgruppe). Auch ein solcher Haupt-
gruppenwechsel wird durch den Vergleich (V2<>V1) bzw. 'Vertreter neu < > Vertreter alt' festgestellt.

Es gibt zahlreiche Verfahren zum Suchen, Sortieren, Mischen
und Gruppieren von Daten. In Abschnitt 3.9 konnten nur einige
dieser Verfahren dargestellt werden, die -da in beinahe jedem
Programm mit Zugriff auf eine Datei benötigt- auch als Hilfsverfahren der D a t e i verarbeitung bezeichnet werden. Die
Datei ist Gegenstand der nachfolgenden Abschnitte.

3.10 Sequentielle Datei (Telephondatei)

In Abschnitt 1.3.5 hatten wir vier Formen zur Organisation von
Dateien bzw. Files erläutert:

- sequentielle Datei   (Zugriff in Speicherungsfolge)
- Direktzugriff-Datei   (Auf den Datensatz direkt)
- Index-sequentielle Datei   (Inhaltsverzeichnis als Index)
- Verkettete Dateien   (Zeiger weist auf andere Datei)

Für jede Organisationsform wird ein Programmbeispiel in MBASIC
wiedergegeben (Abschnitte 3.10 bis 3.13).
Da im Zusammenhang mit Dateien häufig zeigerverkettete Listen
(Linked List) und binäre Bäume als ebenfalls dynamische Datenstrukturen verwendet werden, betrachten wir im Anschluß daran
auch zwei Programmbeispiele hierzu (Abschnitte 3.14 und 3.15).

- Linked List   (Zeiger bilden Verweiskette)
- Binärer Baum   (Wurzel oben und Baumkrone unten)

Die Beispiele sind so gewählt, daß wichtige programmtechnische
Probleme zur Datei einfach und klar aufgezeigt werden können.

Wir wenden uns zunächst der s e q u e n t i e l l e n   Datei
zu.
Das Programm SEQUEN-M verwaltet eine sequentielle Telephon-
datei. Zur Orientierung sehen wir uns das wiedergegebene Ausführungsbeispiel an.

Ausführung zur Verwaltung einer Telephondatei über
Programm SEQUEN-M:

Telephonliste als sequentielle Datei.

```
Menue zur Verwaltung der Telephon-Datei
----------------------------------------
    0       Beenden
    1       Laden     der Datei
    2       Speichern der Datei extern
    3       Drucken   Gesamtverzeichnis
    4       Eingeben  von Eintraegen
    5       Suchen    eines Eintrags
    6       Aendern   eines Eintrags
    7       Loeschen  eines Eintrags
    8       Einfuegen eines Eintrags
    9       Sortieren der Gesamtdatei
----------------------------------------
Wahl 0-9? 1


Name der Datei? TELDATEI
 9 Eintraege von TELDATEI in den Hauptspeicher.
Weiter mit RETURN
Menue zur Verwaltung der Telephon-Datei
```

Fortsetzung der Ausführung zu Programm SEQUEN-M:

Wahl 0-9? 3

Name: Telephonnummer:

STROMANN   06262/3332
WEBER   0721/1300165
TREIBER   0611/232323
KOEPFLE   06221/44421
SCHOENFELDER   06203/5541
SCHMIDTBORN   06221/332000
RUMMEL   089/4413998
MAUCHER   06204/1210
RUDOLFS   06221/33125
Dateiende nach 9 Eintraegen.
Weiter mit RETURN
Menue zur Verwaltung der Telephon-Datei

Wahl 0-9? 4

Name (0=Ende)? DOMBERG
Telephonnummer? 07622/163390
Name (0=Ende)? HOFFMANN
Telephonnummer? 0621/1199110
Name (0=Ende)? KRAEMER
Telephonnummer? 06227/1971
Name (0=Ende)? 0
Weiter mit RETURN
Menue zur Verwaltung der Telephon-Datei

Wahl 0-9? 6

Name des zu aendernden Eintrags? STROMANN
STROMANN aendern in ? STROMANN-KRAEMER
06262/3332 aendern in ? 06262/3332
STROMANN-KRAEMER 06262/3332 korrekt (ja/nein) ? ja
Weiter mit RETURN
Menue zur Verwaltung der Telephon-Datei

Wahl 0-9? 7

Name des zu loeschenden Eintrags? RUMMEL
RUMMEL wirklich loeschen (ja/nein)? ja
Weiter mit RETURN
Menue zur Verwaltung der Telephon-Datei

Wahl 0-9? 9

Sortieren von 11 Datensaetzen beginnt.
Sortieren in Hauptspeicher beendet.
Weiter mit RETURN
Menue zur Verwaltung der Telephon-Datei

```
Wahl 0-9? 3

Name:                      Telephonnummer:
---------------------------------------------
DOMBERG                    07622/163390
HOFFMANN                   0621/1199110
KOEPFLE                    06221/44421
KRAEMER                    06227/1971
MAUCHER                    06204/1210
RUDOLFS                    06221/33125
SCHMIDTBORN                06221/332000
SCHOENFELDER               06203/5541
STROMANN-KRAEMER           06262/3332
TREIBER                    0611/232323
Weiter blaettern
WEBER                      0721/1300165
Dateiende nach  11 Eintraegen.
Weiter mit RETURN
Menue zur Verwaltung der Telephon-Datei
---------------------------------------------

Wahl 0-9? 2

Name der Ausgabedatei? TELDATEI
Bisherige Datei zerstoeren (ja/nein)? ja

11 Eintraege vom Hauptspeicher in die TELDATEI

Menue zur Verwaltung der Telephon-Datei
---------------------------------------------

Wahl 0-9? 0

Weiter mit RETURN
Programmende.
```

3.10.1 Menügesteuerte Dateiverwaltung

Das "M" im Programmnamen SEQUEN-M steht für "Menüsteuerung".
Nach Eingabe von RUN wird ein Menü mit zehn Wahlmöglichkeiten
gezeigt. Nach dem Eintippen von 1 als Menüwahl sowie TELDATEI
als Dateiname wird diese (derzeit nur neun Einträge umfassende
de) Datei komplett in den Hauptspeicher geladen. Dann werden 3
zusätzliche Einträge eingebenen (Menüwahl 4), der Eintrag von
STROMANN geändert (Menüwahl 6), der Eintrag von RUMMEL aus der
Datei gelöscht (Menüwahl 7), die verbliebenen elf Datensätze
nach Namen sortiert (Menüwahl 9) und ausgegeben (Menüwahl 3).
Abschließend werden die elf Telephoneinträge unter dem Namen
TELDATEI auf Diskette abgespeichert.

3.10.2 Dateiweiser Datenverkehr

Die Datei wird komplett in den Hauptspeicher eingelesen (Menüwahl 1), um sie dort in den Arrays N$() (für die Namen) sowie

T$() (für die Telephonnummern) abzulegen und zu verarbeiten
(Menüwahl 3-9). Abschließend werden alle Einträge komplett Datensatz für Datensatz auf Diskette als externe Datei abgespeichert (Menüwahl 2). Der Datentransport zwischen Externspeicher
(Diskette) und Internspeicher (Hauptspeicher) erfaßt immer die
ganze Datei als Einheit. Der sequentielle Dateizugriff erfolgt
somit allein bei Menüwahl 1 und 2. Da er einmalig die komplette Datei umfaßt, spricht man vom d a t e i w e i s e n Datenverkehr. Dem Vorteil der bequemen, schnellen (da internen)
Verarbeitung steht der Nachteil gegenüber, daß die Datei grös-
senmäßig durch den Hauptspeicherplatz begrenzt ist. Programm
DIREKT-M im Abschnitt 3.11 zeigt den s a t z w e i s e n Datenverkehr als Gegenstück zum dateiweisen Datenverkehr.

Struktogramm zu Programm SEQUEN-M:

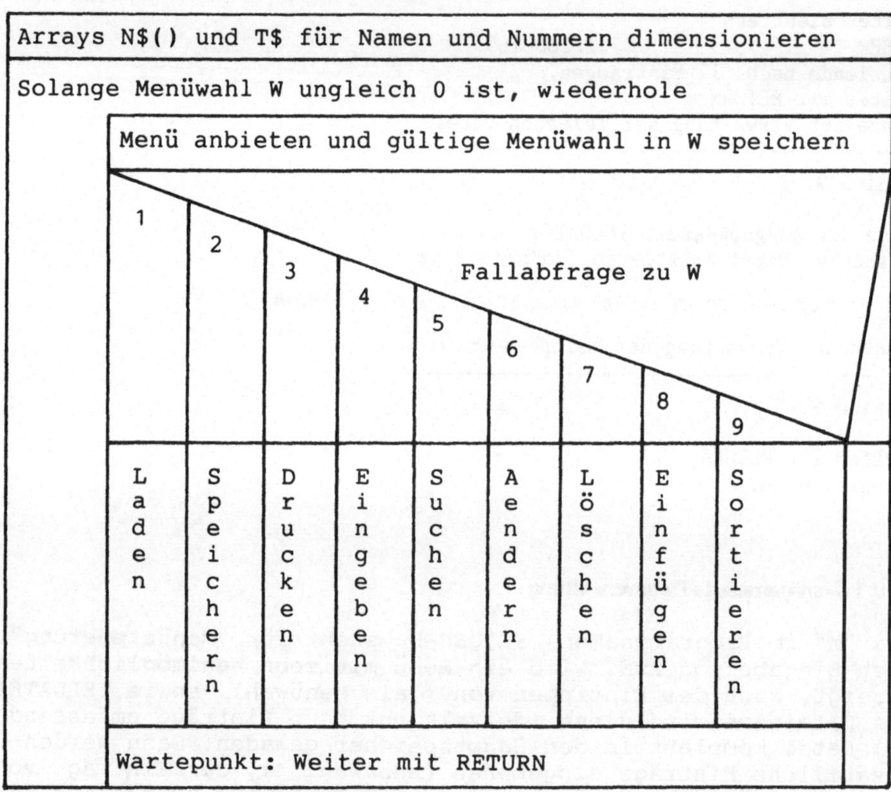

3.10.3 Verarbeitung von Arrays in den Unterprpgrammen

Zum Steuerprogramm in den Zeilen 180-250: Wie auch das Struk-
togramm zu SEQUEN-M aufzeigt, besteht das Programm aus einer
Wiederholungsstruktur (Schleife), in die eine Auswahlstruktur
(Fallabfrage in Zeile 220) eingeschachtelt ist.
Zum Unterprogramm LADEN in den 1000er Zeilen: Hier erkennt man
den für die Dateiverarbeitung typischen 3er-Schritt (vgl. Ab-

schnitt 1.3.5.4):
 1. Datei öffnen: In 1010 unter dem in F$ enthaltenen Namen.
 2. Datei verarbeiten: In 1020-1040 alle 2-Komponenten-Sätze
                       der Datei nach N$() und T$() einlesen. Der
                       erste Dateieintrag ist die Satzanzahl N.
 3. Datei schließen: In 1050 unverändert, da nur gelesen.

Zum Unterprogramm SPEICHERN in den 2000er Zeilen: Als erstes
wird die Satzanzahl N auf die Datei geschrieben, dann die N
Datensätze jeweils mit Name und Telephonnummer.
Zum Unterprogramm SUCHEN in den 5000er Zeilen: Hier wird rein
sequentiell gesucht. Die Zählerschleife hat nur einen Ausgang.
Flagge F dient der Ablaufsteuerung.
Zum Unterprogramm PHYSISCH LÖSCHEN in den 7000er Zeilen: Physisch löschen bedeutet tatsächlich löschen. Die Zählerschleife
7050-7070 bewirkt, daß alle Einträge ab dem zu löschenden Eintrag um eine Position bzw. um ein Element in den Arrays N$()
und T$() vorgerückt werden.
Zum Unterprogramm EINFÜGEN in den 8000er Zeilen: Die Zählerschleife 8030 FOR Z=N TO W+2 STEP -1 rückt vom letzten Satz N
ausgehend Einträge um jeweils eine Position nach hinten, um in
Zeile 8070-8080 den neuen Eintrag einzufügen.
Zum Unterprogramm SORTIEREN in den 9000er Zeilen: Wie in Programm SORTDAT1 (vgl. Abschnitt 3.9.3.1) wird das "Sortieren
durch Austausch nach Auswahl" verwendet, jedoch mit folgenden
Abweichungen: Anstelle von Zahlen werden Strings sortiert.
             Die Anzahl der Sortierbegriffe N ist variabel.

```
SEQ. TELEPHONDATEI AUF DISKETTE (GGF. AUF KASSETTE):

Unter dem Betriebssystem CP/M kann        TYPE TELDATEI
man sich über den System-Befehl          9
  TYPE TELDATEI                           STROMANN,06262/3332
den derzeitigen Inhalt der TELDATEI       WEBER,0721/1300165
ausgeben lassen.                          TREIBER,0611/232323
Wir erkennen:                             KOEPFLE,06221/44421
- Variable Datensatzlänge bei der         SCHOENFELDER,06203/5541
  sequentiellen Datei.                    SCHMIDTBORN,06221/332000
- Trennungszeichen , bzw. CHR$(13)        RUMMEL,089/4413998
  für RETURN zwischen Datenfeldern.       MAUCHER,06204/1210
                                          RUDOLFS,06221/33125


SEQ. TELEPHONDATEI INTERN IM HAUPTSPEICHER (ARRAY N$, T$):

Index: N$():         T$():           N:  12
 (1)  STROMANN       06262/3332      Im dateiweisen Datenverkehr
 (2)  WEBER          0721/1300165    wird die gesamte Datei kom-
 (3)  TREIBER        0611/232323     plett in die Arrays N$()
 (4)  KOEPFLE        06221/44421     und T$() eingelesen.
 (5)  SCHOENFELDER   06203/5541
 (6)  SCHMIDTBORN    06221/332000    Am Ende wird der Inhalt
 (7)  ...            ...             der Arrays komplett auf
                                     die Datei geschrieben.
```

Dateiweiser Datenverkehr: Gesamtdatei intern in Arrays ablegen

Codierung zu Programm SEQUEN-M:

```
100 REM ====== Progamm SEQUEN-M
110 PRINT "Telephonliste als sequentielle Datei." : PRINT


120 REM ====== Vereinbarungsteil
130 DIM N$(100): '100-Elemente-Array fuer die Namen
140 DIM T$(100): '100-Elemente-Array fuer die Telephonnummern
150 'W,W$:          Wahlmoeglichkeit bei Menueauswahl
160 'F$:            Dateiname fuer die sequentielle Datei
170 'I,Z,F:         Laufvariablen bzw. Flagge (Flag)

180 REM ====== Anweisungsteil
181 LET W=1 : LET LOESCH$=CHR$(27)+CHR$(42)   'Bildschirm loeschen
190 WHILE W<>0
200    GOSUB 500       'Aufruf Unterprogramm MENUEANGEBOT
210    PRINT LOESCH$
220    ON W GOSUB 1000,2000,3000,4000,5000,6000,7000,8000,9000
230    PRINT "Weiter mit RETURN "; : LET W$=INPUT$(1) : PRINT LOESCH$
240 WEND
250 PRINT "Programmende." : END

500 PRINT "Menue zur Verwaltung der Telephon-Datei"
510 PRINT "---------------------------------------------"
520 PRINT "   0        Beenden"
530 PRINT "   1        Laden     der Datei"
540 PRINT "   2        Speichern der Datei extern"
550 PRINT "   3        Drucken   Gesamtverzeichnis"
560 PRINT "   4        Eingeben  von Eintraegen"
570 PRINT "   5        Suchen    eines Eintrags"
580 PRINT "   6        Aendern   eines Eintrags"
590 PRINT "   7        Loeschen  eines Eintrags"
600 PRINT "   8        Einfuegen eines Eintrags"
610 PRINT "   9        Sortieren der Gesamtdatei"
620 PRINT "---------------------------------------------"
630 INPUT "Wahl 0-9"; W$ : LET W=VAL(W$)
640 IF W<0 OR W>9 THEN PRINT "Zwischen 0 und 9." : GOTO 630
650 IF W<>INT(W) THEN PRINT "Ganzzahlig." : GOTO 630
660 RETURN

1000 INPUT "Name der Datei"; F$                 'Unterprogramm LADEN
1010 OPEN "I", #1, F$
1020 INPUT #1, N
1030    FOR I=1 TO N : INPUT #1,N$(I),T$(I) : NEXT I
1040 PRINT N;"Eintraege von ";F$;" in den Hauptspeicher."
1050 CLOSE #1
1060 RETURN

2000 INPUT "Name der Ausgabedatei"; F$           'Unterprogramm SPEICHERN
2010 INPUT "Bisherige Datei zerstoeren (ja/nein)"; W$
2020 IF W$<>"ja" THEN 2080
2030 OPEN "O", #1, F$
2040 PRINT #1, N
2050 FOR I=1 TO N : PRINT #1, N$(I);",";T$(I) : NEXT I
2060 PRINT N;"Eintraege vom Hauptspeicher in die ";F$
2070 CLOSE #1
2080 RETURN
```

Codierung zu Programm SEQUEN-M (erste Fortsetzung):

```
3000 PRINT "Name:                    Telephonnummer:"        'Upro DRUCKEN
3010 PRINT "----------------------------------------------"
3020 FOR I=1 TO N
3030   PRINT N$(I); TAB(24) ; T$(I)
3040   IF INT(I/10)=I/10 THEN INPUT "Weiter blaettern", W$
3050 NEXT I
3060 PRINT "Dateiende nach ";N;"Eintraegen."
3070 RETURN


4000 LET N=N+1                                              'Unterprogramm EINGEBEN
4010 INPUT "Name (0=Ende)"; N$(N)
4020 IF N$(N)="0" THEN LET N=N-1 : GOTO 4040
4030 INPUT "Telephonnummer"; T$(N) : GOTO 4000
4040 RETURN
4050 LET N=N-1
4060 RETURN


5000 INPUT "Zu suchender Name"; W$                          'Unterprogramm SUCHEN
5010 LET F=0   'Flagge gesenkt
5020 FOR I=1 TO N
5030   IF LEFT$(N$(I),LEN(W$))=W$
        THEN PRINT "Gefundene Nummer: ";T$(I) : LET I=N : LET F=-1
5040 NEXT I
5050 IF NOT F THEN PRINT W$;" nicht gefunden."
5060 RETURN


6000 INPUT "Name des zu aendernden Eintrags"; W$: LET F=0 'Upro AENDERN
6010 FOR I=1 TO N
6020   IF LEFT$(N$(I), LEN(W$)) = W$ THEN 6030 ELSE 6080
6030     WHILE W$<>"ja"
6040       PRINT N$(I);" aendern in "; : INPUT N$(I)
6050       PRINT T$(I);" aendern in "; : INPUT T$(I)
6060       PRINT N$(I);" ";T$(I);" korrekt (ja/nein) "; : INPUT W$
6070     WEND
6080     LET I=N : LET F=-1
6090 NEXT I
6100 IF NOT F THEN PRINT "Eintrag ";W$;" nicht gefunden."
6110 RETURN


7000 INPUT "Name des zu loeschenden Eintrags"; W$:LET F=0 'Upro LOESCHEN
7010 FOR I=1 TO N
7020   IF LEFT$(N$(I),LEN(W$))< > W$ THEN 7100
7030   PRINT N$(I);" wirklich loeschen (ja/nein)"; : INPUT W$
7040   IF W$<>"ja" THEN 7090
7050   FOR Z=I TO N-1
7060     LET N$(Z)=N$(Z+1) : LET T$(Z)=T$(Z+1)
7070   NEXT Z
7080   LET N = N-1
7090   LET I=N : LET F=-1
7100 NEXT I
7110 IF NOT F THEN PRINT W$;" nicht gefunden. Kein Loeschen moeglich."
7120 RETURN
```

Codierung zu Programm SEQUEN-M (zweite Fortsetzung):

```
8000 INPUT "Datei ";F$;" hat";N;"Eintraege. Nach welchem" 'Upro EINFUEGEN
8010 INPUT "Eintrag einfuegen (Satznummer tippen)"; W
8020 LET N = N+1
8030 FOR Z=N TO W+2 STEP -1
8040    LET N$(Z)=N$(Z-1) : LET T$(Z)=T$(Z-1)
8050 NEXT Z
8060 PRINT "Nachfolgende Eintraege sind verschoben."
8070 INPUT "Einzufuegender Name  "; N$(W+1)
8080 INPUT "Einzufuegende Nummer "; T$(W+1)
8090 RETURN

9000 PRINT "Sortieren von";N;"Datensaetzen beginnt."        'Upro SORTIEREN
9010 FOR I=1 TO N-1              'Sortiermethode 'Austausch nach Auswahl'
9020    LET STELLMIN=I : LET NAMMIN$=N$(I) : LET TELMIN$=T$(I)
9030    FOR Z=(I+1) TO N
9040       IF N$(Z)<NAMMIN$ THEN LET STELLMIN=Z: NAMMIN$=N$(Z): TELMIN$=T$(Z)
9050    NEXT Z
9060    LET N$(STELLMIN)=N$(I) : LET N$(I)=NAMMIN$
9070    LET T$(STELLMIN)=T$(I) : LET T$(I)=TELMIN$
9080 NEXT I
9090 PRINT "Sortieren in Hauptspeicher beendet."
9100 RETURN
```

3.11 Direktzugriff-Datei (Artikeldatei)

Das Programm DIREKT-M verwaltet eine Artikeldatei. Die Ausfüh-
rung zu diesem Programm ähnelt der von Programm SEQUEN-M, weil
beide menügesteuert ablaufen.
Dennoch weist Programm DIREKT-M einige Abweichungen auf:
- Artikeldatei weist Datensätze mit konstanter Satzlänge auf
- Overlay durch Verkettung von fünf eigenständigen Programmen
- Satzweiser Datenverkehr anstelle dateiweisem Datenverkehr
- Direkte Adressierung des Datensatzes
Diese vier Punkte wollen wir nun im einzelnen erläutern.

3.11.1 Datei mit konstanter Datensatzlänge

Die Datensätze einer Artikeldatei namens ARTDATEI haben alle
eine feste Satzlänge von L=23 Stellen und bestehen aus jeweils
vier Datenfeldern.

Inhalt:	Artikelnummer:	Bezeichnung:	Menge:	Stückpreis:
Stellen: /	2 /	15 /	2 /	4 /
(DATENTYP)	INTEGER	STRING	INTEGER	REAL-einfach
Var.-Name:	A1	A2$	A3	A4
(Name Puffer)	P1$	P2$	P3$	P4$
Beispiel:	1002	ORCHIDEE	50	27.50

Datensatz-Beschreibung für die ARTDATEI

In MBASIC hat die Direktzugriff-Datei im Gegensatz zur sequentiellen Datei eine   f e s t e   D a t e n s a t z l ä n g e ,
die in der OPEN-Anweisung angegeben werden muß:
    190 OPEN "R", #1, "ARTDATEI", 23
                                          R)andom-Datei
                                          Dateinummer
                                          Dateiname
                                          Datensatzlänge fest

3.11.2 Overlay durch Verkettung von Programmen

Als Menüprogramm ruft das Programm DIREKT-M je nach Menüwahl
durch die Anweisungen
    260 ... 290 RUN "Programmname"
eines der Programme
    DIREKT-A   Eine Direktzugriff-Datei leer A)nlegen
    DIREKT-S   Datensätze direkt auf Datei S)chreiben
    DIREKT-L   Einen bestimmten Datensatz direkt L)esen
    DIREKT-F   Den Lagerbestand F)ortschreiben
auf. Durch den Aufruf wird Programm DIREKT-M überlagert (overlay); im Hauptspeicher tritt an die Stelle von DIREKT-M das
jeweils gerufene Programm.
Nach Ausführung eines gerufenen Programms lädt dieses durch
    ... RUN "DIREKT-M"
das Menüprogramm wieder in den Hauptspeicher.
Mit dem Overlay werden alle vom rufenden Programm bislang er-
zeugten Variablenwerte zerstört.

Codierung zu Programm DIREKT-M:

```
100 REM ====== Programm DIREKT-M
110 'Menueprogramm (M): Verwaltung einer
120 'Artikeldatei als Direktzugriff-Datei.

130 REM ====== Vereinbarungsteil
140 'E$, E:   Eingabe bei Menueauswahl

150 REM ====== Anweisungsteil
160 PRINT
170 PRINT "*1 = Neue Datei anlegen   *"
180 PRINT "*2 = Datensaetze schreiben*"
190 PRINT "*3 = Datensaetze lesen    *"
200 PRINT "*4 = Bestand fortschreiben*"
210 PRINT "*5 = Dateizugriff beenden *"
220 INPUT "Wahl 1-5"; E$ : LET E=VAL(E$)
230 IF E=5 THEN PRINT "Ende." : END

240 ON E GOTO 260,270,280,290
250 PRINT "Eingabefehler." : GOTO 220

260 RUN "DIREKT-A"      'Programm-Overlay
270 RUN "DIREKT-S"
280 RUN "DIREKT-L"
290 RUN "DIREKT-F"
```

3.11.3 Datensatzweiser Datenverkehr

Das Programm SEQUEN-M hatte im dateiweisen Datenverkehr zu Beginn die gesamte Datei in den Hauptspeicher eingelesen und in
Arrays abgelegt. Bei der durch das Programm DIREKT-M verwalte-
ten Artikeldatei hingegen wird jeweils unmittelbar nach der
Anforderung ein einzelner Satz gelesen, geschrieben oder aber
geändert. Wir nannten dies "datensatzweisen Datenverkehr". Die
Artikeldatei kann damit natürlich größer sein als der verfügbare Hauptspeicherplatz, da zwischen dem externen und dem interne Speicher stets nur ein Datensatz transportiert wird. Wie
zeigt sich der datensatzweise Datenverkehr in der Codierung?
In j e d e m Programm findet sich mindestens eine Anweisung
mit einem Dateizugriff (PUT oder GET).

Zum direkten Schreiben mittels PUT:
Die Anweisung PUT schreibt einen Datensatz aus dem sogenannten
D a t e i p u f f e r auf die Datei. Diesen Dateipuffer können
wir uns als Zwischenspeicher und Fenster vorstellen, durch das
die Datensätze formgerecht gereicht werden.

Codierung zu Programm DIREKT-A:

```
100 REM ====== Programm DIREKT-A
110 'Programm zum Anlegen (A) einer Datei: 'Alte' Datei loeschen,
120 ''neue' Datei generieren und ggf. mit Leersaetzen beschreiben."

130 REM ====== Vereinbarungsteil
140 ' F$:              Name einer Direktzugriff-Datei
150 ' ANZ:             Anzahl der Datensaetze
160 ' P1$,P2$,P3$,P4%: Datensatz mit 4 Datenfeldern im Dateipuffer
170 ' S:               Satznummer

180 REM ====== Anweisungsteil
190 INPUT "Dateiname"; F$
200 PRINT "Wirklich loeschen und anlegen?"
210 LET E$=INPUT$(1) : PRINT E$ : IF E$'3"j" THEN 380
220   ON ERROR GOTO 240
230   KILL F$
240   IF ERR=53 THEN RESUME 260
250 PRINT "Datei ";F$;" geloescht."
260 OPEN "R", #1, F$, 23
270 FIELD #1, 2 AS P1$, 15 AS P2$, 2 AS P3$, 4 AS P4$
280 PRINT "Datei ";F$;" neu eroeffnet."

290 PRINT "Leersaetze auf Datei schreiben?"
300 LET E$=INPUT$(1) : PRINT E$ : IF E$<>"j" THEN 370
310 INPUT "Vorgesehene Satzanzahl"; ANZ
320   LSET P1$=MKI$(0): LSET P2$=" ": LSET P3$=MKI$(0): LSET P4$=MKS$(0)
330 FOR S= 1 TO ANZ
340   PUT #1, S
350 NEXT S
360 PRINT ANZ; "Leersaetze geschrieben."

370 CLOSE #1
380 RUN "DIREKT-M"
```

Mit der Anweisung FIELD teilen wir den Dateipuffer in Datenfelder (= fields) ein und legen für jedes Datenfeld die Feldlänge
und die Puffervariable fest.   80 FIELD 2 AS P1$ bewirkt, daß

```
VOR DEM SCHREIBEN MIT PUT: WERTE IN PUFFERVARIABLEN SETZEN

100 LSET P1$=MKI$(1000)        Zahl 1000 vom Datentyp INTEGER
                               in STRING mit Länge 2 Bytes.
110 LSET P2$=MKS$(2.5)         Zahl 2.5 vom Typ REAL-einfach
                               in STRING mit Länge 4 Bytes.
120 LSET P3$=MKD$(0.09)        Zahl 0.09 vom Typ REAL-doppelt
                               in STRING mit Länge 8 Bytes.
130 LSET P4$="ROSE"            STRING "ROSE" nach P4$ zuweisen


NACH DEM LESEN MIT GET: WERTE AUS PUFFERVARIABLEN ENTNEHMEN

200 LET A1=CVI(P1$)            P1$ in INTEGER-Zahl A1.

210 LET A2=CVS(P2$)            P2$ in REAL-einfach-Zahl A2.

220 LET A3=CVD(P3$)            P3$ in REAL-doppelt-Zahl A3.

240 LET A4$=P4$                P4$ bleibt STRING A4$ (stets
                               verschiedene Namen verwenden!)
```

   Datenfelder in Dateipuffer setzen und aus Dateipuffer nehmen

Codierung zu Programm DIREKT-S:

```
100 REM ====== Programm DIREKT-S
110 'Schreibprogramm (S): Einen oder mehrere Saetze auf die Artikeldatei
120 'direkt schreiben (Adressrechnung: SatzNr = ArtNr minus 1000).

130 REM ====== Vereinbarungsteil
140 ' ARTDATEI:  Direktzugriff-Datei
150 ' A1, A2$, A3, A4: Datensatz mit 4 Datenfeldern im Programm
160 ' P1$,P2$,P3$,P4%: Datensatz mit 4 Datenfeldern im Dateipuffer
170 ' S%:        Satznummer zur direkten Adressierung (Direktzugriff)

180 REM ====== Anweisungsteil
190 OPEN "R", #1, "ARTDATEI", 23
200 FIELD #1, 2 AS P1$, 15 AS P2$, 2 AS P3$, 4 AS P4$
210 PRINT "Saetze schreiben (0=Ende)."
220 PRINT "Nummer, Bez., Bestand, Preis:"
230 INPUT A1, A2$, A3, A4

240 WHILE A1<>0
250    LSET P1$=MKI$(A1) : LSET P2$=A2$ : LSET P3$=MKI$(A3) : LSET P4$=MKS$(A4)
260    LET S = A1-1000  'Adressrechnung
270    PUT #1, S
280    PRINT "Nummer, Bez., Bestand, Preis:"
290    INPUT A1, A2$, A3, A4
300 WEND

310 CLOSE #1
320 RUN "DIREKT-M"
```

ein zwei Bytes langes Datenfeld für die Puffervariable P2$ re-
serviert wird (Puffervariablen sind stets vom Typ STRING).
Die Anweisung LSET setzt Werte linksbündig (L wie Left) in die
entsprechende Puffervariable. Da Puffervariablen STRINGs sind,
müssen numerische Werte umgewandelt werden. Dazu verwenden wir
die Funktionen MKI$, MKS$ und MKD$. 90 LSET P1$=MKI$(1002) be-
wirkt z.B. folgendes: Wandle die INTEGER-Zahl 1002 in einen
STRING der Länge 2 um und setze diesen linksbündig in die Puffervariable P1$.

Zum direkten Lesen mittels GET:
Mit der Anweisung GET können wir umgekehrt einen Datensatz aus
der Datei direkt lesen und in den Dateipuffer setzen.
100 GET #1,34 setzt z.B. den 34. Datensatz von Datei 1 in den
Dateipuffer. Bevor wir uns den Datensatz ausgeben lassen können, müssen wir die STRINGS in den Puffervariablen ggf. wieder
in numerische Wette zurückverwandeln. Dafür benutzen wir die
Funktionen CVI, CVS und CVD. Ein Beispiel: 200 LET A1=CVI(P1$)
wandelt den 2-Zeichen-STRING in Puffervariable P1$ in eine
INTEGER-Zahl um.

Codierung zu Programm DIREKT-F:


```
100 REM ====== Programm DIREKT-F
110 'Fortschreibungsprogramm (F): Einen Satz aus der Artikeldatei
120 'suchen, zeigen und seinen Bestand aendern, d.h. fortschreiben.

130 REM ====== Vereinbarungsteil
140 ' ARTDATEI:  Direktzugriff-Datei
150 ' A1, A2$, A3, A4: Datensatz mit 4 Datenfeldern im Programm
160 ' P1$,P2$,P3$,P4%: Datensatz mit 4 Datenfeldern im Dateipuffer
170 ' SUCH:       Artikelnummer als Suchbegriff zur Aenderung
180 ' S:          Satznummer zur direkten Adressierung

190 REM ====== Anweisungsteil
200 OPEN "R", #1, "ARTDATEI", 23
210 FIELD #1, 2 AS P1$, 15 AS P2$, 2 AS P3$, 4 AS P4$
220 PRINT "Nr. zur Fortschreibung?" : INPUT SUCH
230    LET S = SUCH - 1000
240    ON ERROR GOTO 360
250    GET #1, S
260    LET A1=CVI(P1$): LET A2$=P2$: LET A3=CVI(P3$): LET A4=CVS(P4$)
270    PRINT "Artikelnummer: "; A1
280    PRINT "Bezeichnung:     ";A2$
290    PRINT "Bestandsmenge: "; A3
300    PRINT "Stueckpreis:    "; A4
310 INPUT "Bestandaenderung +- "; ZUAB
320 LET A3 = A3 + ZUAB              'Fortschreibung des Bestandes
330    LSET P3$=MKI$(A3)
340    PUT #1, S
350 PRINT "Fortgeschrieben auf"; A3; "."

360 IF ERR>0 THEN PRINT "... Fehlanzeige fuer"; SUCH
370 CLOSE #1
380 RUN "DIREKT-M"
```

```
1) DATEI EROEFFNEN UND DATEIPUFFER AUFTEILEN

190 OPEN "R", #1, "ARTDATEI", 23    Datensatzlänge 23 fest.
200 FIELD #1, 2 AS P1$, 15 AS P2$, 2 AS P3$, 4 AS P4$
                                    Dateipuffer mit 4 Feldern.


2) DATENSATZ MIT SATZNUMMER 19 DIREKT SCHREIBEN

300 LSET P1$=MKI$(1019): LSET P2$="IRIS"     Satz linksbündig
310 LSET P3$=MKI$(80)  : LSET P4$=MKS$(9.55) in Dateipuffer
320 PUT #1, 19                               setzen und dann
                                             schreiben.

3) DATENSATZ MIT SATZNUMMER 2 DIREKT LESEN

500 GET #1, 2                                Satz lesen und
510 LET A1=CVI(P1$) : LET A2$=P2$            aus Dateipuffer
520 LET A3=CVI(P3$) : LET A4=CVS(P4$)        in die Satzvari-
530 PRINT "2. Satz: ";A1,A2$,A3,A4           ablen bringen.
```

Über den Dateipuffer direkt lesen und direkt schreiben

Codierung zu Programm DIREKT-L:

```
100 REM ====== Programm DIREKT-L
110 'Leseprogramm (L): Einen oder mehrere Saetze aus der Artikeldatei
120 'direkt lesen (Adressrechnung: SatzNr = Suchbegriff - 1000).

130 REM ====== Vereinbarungsteil
140 ' ARTDATEI:  Direktzugriff-Datei
150 ' A1, A2$, A3, A4: Datensatz mit 4 Datenfeldern im Programm
160 ' P1$,P2$,P3$,P4%: Datensatz mit 4 Datenfeldern im Dateipuffer
170 ' SUCH        Artikelnummer als Suchbegriff
180 ' S:          Satznummer zur direkten Adressierung

190 REM ====== Anweisungsteil
200 OPEN "R", #1, "ARTDATEI", 23
210 FIELD #1, 2 AS P1$, 15 AS P2$, 2 AS P3$, 4 AS P4$
220 INPUT "Artikelnummer (Ende=negativ)"; SUCH
230 WHILE SUCH >1000
240    LET S = SUCH - 1000
250    ON ERROR GOTO 340
260    GET #1, S
270    LET A1=CVI(P1$): LET A2$=P2$: LET A3=CVI(P3$): LET A4=CVS(P4$)
280    PRINT "Artikelnummer: "; A1
290    PRINT "Bezeichnung:     ";A2$
300    PRINT "Bestandsmenge: "; A3
310    PRINT "Stueckpreis:     "; A4
320    PRINT : PRINT "Artikelnummer (Ende=neg.)?" : INPUT SUCH
330 WEND

340 IF ERR>0 THEN PRINT "... nicht gefunden." : RESUME 320
350 CLOSE #1
360 RUN "DIREKT-M"
```

3.11.4 Direkte Adressierung des Datensatzes

Artikel 1019 ist als 19. Satz in der Artikeldatei gespeichert,
Artikel 1001 als 1. Satz, Artikel 1034 als 34. Satz. Die zeit-
liche Reihenfolge der Speicherung spielt keine Rolle. Solange
z.B. für den 'dazwischengehörenden' Artikel 1007 kein Satz gespeichert ist, bleibt der eentsprechende Speicherplatz auf der
Diskette eben leer - es entstehen L ü c k e n . Die schlechte
Ausnutzung der Speicherplatzes ist sicher ein Nachteil der Direktzugriff-Datei.

```
Ausführung zu Programm DIREKT-M:     Wahl 1-5? 4
                                     Nr. zur Fortschreibung?
                                     ? 1019
                                     Artikelnummer:  1019
*1 = Neue Datei anlegen   *          Bezeichnung:    IRIS
*2 = Datensaetze schreiben*          Bestandsmenge:  80
*3 = Datensaetze lesen    *          Stueckpreis:    9.55
*4 = Bestand fortschreiben*          Bestandaenderung +- ? -13
*5 = Dateizugriff beenden *          Fortgeschrieben auf 67 .
Wahl 1-5? 1
Dateiname? ARTDATEI
Wirklich loeschen und anlegen?       *1 = Neue Datei anlegen   *
j                                    *2 = Datensaetze schreiben*
Datei ARTDATEI geloescht.            *3 = Datensaetze lesen    *
Datei ARTDATEI neu eroeffnet.        *4 = Bestand fortschreiben*
Leersaetze auf Datei schreiben?      *5 = Dateizugriff beenden *
n                                    Wahl 1-5? 3
                                     Artikelnummer (Ende=negativ)? 1002
                                     Artikelnummer:  1002
*1 = Neue Datei anlegen   *          Bezeichnung:    ORCHIDEE
*2 = Datensaetze schreiben*          Bestandsmenge:  50
*3 = Datensaetze lesen    *          Stueckpreis:    27.5
*4 = Bestand fortschreiben*
*5 = Dateizugriff beenden *          Artikelnummer (Ende=neg.)?
Wahl 1-5? 2                          ? 1019
Saetze schreiben (O=Ende).           Artikelnummer:  1019
Nummer, Bez., Bestand, Preis:        Bezeichnung:    IRIS
? ORCHIDEE,                          Bestandsmenge:  67
?Redo from start                     Stueckpreis:    9.55
? 1002,ORCHIDEE,50,27.50
Nummer, Bez., Bestand, Preis:        Artikelnummer (Ende=neg.)?
? 1001,CLEMATIS,30,19.25             ? 50000
Nummer, Bez., Bestand, Preis:        ... nicht gefunden.
? 1019,IRIS,80,9.55
Nummer, Bez., Bestand, Preis:        Artikelnummer (Ende=neg.)?
? 1011,LILIE,25,14.05                ? -1
Nummer, Bez., Bestand, Preis:
? 0,0,0,0                            *1 = Neue Datei anlegen   *
                                     *2 = Datensaetze schreiben*
*1 = Neue Datei anlegen   *          *3 = Datensaetze lesen    *
*2 = Datensaetze schreiben*          *4 = Bestand fortschreiben*
*3 = Datensaetze lesen    *          *5 = Dateizugriff beenden *
*4 = Bestand fortschreiben*          Wahl 1-5? 5
*5 = Dateizugriff beenden *          Ende.
```

Der Zusammenhang
"Satznummer S ergibt sich aus Artikelnummer A1 minus 1000"
wird als A d r e ß r e c h n u n g bezeichnet. Diese Adreßrechnung stellt einen umkehrbaren Zusammenhang zwischen der
Artikelnummer als Ordnungsbegriff einerseits und der relativen
Satznummer als Speicherort andererseits her. 'Umkehrbar', weil
aus der Satznummer (z.B. 119. Satz) die zugehörige Artikelnummer abgeleitet werden kann (also 1119). Man bezeichnet diese
umkehrbare Adreßrechnung als d i r e k t e Adressierung.

Die Adreßrechnung muß v o r dem Dateizugriff vorgenommen werden, d.h. v o r jeder PUT- oder GET-Anweisung:
- In Programm DIREKT-S bewirken die Anweisungen
      260 LET S=A1-1000
      270 PUT #1, S   ,
  daß nach Berechnung der Satznummer S in Zeile 260 (für Artikelnummer A1=1019 z.B. wird S=19) der Datensatz als 19. Satz
  direkt in die ARTDATEI geschrieben wird.
- In Programm DIREKT-L bewirkt die Anweisungsfolge
      240 LET S=SUCH-1000
      260 GET #1, S
  dementsprechend, daß nach Ermittlung der Satzadresse S aus
  dem Suchbegriff SUCH der S. Datensatz direkt gelesen wird.
- In Programm DIREKT-F wird nach der Adreßrechnung in 230 zunächst in 250 ein Satz gelesen, um diesen nach der Bestands-
  fortschreibung in 340 an dieselbe Stelle S wieder zurückzu-
  schreiben.
- In Programm DIREKT-A werden zum Schreiben von Leersätzen die
  Satznummern nicht über eine Adreßrechnung gewonnen, sondern
  über die Anweisung 330 FOR S=1 TO ANZ mit Satzzahl ANZ.

Struktogramm zum Leseprogramm DIREKT-L:

ARTDATEI eröffnen als Direktzugriff-Datei	
Zu suchende Artikelnummer SUCH eintippen	
Solange SUCH größer als 1000 ist, wiederhole	
Adreßrechnung durchführen: S = SUCH - 1000	
Artikelsatz mit Satznummer S direkt lesen	
gefunden (kein ERROR)?	
ja	nein
Satzkomponenten A1,A2$,A3 und A4 zeigen	Fehlerhinweis ausgeben
Den nächsten Suchbegriff SUCH eintippen	
ARTDATEI unverändert wieder schließen	

3.11.5 Indirekte Adressierung des Datensatzes

Ein Beispiel: Kleinste Artikelnummer 1, größte Artikelnummer
300000, insgesamt 2000 Artikel im Sortiment, "SatzNr = ArtNr"
als Adreßrechnung. Für die nur 2000 Artikel müssten 300000 Ar-
tikelsätze in der Datei bereitgestellt werden. Dieses Adreß-
rechnungsverfahren der d i r e k t e n Adressierung ist un-
geeignet. Aus diesem Grunde wird bei Streuung des Ordnungsbe-
griffs ein Verfahren der i n d i r e k t e n Adressierung
gewählt wie z.B. das Divisions-Rest-Verfahren. Dabei entsteht
das Problem, daß für zwei Ordnungbegriffe dieselbe Satznummer
berechnet wird; es kommt zur Doppelbelegung bzw. Überläufern,
die natürlich gesondert gespeichert werden müssen.
Im Zusammenhang mit der indirekten Adressierung spricht man
auch von H a s h i n g (übersetzt: etwa 'Mischmasch') bzw.
vom Hash-Code.

```
DIREKTE ADRESSIERUNG:
- Adreßrechnung "SatzNr = ArtNr - 1000" ergibt für ArtNr
  1010, 1045, 1002, ... die SatzNr 10, 45, 2 ...
- Adreßrechnung "SatzNr = PersNr" ergibt für die PersNr
  100187, 6745, 23, ... die Satznr 100187, 6745, 23, ...
- Aus dem Ordnungsbegriff läßt sich die Satznummer errechnen
  und umgekehrt aus der Satznummer der Ordnungsbegriff.
- Lücken im Ordnungsbegriff führen zu Lücken in der Datei.

INDIREKTE ADRESSIERUNG:
- Adreßrechnung "Divisions-Rest-Verfahren" als Beispiel:
  Ordnungsbegriff durch Satzanzahl der Datei (=1200) teilen.
  ArtNr 10800 ergibt SatzNr 1 / ArtNr 1453 ergibt SatzNr 254
  10800:1200=9 Rest 0+1 = 1    / 1453:1200=1 Rest 253+1 = 254
- Aus der Satznummer läßt sich der Ordnungsbegriff nicht
  eindeutig zurückrechnen (Problem der Überläufer).
- Ziel: Weit verstreute Ordnungsbegriffe (z.B. ArtNr) zu eng
  beieinanderliegenden Satzadressen (SatzNr) verdichten.
```

Zwei Adreßrechnungs-Arten: Direkte und indirekte Adressierung

Struktogramm zum Schreibprogramm DIREKT-S:

Artikeldatei namens ARTDATEI eröffnen
Satz eintippen und den Variablen A1,A2$,A3,A4 zuweisen
Solange Artikelnummer A1 ungleich : ist, wiederhole
Satz A1,A2$,A3,A4 in Dateipuffer P1$,P2$,P3$,P4$ setzen
Adreßrechnung: Satznummer S = Artikelnummer A1 - 1000
Inhalt des Dateipuffers nach ARTDATEI schreiben
Datensatz nach A1,A2$,A3,A4 eintippen
ARTDATEI erweitert wieder schließen

Die indirekte Adressierung ist auch stets dann angezeigt, wenn
ein k l a s s i f i z i e r e n d e r Ordnungsbegriff angewendet wird. Als Beispiel betrachten wir eine Artikelnummer.

```
Position: Inhalt:    Bedeutung:

 1 - 2    AA-ZZ      Zwei Anfangsbuchstaben des Artikelnamens
 3 - 4    Zahl       Lagerstelle
 5 - 7    Zahl       Nummer des Lieferanten
  8       Ziffer     Nummer für identische Positionen 1-7

Die Artikelnummern HA093320 (Hammer, Lagerstelle 9, Lieferan-
tennummer 332) und ME421000 (Meisel, Lagerstelle 42, Lieferan-
tennummer 100) können nur indirekt adressiert gelesen werden.
```

    Artikelnummer als klassifizierender Ordnungsbegriff

3.12 Index-sequentielle Datei (Kundendatei)

In Abschnitt 1.3.5.1 hatten wir eine Kundendatei dargestellt,
auf die über eine Indexdatei als Inhaltsverzeichnis zugegriffen wurde. Diese Kundendatei wollen wir in der Sprache MBASIC
programmieren, um daran die index-sequentielle Dateiorganisation zu demonstrieren.
Zum Begriff 'index-sequentiell' eine Anmerkung: Die Terminologie ist dabei nicht einheitlich. Der über eine Indexdatei vor-
genommene Dateizugriff wird auch als K e y - R a n d o m -
Dateiorganisation bezeichnet mit dem 1. Zugriff über einen Index (Key) und dem 2. Zugriff direkt (Random), während dann die
i n d e x - s e q u e n t i e l l e Dateiorganisation auf
den Magnetplattenstapel ausgerichtet ist. ISAM für 'Index Se-
quential Access Method' entspricht dieser Begriffsauslegung.

```
Datendatei namens          Zusätzliche Indexdateien namens
 KUNDATEI:                    INDDATEI:          INDS:


K/P1$ K$/P2$      U/P3$      K/P4$  S/P5$      K/P6$  S/P7$

 104 MAUCHER     295.60       104    1           101    2
 101 FREI       6500.00       101    2           104    1
 110 AMANN      1018.75       110    3           109    4
 109 HILDEBRANDT 4590.05      109    4           110    3

Datensatz mit vielen       Indexsatz mit zumeist nur zwei
Datenfeldern (hier 3).     Datenfeldern (Schlüssel, Adresse).

Zur Variablenbezeichnung K/P1$:
K=Kundennummer im Programm;   P1$=Kundennummer in Dateipuffer
```

  Eine (umfangreiche) Datendatei und zwei (kurze) Indexdateien

3.12.1 Trennung von Datendatei und Indexdatei(en)

Die Programme INDSEQ-S, INDSEQ-L und INDSEQ-T (S=Schreiben, L=Lesen, T=SorTiren) verwalten eine index-sequentiell organisierte Datei.
Betrachten wir zunächst die Ausführungen:
Über das Schreibprogramm INDSEQ-S werden vier Kunden 104, 101, 110 und 109 über Tastatur eingegeben und auf eine Kundendatei geschrieben. Jeder Kundensatz besteht aus Kundennummer, Name und Umsatz. Parallel hierzu wird im Indexsatz die Kundennummer mit der zugehörigen Satznummer in eine Indexdatei geschrieben.

```
RUN                                                 LOAD "INDSEQ-S"
Kundendatei index-sequentiell beschreiben.          Ok
Kundendatei: Name, Laufwerk? KUNDATEI, A
Indexdatei:  Name, Laufwerk? INDDATEI, A
Datei loeschen und neu beschreiben? ja
Kundennummer, Name, Umsatz (0=Ende)?
? 104, MAUCHER, 295.6
Kundennummer, Name, Umsatz (0=Ende)?
? 101, FREI, 6500
Kundennummer, Name, Umsatz (0=Ende)?
? 110, AMANN, 1018.75
Kundennummer, Name, Umsatz (0=Ende)?
? 109, HILDEBRANDT, 4590.05
Kundennummer, Name, Umsatz (0=Ende)?
? 0,0,0
Ende des Schreibens.


RUN                                                 LOAD "INDSEQ-L"
Index-sequentiell lesen.                            Ok
Kundendatei: Name, Laufwerk? KUNDATEI, A
Indexdatei:  Name, Laufwerk? INDDATEI, A


Nummer:  Kundenname:        Umsatz:
104      MAUCHER             295.60
101      FREI               6500.00
110      AMANN              1018.75
109      HILDEBRANDT        4590.05


RUN                                                 LOAD "INDSEQ-T"
Index nach Kundennummern sortieren.                 Ok
Unsortierte Indexdatei: Name, Laufwerk? INDDATEI,A
Sortierte Indexdatei: Name, Laufwerk? INDS,A
 5 Saetze in Indextabelle I gelesen.
Indextabelle I aufsteigend sortiert.


Als sortierte Indexdatei gespeichert:
Schluesselfeld (KundNr.):   Adressfeld (SatzNr):
                 0                      5
               101                      3
               104                      2
               109                      5
               110                      4
Ende.
```

Im Anschluß an Programm INDSEQ-S wird Programm INDSEQ-L zur
Ausführung gebracht: Der Reihe nach -sequentiell- wird der jeweils nächste Indexsatz gelesen und sodann über die Satznummer auf den Datensatz der Kundendatei zugegriffen. Genau denselben Ausdruck hätten wir erhalten, wenn die Kundendatei rein
seriell o h n e Zugriff über die Indexdatei gelesen worden
wäre (seriell = lesen wie gespeichert).
Danach laden wir das Sortierprogramm INDSEQ-T, um den Index in
den Hauptspeicher zu lesen, dort zu sortieren und dann in eine
sortierte Indexdatei namens INDS zu schreiben.
Abschließend wird in einem vierten Schritt erneut das Programm
INDSEQ-L ausgeführt: Jetzt werden die Kundensätze aufsteigend
nach der Kundennummer sortiert aufgelistet, da als Indexdatei
die Datei INDS angegeben wurde.

Die Ausführung zu den drei Programmen INDSEQ-S, INDSEQ-L sowie
INDSEQ-T zeigt, daß bei index-sequentieller Organisation zu
der e i n e n Kundendatei (zur Unterscheidung auch Datendatei oder Hauptdatei genannt) m e h r e r e Indexdateien angelegt werden können.

3.12.2 Zugriff über unsortierte Indexdatei

Die unsortierte Indexdatei wird über das Programm INDSEQ-S erstellt. Der Zugriff über diesen Index erfolgt dann durch das
Programm INDSEQ-L.

Zunächst zur Codierung des Schreibprogramms INDSEQ-S:
Mit der Kundendatei wird auch eine Indexdatei eröffnet (Zeilen
270 bis 300). Beide Dateien werden mit dem Parameter "R" zwar
als Random-Dateien eröffnet, später aber rein sequentiell beschrieben:
```
     370 LET S=S+1        Sequentiell den nächsten Satz S
     390 PUT #1, S        auf Kunden- wie Indexdatei schreiben.
     410 PUT #2, S
```
Wir wählen diese Vorgehensweise, um später die Satzanzahl als
1. Satz mittels 460 PUT #2,1 speichern zu können.

Ausführungsbeispiel mit folgender Programmfolge:
1. Über Programm INDSEQ-S vier Kunden speichern
2. Über Programm INDSEQ-L die Kunden wie gespeichert lesen
3. Über Programm INDSEQ-T die Indexdatei sortieren
4. Über Programm INDSEQ-L die Kunden sortiert lesen


```
RUN                                    LOAD "INDSEQ-L"
Index-sequentiell lesen.               Ok
Kundendatei: Name, Laufwerk? KUNDATEI, A
Indexdatei:  Name, Laufwerk? INDS, A

Nummer:   Kundenname:        Umsatz:
101       FREI               6500.00
104       MAUCHER             295.60
109       HILDEBRANDT        4590.05
110       AMANN              1018.75
```

Nach dem Schreiben des nächsten Kundensatzes (K,K\$,U) auf die
Kundendatei (in Zeile 390), wird dessen Kundennummer K und die
Satznummer S als Indexsatz (K,S) in der Indexdatei abgelegt.
Nach Beenden der Schreibschleife 360 WHILE..440 WEND wird die
Satzzahl S als 1. Satz auf die Indexdatei geschrieben (460).
Im Sortierprogramm INDSEQ-T brauchen wir diesen Wert.

Nun zur Codierung des Leseprogramms INDSEQ-L:
Nach dem Eröffnen der Kundendatei sowie der Indexdatei (Zeilen
190 bis 240) wird der jeweils nächste Indexsatz gelesen (Zeile
280: sequentieller Zugriff auf die Indexdatei), um sodann über
die Satznummer S den zugehörigen Kundensatz einzulesen (Zeile
300: Direktzugriff auf die Kundendatei).
Der index-sequentielle Dateizugriff erfolgt also stets in zwei
Stufen: 1. Zugriff sequentiell auf die Indexdatei, 2. Zugriff
direkt auf die entsprechende Datendatei.

Codierung zum Leseprogramm INDSEQ-L:

```
100 REM ====== Programm INDSEQ-L"
110 PRINT "Index-sequentiell lesen."

120 REM ====== Vereinbarungsteil
130 'F$, FI$: Name der Kundendatei und der zugehoerigen Indexdatei
140 'L$, LI$: Namen der Laufwerke (A bzw. B)
150 'K,K$,U:  Datensatz der Kundendatei mit den drei Datenfeldern
                Kundennummer (K), Kundenname (K$) und Umsatz (U)
160 'K,S:     Datensatz der Indexdatei mit den zwei Datenfeldern
                K (Schluesselfeld) und Satznummer S (Adressfeld)
170 'Hinweis: Satzanzahl bzw. -zeiger S als 1. Indexsatz gespeichert

180 REM ====== Anweisungsteil
190 INPUT "Kundendatei: Name, Laufwerk"; F$,L$
200 INPUT "Indexdatei:  Name, Laufwerk"; FI$, LI$
210   OPEN "R", #1, L$+":"+F$, 20
220   FIELD #1, 2 AS P1$, 14 AS P2$, 4 AS P3$
230   OPEN "R", #2, LI$+":"+FI$, 4
240   FIELD #2, 2 AS P4$, 2 AS P5$

250 PRINT : PRINT "Nummer:  Kundenname:        Umsatz:"
260 ON ERROR GOTO 340
270 FOR I=2 TO 9999
280   GET #2, I
290   LET S=CVI(P5$)
300   GET #1, S
310   LET K=CVI(P1$): LET K$=P2$: LET U=CVS(P3$)
320   PRINT USING "###      \              \ #####.##"; K,K$,U
330 NEXT I

340 CLOSE : END
```

3.12.3 Zugriff über sortierte Indexdatei

Das Programm INDSEQ-T erstellt eine sortierte Indexdatei, über
die dann mit dem Programm INDSEQ-L die Kunden nach Kundennummern sortiert gelesen werden können.
Zur Codierung von Programm INDSEQ-T:
Zuerst wird die gesamte externe Indexdatei in eine interne Indextabelle namens I(,) eingelesen (FOR-Schleife in Zeilen
300-330.
Dann sortieren wir die Tabelle intern nach dem Sortierverfahren 'Bubble Sort' (vgl. Abschnitt 3.9.3) nach Kundennummern in

Codierung zum Schreibprogramm INDSEQ-S:

```
100 REM ====== Programm INDSEQ-S
110 PRINT "Kundendatei index-sequentiell beschreiben."

120 REM ====== Vereinbarungsteil
130 'F$, FI$: Name der Kundendatei und der zugehoerigen Indexdatei
140 'L$, LI$: Namen der Laufwerke (A bzw. B)
150 'K,K$,U:  Variablen mit den 3 Datenfeldern Kundennummer (K),
             Name (K$) und Umsatz (U) des Kundensatzes
160 'K, S:    Variablen mit den 2 Datenfeldern Kundennummer (Schluessel-
             feld) und Satznummer (Adressfeld) des Indexsatzes
170 'Hinweis: Satzanzahl bzw. -zeiger S als 1. Indexsatz gespeichert

180 REM ====== Anweisungsteil
190 INPUT "Kundendatei: Name, Laufwerk"; F$,L$
200 INPUT "Indexdatei:  Name, Laufwerk"; FI$, LI$
210 INPUT "Datei loeschen und neu beschreiben"; E$
220 IF LEFT$(E$,1)<>"j" THEN 270 ELSE 230
230   ON ERROR GOTO 250
240   KILL F$ : KILL FI$
250   IF ERR>0 THEN RESUME 260
260   LET S=1          'Satzzeiger auf Position 1 stellen
270   OPEN "R", #1, L$+":"+F$, 20
280   FIELD #1, 2 AS P1$, 14 AS P2$, 4 AS P3$
290   OPEN "R", #2, LI$+":"+FI$, 4
300   FIELD #2, 2 AS P4$, 2 AS P5$
310   IF LEFT$(E$,1)="j" THEN 340
320   GET #2, 1
330   LET K=CVI(P4$) : LET S=CVI(P5$)

340 PRINT "Kundennummer, Name, Umsatz (0=Ende)?"
350 INPUT K,K$,U
360 WHILE K<>0
370   LET S = S+1      'naechsten Satz (sequentiell) schreiben
380   LSET P1$=MKI$(K) : LSET P2$=K$ : LSET P3$=MKS$(U)
390   PUT #1, S
400   LSET P4$=P1$ : LSET P5$=MKI$(S)
410   PUT #2, S
420   PRINT "Kundennummer, Name, Umsatz (0=Ende)?"
430   INPUT K,K$,U
440 WEND

450 LSET P4$=MKI$(0)  'Satzanzahl als 1. Satz auf Indexdatei
460 PUT #2, 1
470 CLOSE
480 PRINT "Ende des Schreibens." : END
```

aufsteigender Folge (350-450).
Im Anschluß daran legen wir die Indextabelle I in einer Indexdatei namens INDS auf Diskette ab (ab 460).
Wie das Ausführungsbeispiel zu Programm INDSEQ-L zeigt, erhält
man jetzt beim Lesen über diese Indexdatei INDS eine Kunden-
liste, die nach Kundennummern aufsteigend sortiert ist.

```
100 REM ====== Programm INDSEQ-T
110 PRINT "Index nach Kundennummern sortieren."

120 REM ====== Vereinbarungsteil
130 'F1$, F2$: Namen der unsortierten bzw. sortierten Indexdatei
140 'L1$, L2$: Namen der Diskettenlaufwerke
150 'P4$, P5$: Indexsatz im Dateipuffer von F1$
160 'P6$, P7$: Indexsatz im Dateipuffer von F2$
170 'I(S,2):   Zweidimensionaler Array als Intextabelle mit
               S Zeilen bzw. Indexsaetzen sowie
               2 Spalten (1. Kundennummer und 2. Satznummer)
180 'S:        Anzahl der Indexsaetze (im 1. Satz abgelegt)
190 'SORTIEREN: Hilfsvariable zur Schleifensteuerung

200 REM ====== Anweisungsteil
210 INPUT "Unsortierte Indexdatei: Name, Laufwerk"; F1$, L1$
220 OPEN "R", #1, L1$+":"+F1$, 4
230 FIELD #1, 2 AS P4$, 2 AS P5$
240 INPUT "Sortierte Indexdatei: Name, Laufwerk"; F2$, L2$
250 OPEN "R", #2, L2$+":"+F2$, 4
260 FIELD #2, 2 AS P6$, 2 AS P7$
270 GET #1, 1            'Satzanzahl S aus 1. Satz der Datei lesen
280 LET S=CVI(P5$)
290 DIM I(S,2)           'Indextabelle I dynamisch dimensionieren
300 FOR Z=1 TO S         'Index aus Datei in Tabelle I einlesen
310   GET #1, Z
320   LET I(Z,1) = CVI(P4$) : LET I(Z,2) = CVI(P5$)
330 NEXT Z
340 PRINT S;" Saetze in Indextabelle I gelesen."

350 LET SORTIEREN=1     'Indextabelle intern sortieren (Bubble Sort)
360 WHILE SORTIEREN
370   FOR Z=2 TO (S-1)
380     LET SORTIEREN=0
390     IF I(Z,1)<=I(Z+1,1) THEN 430 ELSE 400
400        SWAP I(Z,1), I(Z+1,1)
410        SWAP I(Z,2), I(Z+1,2)
420        LET SORTIEREN=0
430   NEXT Z                 Codierung zum Sortierprogramm INDSEQ-T
440 WEND
450 PRINT "Indextabelle I aufsteigend sortiert."

460 PRINT               'Sortierte Indextabelle in Datei schreiben
470 PRINT "Als sortierte Indexdatei gespeichert:"
480 PRINT "Schluesselfeld (KundNr.):   Adressfeld (SatzNr):"
490 FOR Z=1 TO S
500   LSET P6$=MKI$( I(Z,1) ) : LSET P7$=MKI$( I(Z,2) )
510   PUT #2, Z
520   PRINT USING "           ###                   ###"; I(Z,1),I(Z,2)
530 NEXT Z
540 CLOSE : PRINT "Ende." : END
```

3.12.4 Primärindexdatei und Sekundärindexdateien

Wie zur Kundennummer können wir auch zum Kundennamen und zum
Kundenumsatz zusätzliche sortierte Indexdateien erstellen, um
über diese Indices dann die entsprechenden Drucklisten zu be-
kommen. Man bezeichnet diese Indexdateien als Sekundärindexdateien. Für eine Kundendatei mit 15 Datenfeldern je Satz können
wir eine Primärindexdatei (Ordnungsbegriff z.B. Kundennummer)
und maximal 14 Sekundärindexdateien erstellen. In jedem Falle
legt man nur zu solchen Datenfeldern Sekundärindices an, für
die man sortierte Drucklisten benötigt. Eine große Schwierig-
keit besteht darin, daß der Änderungsdienst neben der Datendatei selbst immer auch die Indexdatei(en) berücksichtigen muß.
Der große Vorteil der index-sequentiellen Datei besteht darin,
daß d i r e k t auf einen Satz sowie s e q u e n t i e l l
auf eine Satzfolge zugegriffen werden kann.

3.13 Verkettete Dateien

Nach der sequentiellen Datei, der Direktzugriff-Datei und der
index-sequentiellen Datei kommen wir jetzt zur vierten Organisationsform, der v e r k e t t e t e n Datei. Dabei können
die Datensätze innerhalb einer Datei verkettet sein oder aber
es sind mehrere Dateien untereinander verkettet.

3.13.1 Verkettung von Datensätzen innerhalb einer Datei

Das Prinzip der verketteten Speicherung über Zeiger haben wir
schon in Abschnitt 1.3.5.2 kennengelernt. Dabei wurden innerhalb einer Kundendatei in jedem Datensatz zwei zusätzliche Datenfelder mit Zeigern (sog. Zeigerfelder) angefügt.
Strukturiert man die Datensätze als 'Gekettete Liste (Linked
List)', dann werden damit ebenfalls Sätze innerhalb einer Datei verkettet. Auf die Datenstruktur der geketteten Liste werden wir in Abschnitt 3.14 eingehen.

3.13.2 Verkettete Dateien am Beispiel der Fakturierung

Das Prinzip der Verkettung läßt sich auch auf mehrere Dateien
anwenden: der Schlüssel des Datenfeldes einer Datei A wird als
Zeiger auf den Satz einer Datei B betrachtet. Die Verzeigerung
von Dateien wollen wir an einem Beispiel zur Fakturierung darstellen.

Die Tagesbestellungen werden in einer BESTELLDATEI erfaßt, gesammelt bzw. gestapelt, um z.B. abends zur Rechnungsschreibung
verwendet zu werden. Jeder Bestellsatz umfaßt u.a. die Datenfelder KUNDNR, ARTNR, ANZAHL des bestellten Artikels und DATUM
(vereinfachende Annahme: nur ein Artikel/Bestellung). Das Feld
KUNDNR wird als Z e i g e r auf die KUNDENDATEI aufgefaßt;

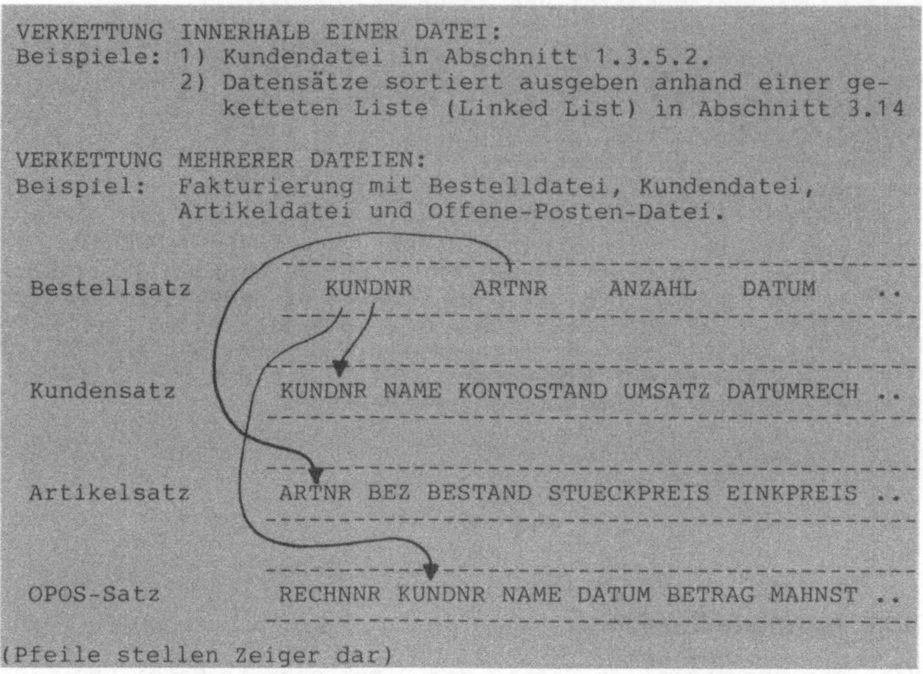

Verkettung von vier Dateien am Beispiel der Fakturierung

dieser Zeiger bewirkt, daß die entsprechenden Kundenstammdaten
verfügbar sind. Die ARTNR als Zeiger dient zur Verkettung der
ARTIKELDATEI: die zugehörigen Artikelangaben können jetzt auf
die Rechnung gedruckt werden. Die KUNDNR verkettet nicht nur
mit der KUNDENDATEI, sondern auch mit der OFFENE-POSTEN-DATEI
bzw. OPOS-DATEI. Damit kann man nachsehen, ob noch offene und
angemahnte Rechnungen vorliegen, um z.B. bei "MAHNSTUFE>2" besondere Zahlungsbedingungen auf der Rechnung zu vermerken.

3.13.3 Literaturdokumentation mit verketteten Dateien

Wenden wir uns dem weiten Gebiet der Literaturdokumentation
am Beispiel der Verwaltung von Büchern zu: Zunächst legen wir
eine BUCHDATEI mit fester Datensatzlänge an. Jeder Satz weist
Datenfelder wie Buchtitel, Verlag, ... auf und zusätzlich ein
Zeigerfeld, dessen Inhalt (Zeiger, Pointer) auf den logischer-
weise nachfolgenden Datensatz zeigt. Diese BUCHDATEI wird zunächst mit 10 Leersätzen (siehe Beispiel) als Direktzugriffda-
dei angelegt.
In einer zweiten AUTORENDATEI speichern wir die Namen von Ver-
fassern, wobei jeder Satz zwei zusätzliche Zeigerfelder mit
Verweisen auf die BUCHDATEI hat: Zeiger Z1 zeigt auf die erste
vom betreffenden Autor in der BUCHDATEI besetzte Satznummer,
und Zeiger Z2 auf den letzten besetzten Satz.
Das wiedergegebene Beispiel zeigt den Inhalt dieser verketteten Dateien zu Beginn leer (Zustand (A)), mit 3 Büchern von 2
Autoren (Zustand (B)) und mit 4 Büchern von 2 Autoren (Zustand
(C)).

Zu Zustand (A): Die BUCHDATEI ist leer angelegt. Im Datensatz
0 ist mit S0=1 die erste freie Satznummer sowie mit S1=10 die
letzte freie Satznr. vermerkt. Die Zeiger Z zeigen von Satz 1
bis Satz 10 (0=Kettenende) und bilden e i n e Vollkette. Die
AUTORENDATEI ist ebenfalls leer, für die beiden Zeiger Z1 und
Z2 werden keine Leerketten aufgebaut, sondern es ist jeweils 0
eingetragen.
Zu Zustand (B): Für Autor JANOSCH werden die beiden Buchtitel
GEBURTSTAG und HAU DEN LUKAS eingetragen. In Satz 0 der BUCH-
DATEI zeigt S0=4 nun auf den 4. Satz als ersten freien Satz,
da der Titel VATER U. SOHN von Autor PLAUEN als 3. Satz eingetragen ist. Die BUCHDATEI enthält drei Teilketten: Sätze 1-2
für JANOSCH, Satz 3 für PLAUEN sowie Sätze 4-10 leer. Satzende
wird jeweils durch Zeigerwert=null vermerkt, Satzanfang entweder durch Zeiger Z1 aus der AUTORENDATEI oder durch Zeiger Z
aus Satz 0 der BUCHDATEI selbst.
Zu Zustand (C): Zusätzlich wird das Buch GLIWI von JANOSCH gespeichert, und zwar als nächster freier Satz, d.h. als 4. Satz
in der BUCHDATEI. Andere Sätze werden n i c h t bewegt, sondern es werden nur Zeiger geändert. S0 wird von 4 auf 5 erhöht,
Z im 2. Buchsatz von 0 auf 4 gesetzt. In der AUTORENDATEI wird
Z2 für JANOSCH von 2 auf 4 geändert.

Auch andere Arten des Änderungsdienstes (Löschen, Titeländern)
werden ohne Bewegung der Sätze allein über Zeigervermerke verarbeitet.

```
BUCHDATEI:
  (A) Leer:              (B) 3 Bücher:            (C) 4 Bücher:

  0  1    10             0    4    10             0    5    10
  1  leer         2    ┌─►1   GEBURTSTAG    2┐    1   GEBURTSTAG    2┐
  2  leer         3    │ ►2   HAU DEN LUKAS 0    ►2   HAU DEN LUKAS 4┐
  3  leer         4    │  3   VATER U. SOHN 0   ┌ 3   VATER U. SOHN 0
  4  leer         5    │  4   leer          5   ►4   GLIWI          0
  5  leer         6    │  5   leer          6    5   leer           6
  6  leer         7    │  6   leer          7    6   leer           7
  7  leer         8    │  7   leer          8    7   leer           8
  8  leer         9    │  8   leer          9    8   leer           9
  9  leer        10    │  9   leer         10    9   leer          10
 10  leer         0    │ 10   leer          0   10   leer           0
Eine Kette:            │ Drei Ketten:            Drei Ketten:
1-10.                  │ 1-2, 3-3, 4-10.         1-2+4, 3-3, 5-10.
                       │
                       │
AUTORENDATEI:          │
  (A) Leer:            │ (B) 2 Autoren:          (C) 2 Autoren:
                       └ ─ ─ ─ ─ ─ ─ ─ ┐
  0  1    5             0   3    5      │        0   3    5
  1  leer      0  0     1   JANOSCH  1  2        1   JANOSCH  1  4
  2  leer      0  0     2   PLAUEN   3  3        2   PLAUEN   3  3
  3  leer      0  0     3   leer     0  0        3   leer     0  0
  4  leer      0  0     4   leer     0  0        4   leer     0  0
  5  leer      0  0     5   leer     0  0        5   leer     0  0
```

Verkettung von AUTORENDATEI zu BUCHDATEI sowie in BUCHDATEI

Das Beispiel verdeutlicht, daß oft beide Arten der Verkettung
gleichzeitig vorhanden sind: die Verkettung von Sätzen innerhalb einer Datei (hier in der BUCHDATEI) sowie die Verkettung
zwischen Dateien (hier von der AUTORENDATEI zur BUCHDATEI).

Die Verkettung von Dateien über Zeiger als eigens hierfür vor-
gesehene Datenfelder bringt besondere Probleme bei der Reorga-
nisation der einzelnen Datei (z.B. Löschen eines Datensatzes,
auf den von einer anderen Datei aus weiterhin mit einem Zeiger
verwiesen wird).
Je mehr Dateien man in einem Datenverwaltungs-System verkettet
(vgl. Abschnitt 1.3.5.5), umso dringlicher wird die Frage der
Einrichtung einer D a t e n b a n k (vgl. Abschnitt 1.3.5.6).

3.14 Gekettete Liste als Linked List (Namendatei)

Auf Daten einer Datei muß schnell zugegriffen werden können.
Geht man rein sequentiell bzw. seriell vor, so geht es zumeist
sehr langsam. Verfährt man gemäß dem 'Binären Suchen' (vgl.
Abschnitt 3.9.2), so setzt dies sortierte Daten voraus. Außerdem ist stets von neuem zu sortieren, wenn Daten hinzugefügt
werden. Anders formuliert: die Daten müssen hin- und herbewegt
werden.
Mit der g e k e t t e t e n   L i s t e (Linked List) sowie
dem b i n ä r e n   B a u m stehen zwei Datenstrukturen zur
Verfügung, bei denen neue Daten einfach hinten angehängt werden können, ohne den Gesamtdatenbestand wiederholt bewegen zu
müssen.

Wenden wir uns zunächst der g e k e t t e t e n   L i s t e
bzw. Linked List (to link = verbinden, ketten) als dynamischer
Datenstruktur (vgl. Abschnitt 1.3.2.3) zu. Das Programm namens
LILIST-M demonstriert, wie die Liste zur Verkettung von Datensätzen einer Namendatei verwendet wird. Zu jedem Namen wird
je ein Zeiger auf seinen Vorgänger (Vater) wie auch auf seinen
Nachfolger (Sohn) gespeichert.

3.14.1 Darstellung einer geketteten Liste

Stellen wir uns die 'Artikeldatei' eines etwas südlich gelege-
nen Obstbauern vor und lassen wir alle Datenfelder bis auf den
Obstnamen als Ordnungsbegriff weg, dann reduziert sich der Datensatz zur Namensangabe. Sind die sechs Namen BIRNE, KIRSCHE,
PFIRSICH, MIRABELLE, APFEL und PFLAUME in eine aufsteigende
Sortierfolge zu bringen, dann kann dies dadurch geschehen, daß
man die Sätze tatsächlich (physisch) umspeichert durch ein be-
stimmtes Sortierverfahren (vgl. Abschnitt 3.9.3). Wir wollen
die physische Speicherungsfolge aber behalten und dafür eine
logische Speicherungsfolge über ein Zeigerfeld aufbauen.

Jeder einzelne Datensatz der Namendatei besteht demzufolge aus
einem Namensfeld und einem Zeigerfeld. Eine aus diesen beiden
Komponenten bestehende Datenstruktur nennt man 'lineare gekettete L i s t e ', da man sie sich als Linie auflisten kann.

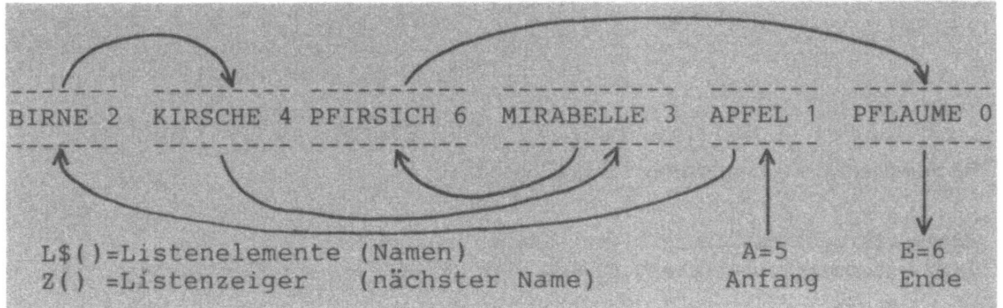

Graph einer linearen geketteten Liste mit 6 Elementen

Zur internen Speicherung der Namendatei: Im Speicher RAM legen
wir die Namen in einem Vektor L$() und die Zeiger in einem Vek-
tor Z() ab. In der Variablen A speichern wir den Anfangsindex

Tätigkeit:	L$( ):	Z( ):	A:	E
Leere Liste mit Menüwahl 1:	blanc	0	0	0
1. Namen vorne anfügen:	BIRNE	0	1	1
2. Namen hinten einfügen:	BIRNE	2		
	KIRSCHE	0	1	2
3. Namen hinten anhängen:	BIRNE	2		
	KIRSCHE	3		
	PFIRSICH	0	1	3
4. Namen dazwischen einfügen:	BIRNE	2		
	KIRSCHE	4		
	PFIRSICH	0		
	MIRABELLE	3	1	4
5. Namen vorne anfügen:	BIRNE	2		
	KIRSCHE	4		
	PFIRSICH	0		
	MIRABELLE	3		
	APFEL	1	5	5
6. Namen hinten anhängen:	BIRNE	2		
	KIRSCHE	4		
	PFIRSICH	6		
	MIRABELLE	3		
	APFEL	1		
	PFLAUME	0	5	6
L()=Listenelement Z()=Listenzeiger		A=Anfang		E=Ende

Aufbau einer geketteten Liste an einem 6-Schritt-Beispiel

der Liste und in E den Endeindex. Die Übersicht zeigt, welche
Inhalte diese zur Darstellung der geketteten linearen Liste in
MBASIC erforderlichen vier Variablen L$(), Z(), A, E annehmen,
wenn wir das Programm LILIST-M, wie im Ausführungsbeispiel wiedergegeben, laufen lassen.

Ausführung zu Programm LILIST-M:

Demonstration: Gekettete Liste (Linked
List) als dynamische Datenstruktur.

```
1    Leere Liste erzeugen
2    Neue Elemente eingeben
3    Liste logisch ausgeben
4    Liste physisch ausgeben
5    Datei mit Liste laden
6    Liste in Datei speichern
Ihre Wahl (0=Ende)? 1
Liste leer dimensioniert.

Weiter mit RETURN
1    Leere Liste erzeugen
2    Neue Elemente eingeben
3    Liste logisch ausgeben
4    Liste physisch ausgeben
5    Datei mit Liste laden
6    Liste in Datei speichern
Ihre Wahl (0=Ende)? 2
Neues Element (0=Ende)? BIRNE
Neues Element (0=Ende)? KIRSCHE
Neues Element (0=Ende)? PFIRSICH
Neues Element (0=Ende)? MIRABELLE
Neues Element (0=Ende)? APFEL
Neues Element (0=Ende)? PFLAUME
Neues Element (0=Ende)? 0

Weiter mit RETURN
1    Leere Liste erzeugen
2    Neue Elemente eingeben
3    Liste logisch ausgeben
4    Liste physisch ausgeben
5    Datei mit Liste laden
6    Liste in Datei speichern
Ihre Wahl (0=Ende)? 3
APFEL
BIRNE
KIRSCHE
MIRABELLE
PFIRSICH
PFLAUME

Weiter mit RETURN
```

```
1    Leere Liste erzeugen
2    Neue Elemente eingeben
3    Liste logisch ausgeben
4    Liste physisch ausgeben
5    Datei mit Liste laden
6    Liste in Datei speichern
Ihre Wahl (0=Ende)? 4
BIRNE       2
KIRSCHE     4
PFIRSICH    6
MIRABELLE   3
APFEL       1
PFLAUME     0

Weiter mit RETURN
1    Leere Liste erzeugen
2    Neue Elemente eingeben
3    Liste logisch ausgeben
4    Liste physisch ausgeben
5    Datei mit Liste laden
6    Liste in Datei speichern
Ihre Wahl (0=Ende)? 6
Dateiname? NAMDATEI
Liste auf NAMDATEI gespeichert.

Weiter mit RETURN
1    Leere Liste erzeugen
2    Neue Elemente eingeben
3    Liste logisch ausgeben
4    Liste physisch ausgeben
5    Datei mit Liste laden
6    Liste in Datei speichern
Ihre Wahl (0=Ende)? 0
Ende.
```

3.14.2 Erzeugen einer leeren Liste

Die Codierung zu Programm LILIST-M zeigt uns einen menügesteu-
erten Ablauf, der bewußt einfach gehalten wurde.
Unterprogramm 1000 erzeugt eine leere Liste: Anfang A und Ende
E der Liste werden auf 0 gesetzt und je hundert Listenelemente
L$() und Listenzeiger Z() dimensioniert.

Codierung zu Programm LILIST-M:

```
100 REM ====== Programm LILIST-M
110 PRINT "Demonstration: Gekettete Liste (Linked"
120 PRINT "List) als dynamische Datenstruktur." : PRINT

130 REM ====== Vereinbarungsteil
140 LET LOESCH$=CHR$(27)+CHR$(42)  'Bildschirm loeschen
150 ' L$(100):    Maximal 100 Elemente der linearen geketteten Liste
160 ' Z(100):     Maximal 100 Zeiger der linearen geketteten Liste
170 ' A, E:       Zeiger "Anfang der Liste" sowie "Ende der Liste"
180 ' H:          Hilfszeiger
190 ' I:          Laufvariable, Listenzeiger
200 ' F$:         Dateiname zur externen Speicherung der Liste
210 ' L$(I),Z(I):Datensatz mit zwei Datenfeldern Element und Zeiger
220 ' W, E$:      Hilfsvariablen fuer die Eingabe

230 REM ====== Anweisungsteil
240 PRINT "1    Leere Liste erzeugen"
250 PRINT "2    Neue Elemente eingeben"
260 PRINT "3    Liste logisch ausgeben"
270 PRINT "4    Liste physisch ausgeben"
280 PRINT "5    Datei mit Liste laden"
290 PRINT "6    Liste in Datei speichern"
300 INPUT "Ihre Wahl (0=Ende)"; W
310 IF W=0 THEN PRINT "Ende." : END
320 ON W GOSUB 1000,2000,4000,5000,6000,7000
330 PRINT : PRINT "Weiter mit RETURN"; : LET E$=INPUT$(1)
340 PRINT LOESCH$
350 GOTO 240

1000 LET A=0    'Anfang der Liste          IM INTERNSPEICHER
1010 LET H=0    'Hilfszeiger               LEERE LISTE ERZEUGEN
1020 LET I=0    'Listenzeiger zwischen A und A (Laufvariable)
1030 IF E<>0 THEN ERASE L$,Z    'Arrays loeschen zum Redimensionieren
1040 LET E=0    'Ende der Liste
1050   DIM L$(100)    'Liste mit den Listenelementen selbst
1060   DIM Z(100)     'Zeiger auf L$()
1070 PRINT "Liste leer dimensioniert."
1080 RETURN

2000 INPUT "Neues Element (0=Ende)"; E$   'NEUE LISTENELEMENTE EINGEBEN
2010 WHILE E$<>"0"
2020    LET E = E+1
2030    LET L$(E) = E$
2040    GOSUB 3000         'E$ einordnen
2050    INPUT "Neues Element (0=Ende)"; E$
2060 WEND
2070 RETURN
```

3.14.3 Eingeben eines neuen Listenelements

Das Unterprogramm 2000 von Programm LILIST-M enthält zwei Teile:
Zunächst wird die Liste verlängert (LET E=E+1) und das zusätzlich eingegebene Listenelement E$ am Ende der Liste angefügt
(LET L$(E)=E$). Dies ist ein sequentieller Schreibvorgang.
Dann werden die Listenzeiger gemäß der Sortierfolge neu eingeordnet. Dabei unterscheiden wir, ob das neue Element vorne
an die 1. Position angefügt wird (LET A=E) oder aber an einer
anderen Position.

Codierung zu LILIST-M (1. Fortsetzung):

```
3000 LET I=A                          'ELEMENT SORTIERT EINORDNEN
3010 IF E$<=L$(I) OR I=0 THEN 3050
3020     LET H = I
3030     LET I = Z(I)
3040 GOTO 3010
3050 IF I<>A THEN 3060 ELSE 3070
3060     LET Z(E)=I : LET Z(H)=E : GOTO 3080
3070     LET Z(E)=A : LET A=E
3080 RETURN


4000 LET I=A                          'LISTE IN SORTIERFOLGE AUSGEBEN
4010 WHILE I<>0
4020    PRINT L$(I)
4030    LET I = Z(I)
4040 WEND
4050 RETURN


5000 FOR I=1 TO E                     'LISTE IN SPEICHERFOLGE AUSGEBEN
5010    PRINT L$(I); TAB(10); Z(I)
5020 NEXT I
5030 RETURN


6000 GOSUB 1000    'Leere Liste.      LISTE IN INTERNSPEICHER LADEN
6010 INPUT "Von welcher Datei laden"; F$
6020 OPEN "I", #1, F$
6030 INPUT #1, A,E
6040 FOR I=1 TO E
6050    INPUT #1, L$(I), Z(I)
6060 NEXT I
6070 CLOSE #1
6080 PRINT "Liste aus ";F$;" geladen."
6090 RETURN


7000 INPUT "Dateiname"; F$            'LISTE EXTERN ABSPEICHERN
7010 OPEN "O", #1, F$
7020 PRINT #1, A;",";E
7030 FOR I=1 TO E
7040    PRINT #1, L$(I);",";Z(I)
7050 NEXT I
7060 CLOSE #1
7070 PRINT "Liste auf ";F$;" gespeichert."
7080 RETURN
```

3.14.4 Liste in Sortierfolge oder Speicherfolge ausgeben

In Sortierfolge ausgeben heißt, daß die Listenelemente in L$()
in der logischen Ordnung gezeigt werden, wie sie über die Zeiger vorgegeben ist. In Unterprogramm 4000 beginnt die Laufvariable I mit Anfangsindex A, um nach jeder Ausgabe PRINT L$(I)
durch die Anweisung 4030 LET I=Z(I) der Laufvariablen I den
Wert des aktuellen Zeigerfeldes zuzuweisen, der ja auf den als
Nachfolger auszugebenden Namen zeigt.

Die Sortierfolge ist eine rein logische Ordnung, da die Namen
in der Speicherfolge als physischer Ordnung durcheinander und
unsortiert in L$() abgelegt sind.
Die Ausgabe der Namen in der Speicherfolge erfolgt einfach mit
der Zählerschleife 5000 FOR I=1 TO E vom 1. bis zum letzten
bzw. E. Listenelement.

3.14.5 Gekettete Liste als Datei extern ablegen

Über Unterprogramm 7000 wird die in den beiden Arrays L$() und
Z() intern dargestellte Liste in eine Datei mit Namen NAMDATEI
geschrieben. Dabei wird der erste Satz der Datei wie üblich
für besondere Werte reserviert: für den Listenanfang A und für
das Listenende E (Zeile 7020).
Die NAMDATEI selbst ist als sequentielle Datei organisiert.

Das Unterprogramm 6000 liest die gesamte Namendatei dann wieder in den Hauptspeicher ein, wobei vor dem Lesevorgang zuerst
eine leere Liste erzeugt wird (Zeile 6000).
Wie diese beiden Unterprogramme zeigen, wird in unserem Demon-
strationsprogramm LILIST-M zur geketteten Liste der dateiweise
Datenverkehr praktiziert.

Auf einige L i s t e n o p e r a t i o n e n geht Programm
LILIST-M nicht ein. Wir wollen sie als Schrittfolge erklären:
- Ein Listenelement suchen (z.B. MIRABELLE):
     (1) LET I=A   Mit Angfangsindex A beginnen.
     (2) Mit I die Listenelemente entlanggehen, bis L$(I)=0
          ist (nicht gefunden) oder L$(I)=SUCH$ ist (gefunden).

- Ein Listenelement ändern (z.B. MIRABELLE in MIRABELLE1):
     (1) Wie beim Suchen oben.
     (2) Inhaltsänderung vornehmen.

- Ein Listenelement ändern (z.B. MIRABELLE in GUTEMIRABELLE):
          Entsprechend dem Einfügen eines neuen Elements.

- Ein Listenelement löschen:
     (1) LET H=LOESCH   Position des zu löschenden Namens.
     (2) LET I=H-1   Mit Zeiger I um 1 zurückgehen.
     (3) LET Z(I)=Z(H)   Z(I) zeigt auf Nachfolger des zu
          löschenden Elements. Damit wird L$(H) 'frei'.

- Zeiger I auf Listenanfang positionieren:
     LET I=A

- Zeiger I auf Listenende positionieren:
        LET I=E

- Zeiger I auf das Nachfolger-Element positionieren:
        LET I=Z(I)   Zeigerwert wird zum Index.

- Zeiger I auf das Vorgänger-Element positionieren:
      (1) LET H=I   Position merken.
      (2) LET I=A   I auf Listenanfang A setzen.
      (3) IF Z(I)=H THEN ... zeigt I auf Vorgänger.
      (4) LET I=Z(I)   Logisch nächstes Listenelement.
      (5) GOTO (3)   Wiederholung mit Schritt (3).

Gerade das Zurücksetzen des Zeigers auf das Vorgänger-Element
ist umständlich, weil hierbei nicht der physische, sondern der
logische Vorgänger zu suchen ist.

3.15 Binärer Baum (Nummerndatei)

Wie die im vorhergehenden Abschnitt dargestellte zeigerverkettete Liste (Linked List) gehört auch der B i n ä r b a u m
zu den dynamischen Datenstrukturen (vgl. Abschnitt 1.3.2.3).

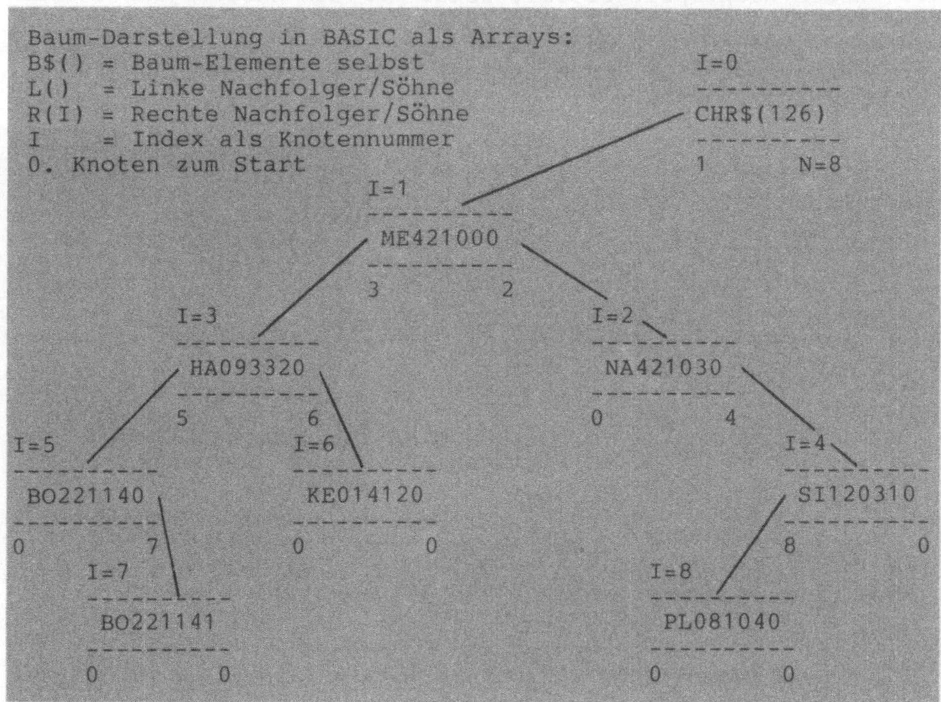

8 Artikelnummern als Binärbaum mit 8 Knoten strukturiert

Der Binärbaum unterscheidet sich von der verketteten Liste nur
dadurch, daß jedes Baumelement (Knoten = node) stets z w e i
Zeiger hat: einen linken und einen rechten Nachfolger-Zeiger.
Es gibt viele Arten von Bäumen. Wir gehen nur auf binäre Bäume
in ihrer einfachsten Ausprägung ein.

3.15.1 Graphische Darstellung eines Binärbaumes

Wie das Beispiel eines 8-Knoten-Baumes zeigt, zeichnet man den
Binärbaum zumeist auf dem Kopf stehend, also mit dem Baumstamm
bzw. der Wurzel (root) nach oben. Der Wurzelknoten ME421000
hat zwei Zeiger 3 und 2, die auf den linken (Knoten 3) und den
rechten Nachfolger (Knoten 2) verweisen. Oder anders: die Zeiger weisen auf weitere Bäume, auf einen linken Teilbaum sowie
einen rechten Teilbaum. Ein Zeigerwert 0 bedeutet 'kein Nachfolger'. Dabei sind Nachfolger Söhne und Vorgänger Väter.
Die Abbildung zeigt, daß man sich einen binären Baum grafisch
als Stammbaum vorstellen kann.

3.15.2 Darstellung eines Binärbaumes in BASIC

Wie die meisten BASIC-Versionen sieht auch MBASIC für binäre
Bäume und Zeiger keine besonderen Sprachelemente vor.
Aus diesem Grunde müssen wir die Datenstruktur 'Binärbaum' ab-
strakt z.B. der Datenstruktur 'Array' darstellen. Für jeden
Baumknoten brauchen wir mindestens vier Eintäge:
    Element, Vorgänger, linker und rechter Nachfolger.
In MBASIC verwenden wir zur Binärbaum-Darstellung die Arrays
B$(I) für Elemente, L(I) für linke Nachfolger, R(I) für rechte
Nachfolger. Der Index I verweist auf die (physischen) Vorgäng-
er. Intern im Hauptspeicher legen wir den Binärbaum in drei
Arrays ab. Extern speichern wir den Binärbaum als sequentielle
NUMDATEI in acht Sätzen mit den je drei Datenfeldern Element,
linker Sohn und rechter Sohn

```
BINÄRBAUM IM INTERNSPEICHER:        BINÄRBAUM IM EXTERNSPEICHER:

I   B$()          L()    R()        Datei NUMDATEI als
-----------------------------       sequentielle Datei mit der
0   CHR$(126)  1      8=Anzahl N     Speicherungsfolge
1   ME421000  3      2              CHR$(126) 1 8 / 1 ME421000
2   NA421030  0      4              3 4 / 2 NA421030 0 4 / ...
3   HA093320  5      6
4   SI120310  8      0              Anmerkung zu Satz 0:
5   BO221140  0      7              CHR$(126) als großer Wert,
6   KE014120  0      0              L(0)=1 deutet auf Wurzel,
7   BO221141  0      0              R(0)=8 speichert Anzahl der
8   PL081040  0      0              Knoten des Baumes.
```

Binärbaum mittels Arrays (intern) und als Datei (extern)

3.15.3 Erzeugen eines leeren Binärbaumes

Das Programm BIBAUM-M demonstriert einen binären Baum in der
Sprache MBASIC.
Dieser binäre Baum könnte folgenden Zweck erfüllen: Ein Unter-
nehmen führt klassifizierende Artikelnummern (vgl. Abschnitt
3.11.5); dabei steht BO221140 für BOHRER, Lagerort 22, Lie-
ferantennummer 114. BO221141 ist in den Stellen 1-7 gleich und
hat deshalb eine 1 in Stelle 8. Diese Artikelnummern als Ordnungsbegriff einer Indexdatei sollen nun als Binärbaum strukturiert werden, damit wir schnell zugreifen können und bei Änderungen nicht sämtliche Nummern bewegen müssen.

```
Ausführung zu Programm            Reihenfolge: I,B$(I),L(I),B$(L(I)),
BIBAUM-M:                                             R(I),B$(R(I))
                                  1   ME421000 3  HA093320 2  NA421030
                                  2   NA421030 0  ß        4  SI120310
Demonstration: Binaerer Baum      3   HA093320 5  BO221140 6  KE014120
0  Ende                           4   SI120310 8  PL081040 0  ß
1  Leeren Binaerbaum erzeugen     5   BO221140 0  ß        7  BO221141
2  Neue Elemente eingeben         6   KE014120 0  ß        0  ß
3  Baum sortiert ausgeben         7   BO221141 0  ß        0  ß
4  Baum unsortiert ausgeben       8   PL081040 0  ß        0  ß
5  Datei mit Baum laden           Ende der unsortierten Ausgabe.
6  Baum in Datei speichern
Wahl 0-6? 1                       Weiter mit RETURN
                                  0  Ende
Baum leer eingerichtet.           1  Leeren Binaerbaum erzeugen
                                  2  Neue Elemente eingeben
Weiter mit RETURN                 3  Baum sortiert ausgeben
0  Ende                           4  Baum unsortiert ausgeben
1  Leeren Binaerbaum erzeugen     5  Datei mit Baum laden
2  Neue Elemente eingeben         6  Baum in Datei speichern
3  Baum sortiert ausgeben         Wahl 0-6? 3
4  Baum unsortiert ausgeben
5  Datei mit Baum laden           Links: Sucharray J,S(J)
6  Baum in Datei speichern        Rechts: Knoten Z,B$(I)
Wahl 0-6? 2                           1  1
                                      2  3
    1 . Element (0=Ende) ? ME421000       1 . Element: BO221140
    2 . Element (0=Ende) ? NA421030   3  5
    3 . Element (0=Ende) ? HA093320       2 . Element: BO221141
    4 . Element (0=Ende) ? SI120310   2  3
    5 . Element (0=Ende) ? BO221140   1  1
    6 . Element (0=Ende) ? KE014120       3 . Element: HA093320
    7 . Element (0=Ende) ? BO221141   2  3
    8 . Element (0=Ende) ? PL081040       4 . Element: KE014120
    9 . Element (0=Ende) ? 0          1  1
                                      0  0
Weiter mit RETURN                         5 . Element: ME421000
0  Ende                            1  1
1  Leeren Binaerbaum erzeugen          6 . Element: NA421030
2  Neue Elemente eingeben          2  2
3  Baum sortiert ausgeben          3  4
4  Baum unsortiert ausgeben            7 . Element: PL081040
5  Datei mit Baum laden            2  2
6  Baum in Datei speichern             8 . Element: SI120310
Wahl 0-6? 4                        Ende des Sortierens.
```

Weiter mit RETURN
0 Ende
1 Leeren Binaerbaum erzeugen
2 Neue Elemente eingeben
3 Baum sortiert ausgeben
4 Baum unsortiert ausgeben
5 Datei mit Baum laden
6 Baum in Datei speichern
Wahl 0-6? 6

Dateiname zum Speichern? NUMDATEI
Binaerbaum in NUMDATEI abgelegt.

Weiter mit RETURN
0 Ende
1 Leeren Binaerbaum erzeugen
2 Neue Elemente eingeben
3 Baum sortiert ausgeben
4 Baum unsortiert ausgeben
5 Datei mit Baum laden
6 Baum in Datei speichern
Wahl 0-6? 2

 9 . Element (0=Ende) ? NA391030
10 . Element (0=Ende) ? 0

Weiter mit RETURN
0 Ende
1 Leeren Binaerbaum erzeugen
2 Neue Elemente eingeben
3 Baum sortiert ausgeben
4 Baum unsortiert ausgeben
5 Datei mit Baum laden
6 Baum in Datei speichern
Wahl 0-6? 4

Reihenfolge: I,B$(I),L(I),B$(L(I)),R(I),B$(R(I))
 1   ME421000 3   HA093320 2   NA421030
 2   NA421030 9   NA391030 4   SI120310
 3   HA093320 5   BO221140 6   KE014120
 4   SI120310 8   PL081040 0   ß
 5   BO221140 0   ß   7   BO221141
 6   KE014120 0   ß   0   ß
 7   BO221141 0   ß   0   ß
 8   PL081040 0   ß   0   ß
 9   NA391030 0   ß   0   ß
Ende der unsortierten Ausgabe.

Weiter mit RETURN
0 Ende
1 Leeren Binaerbaum erzeugen
2 Neue Elemente eingeben
3 Baum sortiert ausgeben
4 Baum unsortiert ausgeben
5 Datei mit Baum laden
6 Baum in Datei speichern
Wahl 0-6? 3

Ausführung zu NUMMERN-BINAERBAUM
(1. Fortsetzung):

Links: Sucharray J,S(J)
Rechts: Knoten Z,B$(I)
  1 1
  2 3
     1 . Element: BO221140
  3 5
     2 . Element: BO221141
  2 3
  1 1
     3 . Element: HA093320
  2 3
     4 . Element: KE014120
  1 1
  0 0
     5 . Element: ME421000
  1 1
  2 2
     6 . Element: NA391030
  1 1
     7 . Element: NA421030
  2 2
  3 4
     8 . Element: PL081040
  2 2
     9 . Element: SI120310
Ende des Sortierens.

Weiter mit RETURN
0 Ende
1 Leeren Binaerbaum erzeugen
2 Neue Elemente eingeben
3 Baum sortiert ausgeben
4 Baum unsortiert ausgeben
5 Datei mit Baum laden
6 Baum in Datei speichern
Wahl 0-6? 0

Ende.

Im Unterprogramm 1000 unseres Programms BIBAUM-M erzeugen wir
einen leeren Binärbaum: In Zeile 1000-1010 werden vier Arrays
B$(), L(), R() und S() (S brauchen wir zum Sortieren) für ei-
nen Baum mit maximal 100 Knoten dimensioniert. Dabei hat Knoten 0 besondere Werte: B$(0) einen großen 'Start-Wert', R(0)
später die Knotenanzahl N.

3.15.4 Eingeben von Elementen in den Binärbaum

Mit Unterprogramm 2000 bzw. Menüwahl 2 geben wir acht Artikelnummern ein. Unterprogramm 4000 bzw. Menüwahl 4 zeigt uns, wie
die Nummern im Baum angeordnet werden: sie werden seriell gemäß der Reihenfolge der Eingabe gespeichert. Die logische Ver-
ankerung geschieht nur über die Zeiger für den linken und den
rechten Nachfolger.

Das Einsetzen in den Baum läuft in zwei Schritten ab:
Zunächst wird die Knotenanzahl N um 1 erhöht, um die getippte
Artikelnummer E$ durch LET B$(N)=E$ hinten anzuhängen (Zeile
2030).
Anschließend wird in einer Suchschleife (Zeilen 2040-2100) von
der Wurzel ausgehend (LET I=0) gefragt, ob rechts eingetragen
werden soll (2050 IF B$(N)>B$(I) erfüllt) oder aber links (Bedingung nicht erfüllt). Wenn ja, gibt es folgende zwei Fälle:
Existiert ein rechter Nachfolger (2080 IF R(I)<>0 erfüllt),
dann wird zu diesem Nachfolger gegangen (LET I=R(I)) und wieder weitergefragt (2100 WEND , Suchschleife wiederholen). Gibt
es noch keinen rechten Nachfolger, dann wird die Artikelnummer
durch Setzen des rechten Nachfolge-Zeigers (2080 LET R(I)=N)
an diese Stelle -logisch- abgelegt und die Suchschleife beendet (LET FLAG = -1 als Flagge).

Das Eintragen links im Baum vollzieht sich entsprechend. Wir
erkennen die Regel zum Eintragen in den binären Baum:
   - Ein Element tritt nur einmal auf
   - Ein Vater (Wurzel) hat höchstens zwei Söhne (direkte Nach-
     folger). 0 bedeutet 'kein Sohn'
   - Der linke Sohn ist alphanumerisch kleiner als der Vater
   - Der rechte Sohn ist alphanumerisch größer als der Vater
Anmerkung: Der Wert CHR$(126) in B$(0) zeigt sich in der Aus-
führung zum Programm BIBAUM-M als 'scharf s' und bewirkt, daß
der eigentliche Anfangs-Knoten B$(1) stets ein linker Sohn des
Hilfs-Knotens B$(0) ist.

Wie unser Ausführungsbeispiel zu Programm BIBAUM-M veranschaulicht, wird die später eingetippte Artikelnummer NA391030 physisch als 9. Element hinten (auf den Baum bezogen: unten) angefügt, logisch jedoch über die Verkettung an die Stelle gesetzt, die ihrer ASCII-Codezahl entspricht.

3.15.5 Binärbaum sortiert ausgeben

Das unsortierte Ausgeben des Baumes entsprechend der Speicherfolge geschieht über eine FOR-Schleife in Unterprogramm 4000.

Das sortierte Ausgeben erfolgt nicht gemäß der rein physischen
Speicherungsfolge, sondern gemäß der logischen Folge, wie sie
durch die Zeigervermerke gegeben ist. Unterprogramm 3000 zeigt
dazu die zwei folgenden Schritte.

Schritt 1:
Zunächst das Problem 'kleinste Nummer suchen' (hier BO221140,
die sich ganz links außen befindet).Die Schleife in den Zeilen
3040-3050 tastet sich vom Stamm ausgehend (I=0) immer weiter
nach links vor (3050 LET I=L(I)), bis endlich kein linker Sohn
mehr auftaucht (3040 IF L(I)=0 ist erfüllt), d.h. bis man ganz
links in der äußersten Ecke angelangt ist, um die nun gefunde-
ne kleinste Nummer auszugeben (3060 GOSUB 3180).
Schritt 2:
Nun kommt das Problem des 'Suchens der nächsthöheren Nummer'.
Diese ist entweder der Vater oder ein rechter Sohn. Ist kein
rechter Sohn da, so wird der Vater ausgegeben. Ist dagegen ein
rechter Sohn vorhanden (wie in unserem Fall, wo 3070 IF R(I)=0
nicht erfüllt ist), geht man zu diesem Sohn (3080 LET I=R(I)),
um dann erneut mit Schritt 1 in die äußerste linke Ecke voran-
zuschreiten (3080 GOTO 3040).

Der rechte Sohn wird als Wurzel eines Teilbaumes aufgefaßt,in
dem sich das 'Suchen der kleinsten Nummer ganz links' genauso
vollzieht wie im Gesamtbaum. Ist dieses Minimum gefunden, dann
wird erneut der Vorgang 'Suchen der nächsthöheren Nummer' aufgerufen, ... Ein solches "Aufrufen von sich selbst" nennt man
R e k u r s i o n (latein: recurrere für zurücklaufen). Höhere Programmiersprachen wie PASCAL oder ADA sehen hierfür sog.
rekursive Unterprogramme (Prozeduren) vor, MBASIC dagegen leider nicht.
Der in Unterprogramm 3000 benutzte Suchstring S(J) speichert
die beim 'Vortasten' durchlaufenen Knoten (LET J=J+1), um dann
auf dem gleichen Weg wieder zurückgehen zu können (LET J=J-1).

3.15.6 Binärbaum als Datei extern ablegen

Mit dem Programm BIBAUM-M können wir über die Unterprogramme
5000 und 6000 den Binärbaum als sequentielle Nummerndatei lesen und beschreiben. Zu beachten ist, daß wir dem 1. Datensatz
als besonderem Satz über R(0) die Knotenanzahl N übergeben.

Binäre Bäume haben zahlreiche Anwendungen, insbesondere eignen
sie sich zum Suchen (deshalb die Bezeichnung Suchbäume) und
zum Sortieren. Das hier wiedergegebene Beispiel gibt einen bestimmt nur sehr vagen Einblick in die breite Palette dieser
dynamischen Datenstrukturen wieder.
Bei größeren DV-Systemen ist der Dateizugriff über einen als
Binärbaum strukturierten Index sehr häufig als Bestandteil des
Betriebssystems vorgesehen.

Codierung zu Programm BIBAUM-M:

```
100 REM ====== Programm BIBAUM-M
110 PRINT "Demonstration: Binaerer Baum als dynamische Datenstruktur."

120 REM ====== Vereinbarungsteil
130 LET LOESCH$=CHR$(27)+CHR$(42)
140 ' B$(100): Maximal 100 Baumelemente bzw. Knoten
150 ' R():     Rechte Soehne bzw. Nachfolger
160 ' L():     Linke Soehne bzw. Nachfolger
170 ' S():     Sucharray als Hilfsvariable beim Sortieren
180 ' N:       Anzahl der Baumelemente, in R(0) abgelegt
190 ' F$:      Name der sequentiellen Datei zur Ablage des Baumes
200 ' B$(I),L(I),R(I): 3-Komponenten-Satz fuer I. Baumelement in Datei
210 ' FLAG, I,J,Z: Hilfsvariablen

230 REM ====== Anweisungsteil
240 PRINT "0   Ende"
250 PRINT "1   Leeren Binaerbaum erzeugen"
260 PRINT "2   Neue Elemente eingeben"
270 PRINT "3   Baum sortiert ausgeben"
280 PRINT "4   Baum unsortiert ausgeben"
290 PRINT "5   Datei mit Baum laden"
300 PRINT "6   Baum in Datei speichern"
310 INPUT "Wahl 0-6"; Z : PRINT : IF Z=0 THEN PRINT "Ende." : END
320 ON Z GOSUB 1000,2000,3000,4000,5000,6000
330 PRINT : PRINT "Weiter mit RETURN"; : LET E$=INPUT$(1)
340 PRINT LOESCH$ : GOTO 240

1000 DIM B$(100)                      'LEEREN BINAERBAUM ERZEUGEN
1010 DIM L(100), R(100), S(100)
1020 LET I=0        'bei Wurzel 0 beginnen
1030 LET N=0        'Anzahl der Knoten null
1040 LET B$(0)=CHR$(126)    'Wurzel mit hohem Codewert
1050 PRINT "Baum leer eingerichtet."
1060 RETURN

2000 PRINT N+1;". Element (0=Ende) "; 'NEUE ELEMENTE IN BINAERBAUM SETZEN
2010 INPUT E$
2020 WHILE E$<>"0"
2030    LET N=N+1 : LET B$(N)=E$ : LET I=0 : LET FLAG=0
2040    WHILE NOT FLAG
2050      IF B$(N)>B$(I) THEN 2080
2060      IF L(I)<>0 THEN LET I=L(I)
                  ELSE LET L(I)=N: LET FLAG=-1
2070      GOTO 2100
2080      IF R(I)<>0 THEN LET I=R(I)
                  ELSE LET R(I)=N: LET FLAG=-1
2100    WEND
2110    LET FLAG=0
2120    PRINT N+1;". Element (0=Ende) "; : INPUT E$
2130 WEND
2140 LET R(0) = N
2150 RETURN
```

Codierung zu Programm BIBAUM-M (1. Fortsetzung):

```
3000 LET I=1  'Index in Array B$()        'BAUM SORTIERT AUSGEBEN
3010 LET Z=0  'Rangplatz fuer Sortierung
3020 LET J=0  'Index in Sucharray S()
3030 PRINT "Links: Sucharray J,S(J)" : PRINT "Rechts: Knoten Z,B$(I)"
3040 IF L(I)=0 THEN 3060
3050 GOSUB 3200 : LET I=L(I) : GOTO 3040    'linksaussen lesen
3060 GOSUB 3180 : IF Z=N THEN 3160
3070 IF R(I)=0 THEN 3090
3080 GOSUB 3200 : LET I=R(I) : GOTO 3040    'rechts lesen
3090 IF I<>L(S(J)) THEN 3120
3100 GOSUB 3220 : GOSUB 3180 : IF Z=N THEN 3160
3110 GOTO 3070
3120 IF J<2 GOTO 3160
3130 GOSUB 3220
3140 IF I<>R(S(J)) THEN 3090
3150 IF I>1 THEN 3130
3160 PRINT "Ende des Sortierens."
3170 RETURN

3180 LET Z=Z+1                  'UPRO ELEMENT AUSGEBEN
3190 PRINT "    ";Z;". Element: ";B$(I) : RETURN
3200 LET J=J+1                  'UPRO IN SUCHARRAY WEITER
3210 LET S(J)=I : PRINT J; S(J) : RETURN
3220 LET I=S(J)                 'UPRO IN SUCHARRAY ZURUECK
3230 LET J=J-1 : PRINT J;S(J) : RETURN

4000 PRINT "Reihenfolge: ";                    'BAUM UNSORTIERT AUSGEBEN
4010 PRINT "I,B$(I),L(I),B$(L(I)),R(I),B$(R(I))"
4020 FOR I=1 TO N
4030    PRINT I;" ";B$(I);L(I);" ";B$(L(I));R(I);" ";B$(R(I))
4040 NEXT I
4050 PRINT "Ende der unsortierten Ausgabe."
4060 RETURN

5000 GOSUB 1000                           'BINAERBAUM AUS DATEI EINLESEN
5010 INPUT "Dateiname"; F$ : OPEN "I", #1, F$
5020 INPUT #1, B$(0),L(0),R(0)
5040 LET I=0 : LET N=R(0)
5050 FOR I=1 TO N
5060    INPUT #1, B$(I),L(I),R(I)
5070 NEXT I
5080 CLOSE #1
5090 PRINT "Binaerbaum eingelesen."
5100 RETURN

6000 INPUT "Dateiname zum Speichern"; F$    'BINAERBAUM EXTERN ABSPEICHERN
6010 OPEN "O", #1, F$ :   LET R(0)=N
6020 FOR I=0 TO N
6030    PRINT #1, B$(I);",";L(I);",";R(I)
6040 NEXT I
6050 CLOSE #1
6060 PRINT "Binaerbaum in ";F$;" abgelegt."
6070 RETURN
```

Programmverzeichnis

Abschnitte 3.1 und 3.2 (S. 101-127):

```
A: HELLO    BAS : VERBRAU  BAS : PREIS1   BAS : PREIS2   BAS
A: KALKULAT BAS : SKONTOZ1 BAS : SKONTOZ2 BAS : SKONTOE1 BAS
A: SKONTOE2 BAS : DREIFALL BAS : MWST1    BAS : KAPITAL1 BAS
A: KAPITAL2 BAS : ZUFALL   BAS : BENCHMAR BAS : FAHRTENB BAS
A: RATENSPA BAS : DEMO-UPR BAS : DEMO-FUN BAS : MENUE1   BAS
A: STANDARD BAS : BOOLEAN1 BAS : BOOLEAN2 BAS : BOOLEAN3 BAS
```

Abschnitte 3.3 bis 3.5 (S. 128-161):

```
A: TEXT0    BAS : TEXT1    BAS : TEXT2    BAS : TEXT3    BAS
A: TEXT4    BAS : TEXT5    BAS : TEXT6    BAS : TEXT7    BAS
A: TEXT8    BAS : TEXT9    BAS : DATUMINT BAS : DATUMPRU BAS
A: ETIKETT  BAS : WILDCARD BAS : BLOCKSAT BAS : GEHEIM   BAS
A: RATSPIEL BAS : CURSORPO BAS : EINGABEB BAS : BILDMASK BAS
A: LANGSAM  BAS : DEMO-PRI BAS : FUELLSTR BAS : RUNDZAHL BAS
A: DUALDEZ  BAS : DEMO-USI BAS : DRUCKSTE BAS : CHR$-TE  BAS
A: ASCII-TE BAS : DEZDUAL1 BAS : DEZDUAL2 BAS : DEZDUAL3 BAS
A: DEZDUAL4 BAS : HEXDEZ   BAS : DEZHEX   BAS : DATPEEK   BAS
```

Abschnitte 3.6 bis 3.9 (S. 162-188):

```
A: MODULALT BAS : MODULNEU BAS : LAGREGAL BAS : VOKABELD BAS
A: ABTABELL BAS : DREIDIM1 BAS : DREIDIM2 BAS : BALKENDI BAS
A: GERADE   BAS : PARABEL  BAS : SUCHBIN  BAS : SORTDAT1 BAS
A: SORTZEIG BAS : SORTDAT2 BAS : MISCHDAT BAS : GRUPPDAT BAS
```

Abschnitte 3.10 bis 3.15 (S. 189-227):

```
A: SEQUEN-M BAS : TELDATEI      : DIREKT-M BAS : DIREKT-S BAS
A: DIREKT-A BAS : DIREKT-L BAS : ARTDATEI       : DIREKT-F BAS
A: INDSEQ-S BAS : KUNDATEI      : INDDATEI       : INDSEQ-L BAS
A: INDSEQ-T BAS : INDS          : LILIST-M BAS : NAMDATEI
A: BIBAUM-M BAS : NUMDATEI
```

Sachwortverzeichnis